PF-19

STUDIEN ZUR VOLKSKUNDE UND KULTURGESCHICHTE
SCHLESWIG-HOLSTEINS

Herausgegeben vom Seminar für Volkskunde der Christian-Albrechts-Universität
Kiel

Band 7

Heimat und Identität
Probleme regionaler Kultur

22. Deutscher Volkskunde-Kongreß
in Kiel vom 16. bis 21. Juni 1979

Herausgegeben im Auftrag der
Deutschen Gesellschaft für Volkskunde

von

Konrad Köstlin und
Hermann Bausinger

1980
KARL WACHHOLTZ VERLAG NEUMÜNSTER

ISSN 0173-0916
ISBN 3 529 02456-2

Alle Rechte, auch die des auszugsweisen Nachdrucks,
der photomechanischen Wiedergabe und der Übersetzung, vorbehalten

Karl Wachholtz Verlag Neumünster
1980

INHALT

Vorwort

Vorträge

HERMANN BAUSINGER
Heimat und Identität 9

KONRAD KÖSTLIN
Die Regionalisierung von Kultur 25

GOTTFRIED KORFF
Folklorismus und Regionalismus.
Eine Skizze zum Problem der kulturellen Kompensation ökonomischer Rückständigkeit 39

ALBRECHT LEHMANN
Prominente Zeitgenossen.
Ein Identifikationsangebot für Großstädter 53

MAX MATTER
Zur Frage der regionalen Identität von Zuwanderern aus kleinen Gemeinden 65

ANDREAS C. BIMMER
Besucher von Festen.
Beiträge zur systematischen Erforschung 81

SIGRID HIERSCHBIEL, JOACHIM GESINN und URSULA STIEHLER
Frankfurter Feste, von wem – für wen?
Kurzbericht über das Frankfurter Festeprojekt 91

HELGE GERNDT
Münchener Untersuchungen zum Festwesen 99

BERND JÜRGEN WARNEKEN
Kommunale Kulturpolitik – am Beispiel offenes Stadtfest 113

ARNOLD LÜHNING
Museum und Antikshop – Lieferanten für Heimat? 123

WILLI STUBENVOLL
Alltagskultur im Museum?
Ein Beispiel 135

ARNOLD NIEDERER
Bestimmungsgründe regionaler Identifikationsprozesse. Zur Problematik der Identität kleiner Gemeinden. 147

INA-MARIA GREVERUS
Lokale Identität durch Dorferneuerung? 157

Schlußdiskussion. 169
Stadtteilveranstaltungen. 173
Volkskunde-Info-Straße 189

VORWORT

Der 22. Deutsche Volkskunde-Kongreß, über den der vorliegende Band unterrichtet, führte die Tradition wissenschaftlicher Veranstaltungen der Gesellschaft weiter. Er unterschied sich von dieser Folge ähnlich ablaufender Veranstaltungen durch zwei Merkmale: sein auf ein breites Publikum ausgerichtetes Rahmenprogramm und seine große Teilnehmerzahl. Beides hängt mit Bedingungen zusammen, die der Erläuterung bedürfen.

Die Stadt Kiel hatte die Deutsche Gesellschaft für Volkskunde eingeladen, den Kongreß während der Kieler Woche abzuhalten. Die Kieler Woche, ursprünglich ein maritimes, sportliches Ereignis einer segelnden Minderheit, bei dem Volk als winkende Staffage dienen durfte, hat sich in den letzten Jahren immer mehr auch zu einem Stadtfest entwickelt, hat ein populäres Pendant auf dem Lande bekommen. Kulturelle und volksfestliche Veranstaltungen werden während dieser sieben Tage in großer Dichte angeboten. In diesem kulturellen Beiprogramm hat auch der wissenschaftliche Kongreß seinen Platz. Die Einladung schien auf den ersten Blick einleuchtend, das Motto dieser Kieler Woche lautete „Folklore – Vielfalt der Völker". Ein zweiter Blick schon machte deutlich, daß es nicht einfach sein würde, sich dem Sog der Folklore (von der sich die Volkskunde kaum einfach distanzieren kann) zu entziehen, ein Gegenkonzept zu entwickeln, die bloße Buntheit von Folklore aufzufangen. Das Thema des Kongresses „Heimat und Identität – Probleme regionaler Kultur" schien geeignet, mit marktgängigen Begriffen aktuelle Probleme anzugehen.

Die Stadt Kiel hatte großzügig personelle, technische und finanzielle Hilfe zur Verfügung gestellt, hatte zu Empfängen, Regattabegleitfahrten und kulturellen Veranstaltungen eingeladen. Freilich war mit der Einladung eine Erwartung seitens der Stadt verbunden, die zu erfüllen für eine wissenschaftliche Disziplin immer noch nicht ganz selbstverständlich ist: an die Bevölkerung heranzugehen. Die Deutsche Gesellschaft für Volkskunde hat dabei Formen vorgefunden, die weitgehend durch die Tradition der Kieler Woche bestimmt waren. Der Rahmen war vorgegeben, es mußte darauf ankommen, ihn angemessen auszufüllen.

Für die „Stadtteilveranstaltungen", die alle fast gleichzeitig am Montag, dem 18. Juni 1979, an verschiedenen Plätzen stattfanden, war Vereinen und Gesprächskreisen (als den Veranstaltern) eine Themenliste[1] vorgetragen worden. Dabei konnte nicht nur das Thema gewählt werden, die Veranstalter machten auch von der Möglichkeit, den Abend mitzuplanen und mitzugestalten, unterschiedlichen Gebrauch. Der Band faßt nicht nur die Kongreßvorträge zusammen, sondern gibt auch über diese Stadtteilveranstaltungen Auskunft.

„Volkskunde-Info-Straße" wurde eine Folge von Schaufenstern genannt, die in der Innenstadt als Schaufenstermuseum[2] über die Arbeit, die im Fach getan wird, Auskunft geben sollte. Auch dazu enthält der Band Anmerkungen.

Eine Arbeitsgruppe des Deutschen Volksliedarchivs in Freiburg hatte eine öffentliche Abendveranstaltung vorbereitet, die unter dem Titel „Geschichte im Spiegel von Liedern" am 19. Juni im Konzertsaal des Kieler Schlosses von Rolf W. Brednich moderiert wurde. Zu dieser Veranstaltung wurde auch ein Liederheft[3] mit Kommentaren erarbeitet, das zu diesem Konzert angeboten wurde.

Schließlich betreute die Deutsche Gesellschaft für Volkskunde ein vom Kieler Oberbürgermeister Günter Bantzer angeregtes Treffen von Mundartautoren. Walter Höllerer leitete die Veranstaltung, die am Freitag, dem 22. Juni, in der Kieler „Pumpe" und am Samstag auf dem „Schiff" stattfand. Dort lasen, sangen, spielten Oswald Andrae, Hans Haid, Franz Hohler, Norbert Johannimloh, Wolfgang Sieg, Ludwig Soumagne und Jochen Steffen.

Willi Höfig kommentierte eine Heimatfilmreihe, die der Film-Club Kiel e. V. in Verbindung mit dem Seminar für Volkskunde der Kieler Universität vorbereitet hatte.

Die große Zahl von Veranstaltungen, die von Mitgliedern der DGV zu betreuen waren, insbesondere natürlich auch die Teilnahme der Institute an der Info-Straße, verlangte von vielen Mitgliedern der Gesellschaft eine Mitarbeit, die über das Maß „normaler" Kongresse hinausgeht. Gewiß erklärt dies wenigstens zum Teil die hohe Zahl der Kongreßteilnehmer: Sie waren irgendwo am Kongreß beteiligt.

[1] Dieses kommentierte Angebot der DGV an die Veranstalter enthält die „Kiel-Vorschau" in den dgv-Informationen 2/88 vom Mai 1979.

[2] Zur Info-Straße ist ein Begleitheft erschienen, das die Basisinformationen zu jeder Ausstellungseinheit enthält. Ein Rest der Auflage ist noch beim Presseamt der Stadt Kiel erhältlich.

[3] Das Liederheft kann beim Deutschen Volksliedarchiv in Freiburg zum Preis von 3,– DM bezogen werden.

Hermann Bausinger

HEIMAT UND IDENTITÄT

Hugo von Hofmannsthal sprach einmal von der großen „Schwierigkeit, Worte aus ihren festen falschen Verbindungen zu lösen". Man empfindet diese Schwierigkeit, wenn von Heimat die Rede ist, und man bemerkt, daß die Verbindungen paradoxerweise umso fester, umso schwerer löslich sind, je weicher das Material ist, aus dem sie bestehen. Heimat: das verändert die Stimmlage, das wechselt die Farbe, das putzt sich heraus, das schmiegt sich an, das verbirgt sich in Nischen - das entzieht sich dem raschen Zugriff. Wir versuchen Halt zu gewinnen, indem wir einen bestimmten Fluchtpunkt für unsere Perspektiven wählen, der allerdings seinerseits leicht irisiert: Heimat und Identität.

Heimat und Identität - ist es eine harmonische Verbindung, ein Spannungsverhältnis, ein Widerspruch? Handelt es sich um den bei Festreden und Plakaten üblichen Stereotrick, aus zwei Richtungen das Gleiche zu sagen? Ist es der Versuch, verschiedene Zielgruppen anzusprechen: die Altmodischen, bei denen das Stichwort Heimat urige oder sentimentale Gefühle des Behagens auslöst, und die Modischen, denen es nur wohl ist, wenn auch das Einfachste wissenschaftlich verfremdet wird?

Gewiß gibt es Möglichkeiten, die beiden Begriffe zur Deckung zu bringen. Identität ist, auf den Einzelnen bezogen, der Zustand, in dem er seiner selbst gewiß ist, in dem er gelebtes Leben - Vergangenheit - tätig an die Zukunft zu knüpfen vermag, in dem er von den andern, von der Bezugsgruppe oder den Bezugsgruppen voll akzeptiert ist. Im übertragenen Sinne hat er dann Heimat. Umgekehrt: wenn man Heimat als „Ort tiefsten Vertrauens", als „Welt des intakten Bewußtseins" bezeichnet hat, dann ist Heimat nicht nur eine Basis für Identität, sondern gewissermaßen das Wesen der Identität.

Trotzdem: im Ansatz sind die beiden Begriffe verschieden. Heimat zielt auf eine räumliche Relation; Heimat ist zwar nicht strikt begrenzbar, aber doch lokalisierbar im Raum. Identität dagegen ist eine Frage der inneren Struktur. Daß die beiden Begriffe enger zusammengerückt sind, ist das Ergebnis einer noch ganz jungen Entwicklung.

Hier soll keine Definition vorgegeben werden, an der im Subtraktions- oder Kontrastverfahren die Entwicklung gemessen wird; der Wandel drückt sich nicht nur in der Sache, sondern auch im Begriff aus, und es sind vielleicht gerade die unscharfen Ränder, welche die

Lebendigkeit des Begriffes bezeugen. Wer nach Heimat fragt, stößt zunächst auf überwiegend poetische Definitionen, von denen die meisten neben einer gewissen Wärme doch auch Distanz erkennen lassen: Heimat - „Erinnerung an die Kindheit" (Böll), „Szenerie gelebter Jahre" (Frisch), „eine Kinderkrankheit, die Erwachsene befällt" (Derschau), „ein eingefleischter Gefühlsbegriff wider die Vernunft" (Gabele), „ein Markenartikel der Demagogen" (Grass), „der schönste Name für Zurückgebliebenheit" (Martin Walser). Keine dieser Umschreibungen ist falsch. Aber möglicherweise merkt man ihnen an, daß sie schon vor einigen Jahren entstanden sind: sie enthalten zu viel Rückblick, zu viel Vergangenheit. Es hat den Anschein, daß dem Heimatbegriff in den allerletzten Jahren eine neue Qualität zugewachsen ist, die ihm sehr viel mehr Gegenwart vermittelt, ja die ihn vor allem auch in die Zukunft fortschreibt: „das Prinzip Heimat als Inbegriff des Prinzips Hoffnung", wie es Ernst Bloch in einem seiner letzten Interviews ausgedrückt hat.

Dieser Vorgang vollzog sich nicht in der dünnen Luft philosophischer Exkurse, sondern im alltäglichen Verständnis, teilweise 'hinter dem Rücken der Menschen', auch hinter dem Rücken der Wissenschaftler, die zunächst die Wandlung nicht bemerkten, die jetzt die Ergebnisse erstaunt vor sich sehen, und von denen manche verunsichert fragen, ob sie sich nicht in solcher Konjunktur antizyklisch verhalten, ob sie so viel Heimat nicht schweigend übergehen sollten. Die Veränderung ist jedenfalls der Ausdruck einer neuen realen Konstellation und nicht neuer Ideen allein.

Diese jüngste Entwicklung mag an einem Beispiel verdeutlicht werden. Ein journalistischer Kernsatz sagt, daß nichts langweiliger ist als eine Zeitung von gestern. Aber schon die Zeitungen von vorvorgestern werden wieder interessant. Ich beziehe mich auf einen Zeitungsausschnitt aus dem Jahr 1951. Damals war das Netz der getrennten Zonenverwaltung schon etwas gelockert; es kam zu Diskussionen um die künftige Grenzziehung und Gliederung in verschiedenen Teilen des heutigen Bundesgebiets. Im Südwesten entbrannte der Streit um den neukonzipierten Südweststaat, dem vor allem im südlichen Baden große Teile der Bevölkerung skeptisch gegenüberstanden. Die „Stuttgarter Zeitung" brachte damals eine Karikatur, die sich auf diesen Streit bezog: Im Hintergrund des Bildes sieht man die Fassaden mächtiger, mehrstöckiger Zweckbauten, sieht man rauchende Fabrikschlote, davor, verloren in der modernen Umgebung, ein kleines Fachwerkhäuschen, das die Inschrift „Villa Altbaden" trägt. Unter der Tür steht der Besitzer, Leo Wohleb, der führende Kopf der 'Altbadener' und besonders verbissene Kämpfer für ein selbständiges Südbaden. Die Bildunterschrift: „Jeder Kaufmann lobt seine Ware". Die Absicht des Karikaturisten war es, den Selbständigkeitswunsch des Politikers Wohleb - und mit ihm vieler Bewohner im Schwarzwald und am Oberrhein - lächerlich zu machen: Seht her, wie kümmerlich und dürftig sich dieses Altbaden ausnimmt neben dem übrigen Land mit seiner blühenden Wirtschaft, seiner expandierenden Industrie ...

Hier geht es nicht um eine politische Einschätzung der altbadischen Bestrebungen, die man heute wohl allgemein etwas abwägender als damals beurteilt. Was hier zählt, ist die spezifische Bildersprache der Karikatur, die damals ankam, und die heute in einem vergleichbaren Fall wohl nicht mehr ankommen würde. Heute empfindet man unwillkürlich eine gewisse Sympathie für das kleine Fachwerkhäuschen; es wirkt zwar putzig und zwergenhaft, aber in seiner spezifischen Umgebung auch ein wenig rebellisch, und es imponiert, wie es sich behauptet und den Raum nicht freigeben will für die sogenannte blühende Industrie und damit eine weitere Verschandelung der Landschaft. Die rauchenden Kamine, 1951 widerspruchslos akzeptiertes Symbol des wirtschaftlichen Aufschwungs, des wachsenden Wohlstands, der gesellschaftlichen Konsolidierung - sie erscheinen heute eher bedrohlich. Das kleine Häuschen dagegen möchte man beinahe ein Stück Heimat nennen, das es zu verteidigen gilt gegen den Moloch der Planung und der Technokratie.

Gewiß steckt auch in diesem Beispiel die Gefahr, daß Heimat überwiegend auf Vergangenheit bezogen, daß sie 'verschrebert', daß sie jenseits der Arbeitswelt und der Alltagsforderungen angesiedelt wird. Aber es zeigt doch, daß Fortschritt und Bewahrung heute eigentümlich verschränkt und überkreuzt sind, eine Verunsicherung rechts wie links in der politischen Landschaft. Und es zeigt, daß sich derjenige nicht mehr automatisch in ein sektiererisches Abseits begibt, der von Heimat redet. Natürlich überantwortet man sich dem alten, gefühlsgeladenen Begriff Heimat nicht ohne Zögern; man ist mißtrauisch, ob sich die Hinwendung nicht „als eine aufgesetzte Launenattitüde entlarven wird", als „Sentimentalitätsgehabe", das lediglich Hohlräume ausfüllt - so hat es der junge österreichische Schriftsteller Gert Jonke ausgedrückt. Und man hört auch noch immer den Vorwurf des Kleinkarierten. Aber als Antwort darauf ertönen im allgemeinen keine aufgeblasenen Phrasen mehr, welche die Größe der Heimat beschwören, sondern ein schlichtes und gleichwohl fast weltweit zu hörendes „small is beautiful". Trotzdem: kann man, soll man wirklich Heimat sagen? Welches Erbe wird hier verwaltet, welche Hypotheken lasten auf dem Begriff?

Nach einer geläufigen Vorstellung hat der Mensch früher besonders viel Heimat gehabt. Heimat - das ist oft geradezu die Kurzformel eines laus temporis acti. Die realen Bilder der Vergangenheit, welche die Sozialgeschichte und die historische Volkskunde nachgezeichnet haben, widerlegen eine solche Vorstellung: da gibt es immer wieder Biographien von Leuten, die nirgends heimisch werden konnten; und es fällt auf, daß der Begriff Heimat noch vor 130 oder 140 Jahren kaum irgendwo auftaucht - am ehesten noch im Sinne einer vagen Verlagerung ins Jenseits, als himmlische Heimat, oder aber in der eindeutigen Negation, wenn in Gerichtsberichten und gesellschaftspolitischen Analysen von den „Heimatlosen" die Rede ist.

Heimatlos: das ist nicht etwa eine Gefühlsbewertung, sondern eine präzise Bestimmung. Heimat meinte den Besitz, meinte das Eigentum an Haus und Hof, Grund und Boden. „Das neue Heimat kostet ihn wohl 10000 Gulden", heißt es einmal bei Jeremias Gotthelf. Diese ganz konkrete Heimat machte die Besitzer im dörflichen Bereich zu gleichrangigen, vollberechtigten Dorfgenossen. Die anderen hatten zwar gewisse Ansprüche an ihren Geburtsort, die Ortsarmen sollten von der Gemeinde versorgt werden. Aber wo dies, etwa in Zeiten massiver Agrardepressionen, zu erheblichen Schwierigkeiten führte, da wurden sie verstoßen, wurde ihnen der Aufenthalt verweigert, wurden sie unter Vorwänden weggeschickt: sie wurden vollends, in einem die karge Rechtsdefinition überspringenden Sinne, heimatlos.

Im Jahr 1831 sprach der Freiherr vom Stein im westfälischen Provinziallandtag von der Gefahr, „die aus dem Wachstum der Zahl und der Ansprüche der untersten Klasse der bürgerlichen Gesellschaft entsteht. Diese Klasse besteht in den Städten aus dem heimatlosen, eigentumslosen Pöbel, auf dem Lande aus der Masse der kleinen Kötter, Brinksitzer, Neubauer, Einlieger, Heuerlinge; sie nährt und hegt in sich den Neid, die Habsucht". Aus dem Pöbel in Stadt und Land, aus den verarmten Heimatlosen rekrutierte sich das industriell geprägte Proletariat. Es ist bekannt, wie langsam die Gesetzgebung auf die veränderten Verhältnisse reagierte. Heimatrecht - das war noch immer nicht etwa das Recht auf Beheimatung; es zielte vielmehr restriktiv auf den Ausschluß derer, die arm waren und die gezwungenermaßen ihre Herkunftsorte verlassen hatten. Nur allmählich setzte sich das Prinzip des „Unterstützungswohnsitzes" durch; es besagte damals, daß derjenige, der sich zwei Jahre in einer Gemeinde aufhielt (woher und wie arm auch immer er gekommen war), unterstützt werden mußte. So erst wurde das alte Heimatrecht in die neue Form der Sozialgesetzgebung überführt.

Aber die neue Rechtsnorm allein schuf den Menschen noch keine Heimat, wenn wir damit auch nur einen kleinen Teil der positiven Gefühlsnuancen verbinden, die dem Begriff zugewachsen sind. Die Massen blieben heimatlos; Heimat blieb das Reservat begüterter Bauern, die Heimat im alten Sinne hatten, und wohlhabender Bürger, die den Heimatbegriff entmaterialisierten und ihm eine sentimentalische und sehr oft auch sentimentale Färbung gaben. Auch die bürgerliche Bevölkerung war ja doch im 19. Jahrhundert mobilisiert, war aus ihren Herkunfsorten herausgerissen und mit neuen Aufgaben in neuen Umgebungen konfrontiert worden. Sie entwickelte eine neue Heimatvorstellung. Um die Mitte des 19. Jahrhunderts entstand in Südwestdeutschland das Lied „Im schönsten Wiesengrunde", das bis heute als Heimatlied gilt und das bei festlichen Anlässen noch immer sehr häufig offiziell intoniert oder spontan angestimmt wird. Verfasser des Liedes war der damals 33-jährige Oberamtsrichter Wilhelm Ganzhorn, dessen Lebensstationen die neue bürgerliche Mobilität deutlich machen: geboren in Böblingen, aufgewachsen in Sindelfingen, studierte Ganzhorn in Tübingen und Heidelberg; danach war er angestellt in Esslingen, in Stuttgart, in Backnang und Neuenbürg - dort entstand das Lied, das freilich ebenso gut an den späteren Wirkungsorten Aalen, Neckarsulm oder Cannstatt hätte entstehen können, und überall in diesen Orten fanden sich später auch Heimatforscher, die es unternahmen, das „stille Tal" in ihrem unmittelbaren Umkreis zu lokalisieren. Tatsächlich aber handelte es sich um eine freischwebende Heimat. „Im schönsten Wiesengrunde ist meiner Heimat Haus" - hier schwingt noch die alte Vorstellung mit: Heimat als Besitz, als väterlicher Hof. Aber dann weitet sich die Heimatvorstellung aus auf die ganze Landschaft, das stille Tal, das Bächlein, die Wiesen, die Blumen und Vögel - es handelt sich um klischierte romantische Natur, überhöht von religiösen Gefühlen; die Schlußstrophe des Liedes spricht vom „letzten Gang" auf den Friedhof, der aber eben auch heimatlicher Friedhof ist.

Heimat ist hier Kompensationsraum, in dem die Versagungen und Unsicherheiten des eigenen Lebens ausgeglichen werden, in dem aber auch die Annehmlichkeiten des eigenen Lebens überhöht erscheinen: Heimat als ausgeglichene, schöne Spazierwelt. In den Bildern und Sprachbildern mendeln sich damals die festen Formeln des Pittoresken heraus, die bis heute für diese Vorstellung von Heimat maßgebend sind.

Vor hundert Jahren, im Jahr 1879, schrieb der badische Pfarrer Heinrich Hansjakob (er war gerade 44!) seine „Jugenderinnerungen". Das erste Kapitel trägt die Überschrift „Heimat", der erste Satz lautet: „Der Himmel auf Erden ist für den Menschen die erste Jugendzeit, und das Paradies, in welchem die Kindheit ihre 'Augenblicke Gottes' feiert, die Heimat". Das ist ganz sicher ein rückwärtsgewandtes Konzept von Heimat, und es ist eine sentimentale, für die sozialen Differenzen blinde Verallgemeinerung. Aber im Blick auf das bürgerliche Dasein ist es noch keine blanke Gegenwelt, keine totale Idealisierung, sondern eine Überhöhung der Realität.

Ende des 19. Jahrhunderts aber entwickelt sich Heimat immer mehr zum Gegenbild, zum Kontrastprogramm. Um 1890 entsteht die eigentliche „Heimatbewegung": Wörter wie Heimatkunst, Heimatroman, Heimatschutz, Heimatkunde nehmen damals ihren Ausgang; Heimatvereinigungen werden allenthalben gegründet. Die Wendung gegen die Stadt - und gemeint ist jetzt die industriell geprägte Großstadt -, gegen die Zivilisation und Industrie wird aggressiv. Heimat wird immer stärker mit der Vorstellung des Bäuerlichen verknüpft, wobei keineswegs immer die Stille und Weite des Landes maßgeblich ist, sondern oft genug die bäuerliche „Verwurzelung", die Bindung an den Boden, die selbst noch in den Formen elementaren bäurischen Starrsinns gefeiert wird. Der Heimatroman jener Zeit, der Bauernroman, ist keineswegs in erster Linie süßlich-sentimental; er ist oft genug brutal und unerbittlich, weist keinen Fluchtweg in die Idylle, sondern heroisiert die Unterwerfung unter Zwänge.

Der Zeitpunkt für die Entstehung der Heimatbewegung ist nicht zufällig. Einmal - darauf hat nachdrücklich Dieter Kramer hingewiesen - handelt es sich um eine Zeit der wirtschaftlichen Gefährdung des flachen Landes. In Deutschland, wo der Start zur Industrialisierung erst später erfolgte, wurden große Agrargebiete erst in der Gründerzeit von der Industrie erschlossen, und selbst wo dies nicht der Fall war, wurden immer mehr Arbeitskräfte aus der Landwirtschaft abgezogen. Die im letzten Jahrzehnt des 19. Jahrhunderts eingeleitete Freihandelspolitik brachte zudem für den ländlichen preußischen Adel die Gefahr einer erheblichen wirtschaftlichen und mittelbar auch politischen Beeinträchtigung mit sich. In dieser Situation war die Heimatbewegung eine willkommene Gegensteuerung, gegen die Landflucht und für die Aufwertung des Landes.

Dieser spezifisch ländliche Gehalt hängt bis heute am Heimatbegriff. In eigentümlich verengter Perspektive wurde von den Vertretern der Heimatbewegung die Stadt lange Zeit ausgespart, wurde das Bäuerliche ideologisiert. Aus der Weimarer Zeit, aber auch aus dem Dritten Reich und der Nachkriegszeit könnten genügend Beispiele einer ideologischen Verhätschelung der Bauern angeführt werden, mit der wirtschaftlich-strukturelle Hilfen keineswegs Schritt hielten.

Ein zweites Motiv der Heimatbewegung wird in ihrer Wendung gegen den wachsenden Internationalismus sichtbar. Die engere Vorstellung von Heimat wird organisch mit der Orientierung an der Nation verbunden, ja Heimat wird mehr und mehr in das von der neuen Nation bestimmte Bild des Vaterlands eingeschmolzen. Vor 150 Jahren schrieb der Kieler August Niemann über „Der Vaterlandsliebe Wesen und Wirken". Er machte in dieser Schrift noch einen deutlichen Unterschied zwischen Heimat und Vaterland: „Die Heimat ward dem Menschen angewiesen, wo er sein physisches Leben begonnen. Sein Vaterland sucht der freie Mann aus freier Wahl. Wo er sein sittliches Leben begriffen, wo ihm aufgegangen ist das Licht der bürgerlichen Erkenntnis; wo er den hohen Ruf verstanden, als Glied einer Staatsfamilie und in dieser als Bürger der Weltfamilie zu sein, zu leben, zu wirken; wo er, diesem Rufe treu, die innige Gemeinschaft geschlossen mit einem Lande und Volke: da ist sein Vaterland. Und dieses allwirkende Hochgefühl in dem Streben Eines für Alle, treu in Wort und Tat zu aller Stunde, nur glücklich in dem mitbeglückten Ganzen, dieses Herzblut und Lebenselement, diese Wunderkraft jedes Staatsvereins, nennen wir Vaterlandsliebe". So vage und irrational hier Vaterlandsliebe charakterisiert wird - sie ist doch noch eine Setzung, eine Errungenschaft. Die Gleichung Heimat = Vaterland und Heimatliebe = Vaterlandsliebe, die ganz überwiegend im nationalen Horizont des neuen Reiches zustande kommt, verweist dagegen auf eine unausweichliche Forderung, ja ein natürliches Prinzip.

Die Arbeiter, denen man real Heimat verweigerte und die sich mit dem Surrogat einer literarisch-folkloristischen Ersatzheimat nicht zufrieden gaben, ließen sich freilich auch nicht leicht auf die nationale Wendung einschwören. „Ibi patria, ubicumque bene" - das ist noch heute ein Thema für Schulaufsätze, und im allgemeinen wird erwartet, daß die Schreiber dann gegen dies genußsüchtig und unmoralisch klingende Prinzip zu Felde ziehen. Für die Arbeiter, die heimatlos waren, war dies aber ein gültiger und notwendiger Grundsatz, der in ihren Streitschriften immer wieder auftauchte. Dies bedeutete aber auch, daß dem negativen Stichwort Heimatlosigkeit der Vorwurf der Vaterlandslosigkeit an die Seite gestellt wurde - Wilhelm Heinrich Riehl münzte ihn schon um 1850 auf die Proletarier, so daß der deutsche Kaiser das ominöse Wort 1895 nicht erfinden mußte.

Die Heimatbewegung um die Jahrhundertwende, verankert im Bürgertum und im „Bauernstand", brachte vermehrten Druck gegen die Internationalisten der Arbeiterbewegung. Ihre Vertreter erkannten in der ganzheitlichen Heimatvorstellung eine Strategie der Konfliktvermeidung; soziale Gegensätze wurden hier durch ein übergreifendes Identifikationsmuster verdeckt. Im Jahr 1905 schrieb Karl Frohme, das Bürgertum ziehe „am Triumphwagen der Reaktion", stelle „auf deren Festen die Hurrakanaille" und spiele „sich als 'Volk' auf". Dies war nicht einfach eine pauschale Feststellung; der Vorwurf läßt sich am Bild und Verlauf vieler 'heimatlicher' Veranstaltungen konkretisieren. Kai Detlev Sievers verdeutlichte dies beispielsweise am Verlauf der 'Kieler Woche' um die Jahrhundertwende; er zitiert u.a. die oppositionelle „Schleswig-Holsteinische Volkszeitung", die damals schrieb, das wahre Volk schreie nicht Hurra, sondern verfolge voll Skepsis die Komödie; es kenne diejenigen, „die da am Ufer das Volk markieren ..., die alle Zeit bereit sind, aus seinen Taschen Fahnen, Flaggen, Ehrengeschenke und Gelage zu bezahlen".

Aber so nachhaltig und eindeutig faßbar der Widerstand gegen das vaterländische Heimatgefühl zunächst war, spätestens mit dem Ersten Weltkrieg wird die Nation in die Identität auch großer Teile der Arbeiterschaft - nicht etwa nur ihrer Führung - eingeschmolzen. Die nationale Ausrichtung stabilisiert die Heimatbewegung, gibt dem „Heimatschutz" und der „Heimatpflege" nach 1918 einen neuen Aufschwung. Diese nationale Orientierung stellt ebenfalls bis heute eine relative Konstante dar, die sich zum Beispiel immer wieder in der Feststellung äußert, keine andere Sprache habe ein Wort für Heimat - womit ein Übersetzungsproblem ins Metaphysische stilisiert wird.

Eine dritte derartige Konstante steht dazu in einem - begrenzten, tolerablen und einkalkulierten - Widerspruch. Um 1890, zwei Jahrzehnte nach der Reichsgründung, war es möglich, eine Gewinn- und Verlustrechnung des neuen politischen Status aufzumachen. Die Gefahren der - vorher unbekannten - Zentralität des politischen Lebens zeichneten sich ab. Die Identifikation mit dem größeren Vaterland hob - auch und gerade im Bürgertum - die Loyalität gegen die kleineren Vaterländer nicht auf; sie konnte die aus der engeren Region stammenden Heimatgefühle nicht ersetzen.

Vor der Reichsgründung gab es genügend Tendenzen, der notwendigen politischen Einheit auch die kulturelle Vielfalt zu opfern - von

Jahns Konzept einer deutschen Einheitstracht bis zu den Bestrebungen, die kleinen Parzellen der Dialekte einer radikalen Flurbereinigung zu unterwerfen. 1834 veröffentlichte der Jungdeutsche Ludolf Wienbarg eine Schrift mit dem provozierenden Titel: „Soll die plattdeutsche Sprache gepflegt oder ausgerottet werden?" - und noch im Titel gab er die Antwort: „Gegen Ersteres [also die Pflege] und für Letzteres [also die Ausrottung] beantwortet". Wienbarg wandte sich gegen das Plattdeutsche, weil es „den größten Teil der Volksmasse in Norddeutschland ... zu einem Zustand der Unmündigkeit, Rohheit und Ideenlosigkeit" verurteile, weil es der Bildung, richtiger Bildung, im Wege stehe. Zwar räumt er ein: „Amtmann, Pfarrer, Bibel, Gesangbuch, Katechismus, Kalender" - also alle verfügbaren Bildungsvehikel - „sprechen hochdeutsch", und da die Kinder schulpflichtig seien, lernten sie das Hochdeutsche auch verstehen. „Allein, Jederman weiß", so fährt er tadelnd fort, „Plattdeutsch bleibt ihr Lebenselement. Das sprechen sie unter sich, zu Hause, im Felde, vor und nach der Predigt. Das kommt ihnen aus dem Herzen, dabei fühlen sie sich wohl und vergewissern sich, daß sie in ihrer eigenen Haut stecken, was ihnen, sobald sie hochdeutschen, sehr problematisch wird". Die Folgerung: Platt erscheint als „Schranke alles Strebens und Lebens, als Feindin der Bildung". Uns präsentiert sich heute diese Folgerung: das „Lebenselement" als „Schranke des Lebens" höchst widersprüchlich; aber sie erklärt sich aus einem Bildungsoptimismus mit nationalem - und das hieß für die damalige Zeit fortschrittlichem - Hintergrund.

Ich will nicht den Anschein erwecken, die gerade im 19. Jahrhundert durch drastische 'Ungleichzeitigkeiten' bestimmte kulturelle Entwicklung lasse sich einer präzisen Periodisierung unterwerfen. Die literarische Pflege des Plattdeutschen um die Mitte des 19. Jahrhunderts zeigt ja doch, daß es keineswegs nur das Streben nach der nationalen Einheitskultur gab; und ein - aus dem Schwabenland stammender - Mecklenburger antwortete Ludolf Wienbarg damals schon, es sei ein „zähes Ding" um eine angestammte Sprache - „das haben die bureaukratisch-monarchischen Völkerzuschneider und Weltverbesserer ebenso gut erfahren müssen als die revolutionären". Eine gewisse Tendenzverschiebung, eine Akzentverlagerung läßt sich aber doch wohl erkennen: es scheint, daß nach 1871 die Neigung stärker wurde, das politisch Überwundene wenigstens kulturell zu erhalten - einerseits im Sinne einer bewußten, von der Staatsmacht kalkulierten Kompensation, andererseits aber auch, weil die modernen Strömungen die regional gebundenen Lebenselemente als Gegengewicht verlangten. Die wissenschaftlich gestützte Konstruktion der deutschen Stämme, die sich organisch zur Nation verbanden - auch diese Vorstellung hat im Dritten Reich ihre deutliche und oft zur Karikatur entstellte Ausmalung erfahren - hob die Gegensätzlichkeit zwischen zentrifugalen und zentralen Tendenzen auf.

Die umfassenden, ganzheitlichen Entwürfe von Heimat dürfen nicht darüber hinwegtäuschen, daß jenes Ganze immer mehr abhanden kam: paradoxerweise, aber auch verständlicherweise führte gerade die pointierte Heimatbewegung dazu, daß Heimat vor allem in bestimmten Teilen gesucht wurde, die angeblich besonders deutlich und besonders viel Heimat verkörpern. Hier besteht ein enger Zusammenhang mit der Volkskunde, die sich in ihrer Forschungs- und Sammelpraxis schon längst der Spartentrennung unterworfen hatte: Gesamtdarstellungen sparten nicht nur wesentliche soziale Bereiche aus, sondern sie blieben auch die Ausnahme - charakteristisch waren Abhandlungen über das Lied, die Tracht, das Bauernhaus, die sogenannte Volkskunst usw.. Wie in der Volkskunde, so setzte sich nun auch in der Praxis der Heimatbewegung die Spartentrennung durch. Es kam zu einem Geflecht von Demonstrationsobjekten, die häufig aus ihrem bisherigen Lebenszusammenhang gelöst oder gar für den sekundären Zweck neu konstruiert wurden. Der Vorgang wird rasch deutlich am Beispiel der sogenannten Heimat- und Trachtenvereine, für die das Tragen der Tracht stellvertretend Heimatorientierung und Heimatgesinnung verkörpern soll. Gewiß ist die Funktion solcher Vereine und auch die Funktion des einzelnen Vereins nicht auf einen Nenner zu bringen - das Spektrum reicht vom Heimatwäschefetischismus mancher Funktionäre bis zum harmlosen Geselligkeitsbedürfnis vieler Mitglieder. Aber an der Praxis und an den Verlautbarungen solcher Vereine wird doch deutlich, wie die verschiedenen äußeren Bestandteile der Volkskultur - manche mehr, manche weniger - zu Heimatzeichen gemacht wurden.

Wenn in der Diskussion der letzten Jahre von der Korrumpierung des Heimatbegriffs die Rede war, dann bezog sich dies meistens auf die jüngste Entwicklung, in der die kommerzielle Ausrichtung und Manipulation deutlich sichtbar wurde. Aber tatsächlich ist der Heimatbegriff, seit er den präziseren Rechts- und Eigentumssinn übersprungen hat, mehrdeutig und problematisch. Der reformerische Kern vieler heimatpflegerischer Bemühungen soll nicht unterschlagen werden; aber auch er bleibt oft an ein Bild des Ländlichen gekettet, das es schon nicht mehr gab (und das es in dieser Form nie gegeben hatte), vertraute Nähe beschwörend und doch dem eisernen nationalen Aufbruch verpflichtet, auf Äußerlichkeiten, auf bestimmte Kulturgüter festgelegt und doch vorgebend, diese repräsentierten das Ganze. Heimat ist schon hier weithin Kulisse.

Schon damals ist also angelegt, was in der jüngsten Zeit infolge der veränderten Kommunikations- und Wirtschaftsbedingungen deutlich sichtbar wird: die Veräußerlichung des Heimatbegriffs, die kommerzielle Wendigkeit, mit der auf der Klaviatur sentimentaler Heimatgefühle gespielt wird, das Massenprodukt der Discountheimat aus der Retorte. Heimat - scheinbar doch gar nicht abzulösen aus dem konkreten Erfahrungsbereich - wird zum Lieblingswort der Kulturindustrie, die pausenlos Identitätsartefakte konstruiert.

Nur kurz mag hier an die Rolle der Heimat im Schlager erinnert werden, im Evergreen vor allem, der die kurzlebigen Hits überdauert.

> Es liegt der Wald im letzten Abendschimmer,
> der Nebel steigt herauf vom Wiesengrund.
> Der alte Förster sitzt in seinem Zimmer
> und streichelt traumverloren seinen Hund.
>
> Es hörte oft im Wald den Kuckuck schlagen,
> und in den Wipfeln hat der Wind gesaust.
> Oft hat der Sturm an regenschweren Tagen
> so wild sein grünbemoostes Dach umbraust.
>
> Der Alte hat einst über diese Schwelle
> die junge Braut ins Försterhaus gebracht.
> Und später hat ihn an der gleichen Stelle
> zum ersten Mal sein Söhnchen angelacht.
>
> Dann klangen froh durchs Haus die Kinderlieder,
> die Zeit verging, geschieden mußte sein.
> Der Sohn zog aus und kehrte niemals wieder.
> Dann starb die Frau, der Förster blieb allein.

Dieses Lied wurde konzipiert als Parodie für ein Schwabinger Gartenfest - aber innerhalb kurzer Zeit waren 500 000 Platten davon verkauft, weil das heimatliche Gefühl selbst durch die karikierende Parodie nicht vertilgt werden konnte. Auch wenn Captain Starlight heute in der Hitparade haucht: „Hallo, Heimatbasis, wir haben Euch verloren", dann klingt dies nicht wie eine technische Information, sondern wie ein schmachtender Heimatgruß.

Was sonst noch alles im Heimatlook angeboten wird, soll hier nicht aufgeführt werden; es mag genügen, noch einen kurzen Blick auf den Heimatfilm zu werfen. Hier gab es in den sechziger Jahren nicht nur eine erstaunliche Renaissance der älteren Heimatfilme mit Förster und Dirndl und Wilderer; selbst ein Genre mit ganz anderen Gesetzen wurde bezeichnenderweise mit Heimat durchtränkt: ich denke an die Filme, in denen die Hauptfunktion der Lederhosen- und Dirndlträger darin besteht, die heimatverbundene Kostümierung abzuwerfen. Offenbar funktioniert die Verlängerung landschaftsgebundener Tracht in die Physiognomie hinein, die Willy Hellpach von einem „Trachtengesicht" reden ließ, auch bei anderen Körperteilen; und jedenfalls signalisiert die breite sinnliche Drallheit, die da zwischen Kuhstall und kariertem Bettzeug herumhüpft, den Filmbesuchern jene bajuwarische Szenerie, die seit der Frühzeit des Tourismus als Garantie und Ausdruck von besonders viel Heimat gilt - frei nach dem Bayernstereotyp, das Walter von Cube einmal so formulierte: „Ganz Bayern voller Alpen, die Alpen voller Almen, die Almen voller Sennerinnen, und diese voller Unschuld".

Solche Bilder und Einsichten sind von einer durchaus fragwürdigen Komik. Mir wenigstens drängt sich die Frage auf, warum und wie das funktioniert. Willi Höfig hat vor sechs Jahren eine Dokumentation und Analyse des deutschen Heimatfilms 1947-1960 vorgelegt. Darin sind auch verschiedene Szenenbeispiele abgedruckt, unter anderem ein Dialogprotokoll aus dem Film „Wenn die Heide blüht" von 1960. Das Liebespaar, Anna und Rolf, rudert über den Heidesee; Anna spricht von ihrer Eifersucht, und Rolf macht ihr deutlich, daß ihre Eifersucht unnötig ist. „Inzwischen haben sich am Ufer die Heidemusikanten, drei Vagabunden, versteckt. Sie singen und spielen das Heidelied:

> Heimatland, Heideland, dich nur lieb ich allein,
> Nirgends auf der weiten Welt kann es schöner sein!
> Heideland, Heimatland, gehst mir nicht aus dem Sinn,
> Dort wo meine Liebste wohnt und ich glücklich bin.
> Es sah die grüne Heide das erste Stelldichein,
> Dort küßten wir uns beide verliebt im Mondenschein.
> Heideland, Heimatland, gehst mir nicht aus dem Sinn,
> Dort wo meine Liebste wohnt und ich glücklich bin.
> Wenn die Heide blüht, blüht auch die Liebe
> Für Dich und mich allein.
> Wenn die Heide blüht, dann zieht die Liebe
> In unsere Herzen ein!

Anna: „Ich glaube, wenn ich die Absicht hätte, für immer von hier fortzugehen, und sähe beim Abschied dieses Bild vor mir - dann könnt' ich es gar nicht mehr!" Sie weist auf die Heidelandschaft: Untergehende Sonne, Wacholderbäume, Gegenlicht.

Rolf: „Warum sagst Du mir das?"
Anna: „Könntest Du es?"
Rolf küßt sie und sagt dann: „Auf die Landschaft könnt' ich verzichten - aber auf Dich nicht mehr!"
(Heidelied laut).

Dieser kleine Ausschnitt verdeutlicht die Funktion, die der Szenerie der Heimat in diesem Film insgesamt zukommt. Im Lied heißt es: „Heimatland, Heideland, dich nur lieb' ich allein". Aber der Dialog nimmt eine andere Wendung: auf die Landschaft kommt es letztlich nicht an, es geht um die Liebe zu einem Menschen, es geht - verallgemeinert gesprochen - um ein Stück Sicherheit und Verläßlichkeit des Daseins. Das wird gewiß nicht immer so deutlich, aber der Befund ist generalisierbar: Heimat ist ein vages, verschieden besetzbares Symbol für intakte Beziehungen. Das mag ausgedrückt werden in Landschaft oder Dialekt, in Tracht oder Lied - immer geht es um die Beziehungen zu Menschen und Dingen. Heimat ist ein bilderschwangeres Wort, das schon hier vielfach für Identität steht, auf Identität zuführt - Identität als Übereinstimmung des Menschen mit sich und seiner Umgebung, Identität als Gegenbegriff zu Entfremdung.

Die neue Entwicklung besteht offenbar darin, daß dieser Zusammenhang deutlich gemacht und in den Heimatbegriff hineingenommen wird. Bis zu einem gewissen Grad könnte dies wieder am Film verdeutlicht werden: Nicht nur die filmische Avantgarde, auch die avancierten Zuschauer wandten sich längere Zeit vom Heimatfilm ab; er wurde höchstens parodiert und belächelt. Dann, nach 1970, bildete sich ein neuer Heimatfilm heraus; Filme wie Hauffs „Matthias Kneißl", Schlöndorffs „Der plötzliche Reichtum der armen Leute von Krumbach", Vogelers „Jaider" übernahmen das alte Etikett. Das verlogene Instrumentarium des alten Heimatfilms wurde zurechtgebogen, die Verhältnisse wurden in diesen Filmen auf die Beine gestellt - es ging darin nicht mehr nur um die heimatliche Natur und Schicksalhaftigkeit, sondern um Heimat, an deren Herstellung und Verweigerung Menschen beteiligt sind.

In einem Rückblick auf das Denkmalschutzjahr meinte Ina-Maria Greverus, es wäre besser gewesen, wenn nicht alle Politiker in ihren Reden sich von der Nostalgiewelle abgesetzt, sondern diese in ihre Überlegungen einbezogen hätten. In der Tat: selbst die Heimatsurrogate haben Sehnsüchte und Bedürfnisse der Menschen nicht immer eingeschläfert, sondern oft auch wachgehalten. Durch die falschen Bilder schimmerte mitunter der Traum vom richtigen Leben, der Traum - wenn dieser Begriff nicht allzu allgemein und abstrakt verstanden wird - von Identität.

Für die aktive Wendung im Heimatverständnis der Gegenwart gibt es viele Gründe, von denen hier wenigstens drei, eng miteinander verflochtene, angeführt werden sollen:

1. Zwei amerikanische Organisationssoziologen, Emery und Trist, haben vor einigen Jahren eine systematische Typologie von Umwelten vorgelegt. Den Typus der in den fortgeschrittenen Industriegesellschaften heute vorherrschenden Umwelt bezeichnen sie als „turbulente Umwelt" - eine Umwelt also, die nicht nur komplex und dynamisch ist, sondern so hochgradig komplex, daß sich die Bewältigungsversuche oft gegenseitig aufheben, daß eingefügte Kontrollen oft nur neue Unsicherheiten produzieren. Es kommt hier nicht darauf an, die Einzelheiten dieses Befunds zu diskutieren; auch wenn man nur die Richtung akzeptiert, ergibt sich daraus eine wichtige Folgerung für unseren Zusammenhang. Es handelt sich um diejenige Umwelt, die am weitesten von Heimat entfernt ist; aber die ihr Ausgesetzten brauchen Heimat am dringendsten: Heimat als Nahwelt, die verständlich und durchschaubar ist, als Rahmen, in dem sich Verhaltenserwartungen stabilisieren, in dem sinnvolles, abschätzbares Handeln möglich ist - Heimat also als Gegensatz zu Fremdheit und Entfremdung, als Bereich der Aneignung, der aktiven Durchdringung, der Verläßlichkeit.

2. So undurchdringlich das Gelände geworden ist, so schwierig es
sein mag, Informationsschneisen zu schlagen - so viel ist doch
vielen deutlich: die die Turbulenzen erzeugen, sind im allgemeinen nicht dort, wo die meisten Menschen leben und arbeiten, sie
sind vielmehr in den wirtschaftlichen und politischen Machtzen-
tren zu suchen. So wächst das Mißtrauen gegen die Kapitale - im
doppelten Sinn: gegen die Hauptstädte mit ihrer Zentralgewalt und
gegen die Ballungen von Kapitalmacht. Gegen die großräumig nor-
mierte Planung wendet sich, was man mit einem Wort des konservativen Justus Möser „Lokalvernunft" nennen könnte - eine aktive
Heimatgesinnung, welche versucht, Heimat nicht nur in begrenzten Äußerlichkeiten zu 'pflegen', sondern die Dinge unter Kontrolle zu halten, Arbeit und Freizeit zu humanisieren, 'lokale Tech-
nologien' zu entwickeln, lokale und regionale Ansprüche gegen die
nivellierenden Tendenzen von außen durchzuhalten.

3. Ein weiterer Aspekt bleibt häufig ausgeblendet; er ist aber wichtig, weil er dem Heimatbegriff etwas von seiner Beschränktheit,
seiner Bornierung nehmen kann. Ehe es wieder akzeptabel wurde, von Heimat zu reden, gab es ja doch - andere - Rückzugsver-
suche: Versuche, eine Ersatzheimat im engsten Kreis zu bauen,
Versuche, den Turbulenzen in Kleingruppen zu entgehen, sei es
im privatistischen Rückzug auf die Familie oder in anderen neu-
entstandenen familiären Gruppierungen. Die derzeitigen Chancen
von Heimat ergeben sich m. E. nicht nur aus einer Krise der weiteren Zusammenhänge (Stichwort Turbulenzen), sondern auch aus
einer Krise jener Gruppierungen. Es zeigte sich, daß diese überall an ihre engen Horizonte stießen, daß diese kleinen Einheiten
auf ihre nähere und weitere Umgebung angewiesen bleiben: auch
ein neues soziales Leben in kleinen Gruppen kann nur funktionieren, wenn es eingebettet ist in einen verläßlichen größeren Zusammenhang, den man Heimat nennen könnte. Heimat bezieht ihr
besonderes Gewicht in der jetzigen Situation daraus, daß es sich
um eine räumlich-soziale Einheit mittlerer Reichweite handelt.

Heimat also - das ist das diesen Entwicklungen Gemeinsame -
wird nicht länger als Kulisse verstanden, sondern als Lebenszusammenhang, als Element aktiver Auseinandersetzung, die nicht an äußeren Symbolen und Emblemen des Heimatlichen Halt macht. Hierher gehört eine Äußerung von Heinrich Böll, der von einer neuen
Welle der Heimatvertreibung sprach: Heimatvertreibung durch Lärm
und Autos, Heimatvertreibung durch architektonische Fehlleistun-
gen, Heimatvertreibung durch Mietwucher. Hierher gehört auch
Max Frischs Aufforderung, man müsse „den Leuten, die am meisten
Heimat besitzen in Hektaren oder im Tresor, gelegentlich auf die
Finger schauen". Dies sind Zusammenhänge, die früher - bis vor
kurzem - nicht unter Heimat gehandelt worden wären; es sind Fragen der Identität, die eines stabilen sozialen und kulturellen Feldes
bedarf.

Man kann natürlich fragen, ob es überhaupt sinnvoll ist, diese generellen Fragen wirklicher Nahwelt, sinnvoller Lebensweise, freundlichen menschlichen Zusammenlebens, befriedigender Beziehungen und Interaktionen unter den Begriff Heimat zu stellen. Ich gebe zu, daß man darüber verschiedener Meinung sein kann. Aber abgesehen davon, daß sich die Verwendung des Begriffes Heimat in der Umgangssprache der Feuilletons, der Reden und Vorträge durchzusetzen beginnt - es gibt auch gute Gründe für die Übertragung des Begriffs. Ich will einige nennen:

Zunächst - Karl Kraus stellte einmal fest, es sei besser, mit alten Worten Neues, als mit neuen Worten Altes zu sagen. Tatsächlich könnte die Beibehaltung des Begriffes Heimat zu einer Art Reinigungsprozedur beitragen, bei der das Geläufige gegen den Strich gebürstet wird. Vielleicht lernt man auf diese Weise am schnellsten, daß - um eine Wendung Brechts zu modifizieren - Heimat nicht -tümlich ist, daß sie sich nicht in Kulissendarbietungen erschöpft.

Das zweite: die Verwendung des Heimatbegriffes vermeidet das privatistische Mißverständnis, das beim Gebrauch der inzwischen modisch verbreiteten Vokabel „Identität" naheliegt. Gewiß ist Identität, was immer wieder betont wird, das Ergebnis persönlicher Balanceakte; aber sie ist nicht im abstrakten Raum zu realisieren, sondern bedarf der erreichbaren und einverständlichen Umgebung, auf die Verlaß ist, sie braucht Haltepunkte, Fixpunkte - dies auch ganz vordergründig im räumlichen Sinne.

Schließlich: es mag nützlich sein, daß über den Heimatbegriff etwas von der alten Wärme und Emotionalität vermittelt wird - nicht im Sinne einer falschen Sentimentalisierung, sondern gerade damit Begriff und Sache nicht zu fungibel werden, daß sie eine gewisse Widerspenstigkeit bewahren. In diesem Punkt ist der Begriff Heimat auch so gängigen Begriffen wie Umwelt überlegen. Nach Thure von Üxküll haben Tiere Umwelt, Menschen dagegen Welt - statt dessen könnte man auch sagen: Heimat. Der Begriff Umwelt, so rational er auch in den Bemühungen des Umweltschutzes verstanden wird, bringt doch die Gefahr mit sich, daß er das Unausweichliche zu sehr betont. Dies ist in einer Zeit, in der die „faulende Natur" - Marx münzte diesen Begriff auf die proletarische Großstadt seiner Zeit - immer weiter um sich greift, eine tödliche Gefahr. Der Begriff Heimat dagegen hat eine größere historische Tiefe; er vermag deshalb auch besser zu zeigen, daß Verhältnisse - selbst gegen sogenannte Sachzwänge - veränderbar sind.

Freilich, wer heute mit dem Begriff Heimat umgeht, muß fragen, wer ihm über die Schulter sieht, wer ihm souffliert. Wer Heimat sagt, begibt sich auch heute noch in die Nähe eines ideologischen Gefälles, und er muß zusehen, daß er nicht abrutscht.

Die eine Gefahr besteht darin, daß Heimat an bloßen Äußerlichkeiten, an Fetischen und Alibirequisiten, festgemacht wird. Heimat tritt auch heute oft noch im alten Kulissenstil auf, so daß es gar nicht um Eigenes, um die reale Identität der Menschen einer Straße, eines Viertels, einer Gemeinde geht, sondern nur um das übergestülpte Bild harmlos-farbiger Heimatpräsentation. Freischwebende Folklore bleibt manchmal in dieser Funktion gefangen; ein Netz folkloristischer Angebote kann die Mängel an wirklicher Heimat, das Fehlen identitätsfreundlicher Strukturen, nicht zudecken. Andererseits muß betont werden, daß die grenzüberschreitende Leichtigkeit von Folklore (schon das Wort zeigt den internationalen Zuschnitt!) zur Entkrampfung beiträgt. Es ist besser, wenn Fahnen bei irgendwelchen Festivals durcheinander flattern in einer bunten Symphonie, als wenn sie die Bezugsgrößen verbissener Treueschwüre darstellen.

Dies ist besonders zu betonen im Hinblick auf die andere Gefahr: daß nämlich die regionalen - oder auch regionalistischen - Ansätze von Heimat in provinzielle Engstirnigkeit mutieren, daß Heimat zum abgeschirmten Raum der Selbstzufriedenheit oder auch zur Parole gruppenegoistischer Forderungen wird. Ein Heimatbegriff, in dem die ausländischen Arbeiter nicht unterzubringen sind, ist unzureichend. Sie, die eigentlich Heimatlosen und Vaterlandslosen der Gegenwart, sollten gerade von denen mehr beachtet werden, die das Wort Heimat ständig im Munde führen. Dies setzt eine weite und freie, humane Auffassung von Heimat voraus: Heimat als Lebensmöglichkeit und nicht als Herkunftsnachweis, Heimat als Identität und nicht als Verhaftung.

Schließlich ist auch noch von der Gefahr zu reden, daß im Zeichen von Heimat auch heute noch militante Nationalismen und abstruse Ideologien verkauft werden. Zitat aus dem in großer Auflage erscheinenden Heimatblatt eines baden-württembergischen Heimatvereins vom Februar 1979: „'Umbau der Welt zur Heimat' - ich denke nicht daran, Ernst Bloch nachzueifern und in die Fußstapfen eines Ahasvers zu treten. Für Bloch mögen solche Maximen nicht nur ethischer als vielmehr auch ethnischer Überzeugungen entspringen. Das mag seine Sache gewesen sein, die meinige ist es nicht". Die Infamie dieser Sätze braucht - trotz Fremdwörtern und dürftigem Deutsch - nicht erläutert zu werden. Der Schreiber ist Vorsitzender eines großen „Trachtengaus" und hauptamtlicher Geschäftsführer des betreffenden Heimatvereins; davon, daß sich die Mitglieder gegen ein solches Heimatverständnis verwahrt hätten, war leider nichts zu hören.

Tatsächlich ist kein Wort über Heimat in den letzten Jahren häufiger zitiert worden als jene Forderung des „Umbaus der Welt zur Heimat". Aber es ist nur selten herausgestellt worden, wie grenzenlos - im eigentlichen Wortsinn! - diese Forderung ist: Umbau der Welt zur Heimat. Das ist nicht nur in der ganzen geographischen Weite gemeint, sondern auch im Sinne einer Humanisierung der ganzen Gesellschaft und aller Lebensbereiche. Gewiß droht der Begriff Heimat jegliche Kontur zu verlieren, wenn er nicht auf eine überschaubare Nahwelt bezogen bleibt. Aber diese Nahwelten haben keine geschlossenen Horizonte mehr. Heimat und Identität, Heimat als Identität ist nur möglich, wo es - mit dem Philosophen Walter Schulz gesprochen - gelingt, die „Ethik im Nahhorizont" mit der „Ethik im Fernhorizont" zu vermitteln.

Konrad Köstlin

DIE REGIONALISIERUNG VON KULTUR

Regionalisierung als Prozeß

Der Beitrag versucht, Motive und Gründe für die Festlegung von Kultur auf einen begrenzten Raum - Region genannt - auszumachen. Dabei wird versucht, gegen eine Vorstellung von naturgegebener Regionalisierung auch insofern anzugehen, als Kultur selbst schon als künstliche Umwelt verstanden wird. Im Begriff Regionalisierung soll der Prozeßcharakter angedeutet sein. Ausgangspunkt ist die These, daß in Geschichte und Gegenwart Regionen unter sehr verschiedenen Aspekten, von sehr verschiedenen Interessen ausgehend, produziert worden sind, von Menschen gemacht worden sind. Immer zielt die Produktion von Regionen auf die Herstellung von Horizonten, die sozio-kulturellen Formen einen Rahmen geben, sie begrenzen oder als begrenzt interpretieren. Der Begriff Produktion unterstellt dabei eine Intention, die so eindeutig und zielgerichtet nicht immer sein kann. Die Produktion von später durch Kultur beschreibbaren Regionen kann auch Nebenprodukt sein, Ergebnis einer anderen Absicht [1]. Wenn man von Regionalisierung und von Produktion spricht, dann unterstellt man ungewollt auch, daß es als Alternative naturhaft entstandene, gewachsene Regionen geben könnte. Sie aber gibt es nicht.

Regionalisierung also zielt auf einen Prozeß, der Kultur in Räumen festmacht und vorgibt, eine bestimmte Kultur sei so nur hier zu finden. In der Formulierung, die von der Regionalisierung von Kultur spricht, ist die künstliche Verkleinerung eines umfassenderen und weniger scharf begrenzten Kulturraumes zu verstehen - auch er freilich keine natürliche Größe. Diese Verkleinerung kann nicht interesselos und beliebig geschehen. Kultur verliert bei diesem Vorgang, sobald sie ausdrücklich auf die Region geheftet wird, ihre universale Neutralität. Das gilt im Sinne der Kategorie universalitas, jener Selbstverständlichkeit, mit der in der mittelalterlichen Ideenlehre auch kulturelle Verschiedenheit als Ausdruck e i n e s Prinzips interpretiert wurde. Es gilt auch in dem Sinne, den der amerikanische Soziologe Ralph Linton meinte, wenn er sagte, daß das letzte, was ein Tiefseebewohner entdecken würde, das ihn umgebende Wasser sei: so selbstverständlich anwesend sei Kultur [2]. Beide Aspekte gehören zusammen. Die selbstverständliche Anwesenheit von Kultur verändert sich in der Betonung von Einzelheiten dahin, diese

Einzelheiten zur Besonderheit zu stilisieren. Kultur wird dabei zum
bewerteten Merkmal der Region, wird, weil bewertet, Kultur in Auswahl; Kultur wird also segmentiert, geteilt. Sie bezieht sich nicht
mehr auf die Gesamtheit von Werten, Normen und Gegenständen,
sondern nur auf einzelne Teile, die zur Unterscheidung verwendet
werden, als typisch interpretiert werden. Kultur wird vorgehaltenes
Medium der Bestimmbarkeit der Region, wird zur Vorzeigeseite der
Region.

Die neue Rolle der Kultur: Kultur beschreibt Regionen

Die Nichtalltäglichkeit der so bestimmbaren Kultur bedeutet eine
neue Qualität. Man kann versuchen, diesen Umschlag auch historisch
anzudeuten. In der Neuzeit lassen sich verschiedene Ansätze der Regionalisierung von Kultur seit dem Humanismus erkennen. Das Beschreiben von Landschaften, Städten durch Werner Rolevinck, Konrad Celtis, Felix Fabri, auch Heinrich Rantzau, läßt ökonomischrechtliche Bedingungen nicht nur in ihrer kulturellen Schauseite erscheinen, sondern definiert, „begrenzt" diese Regionen eben durch
die Beschreibung, schafft Bewußtsein für die Begrenzung. Im Gegensatz zur Universalität des vorhergehenden Mittelalters wird Kultur
aus ihrer Unbefragtheit herausgehoben. Der Terminus „Sitten und
Gebräuche" überdeckt, auf Merkwürdigkeiten zielend [3], immer
mehr deren Bedingungen und klischiert sie zu regionaler Typik.

Ganz besonders deutlich wird dies bei Neocorus, der vergangene
Größe an spezifischen Kulturmerkmalen einer kleinen Führungsschicht festmacht: an Mobiliar, an prächtigen Häusern und Silber,
an Gebräuchen der Privilegiertheit. In den Gegenständen bleibt nicht
nur die Erinnerung an eine größere Vergangenheit bewahrt, sondern
aus den Gegenständen ist auch die Rechtfertigung für eine Sonderung
hergeleitet [4].

Ein Kulturtyp der Mittel- und Unterschichten, wie er sich zwischen 1600 und 1850 herausgebildet hatte, ist von der Wissenschaft
als Volkskultur ausgemacht worden [5]. Diese Kultur war durch eine zunehmende Ausformung von Besonderheiten, von lokalen und regionalen Ausprägungen bestimmt. Wo man gegen Ende des Mittelalters noch von einem relativ großräumigen Bestand an Formen und
Motiven auszugehen hatte, war nun Kleinräumigkeit geradezu zum
Merkmal dessen geworden, was man dann Volkskultur genannt hat.
Der Kanon an kulturellem Inventar, den die Volkskunde zu ihrem
Ausgangspunkt genommen hatte, stammt in seiner auffälligen, demonstrativen und abgrenzenden Ausprägung aus einer relativ kurzen
Periode von kaum 250 Jahren. Er gehört in den wirtschaftlich-politischen Kontext der Ausbildung und Blüte des Territorialstaates und
der Entwicklung zum absolutistischen Merkantilismus, der auf
Grenzziehung in jeder Hinsicht beruhte: geographisch, wirtschaftlich und sozial; der zudem seine eigene Hierarchie und Mitte ent-

wickelte. Die Gesetzgebung der Territorien, „Polizeiordnungen" für kleine Einheiten, stößt immer weiter in einen bisher rechtsfreien Raum vor und reglementiert schließlich, wie der Eutiner Advokat Lindemann 1831 verärgert schreibt, sogar die Form des Besens zum Fegen der Straße.

Diese zunehmende Verrechtlichung aller Lebensbereiche erfaßt die Mehrheit der Bevölkerung, „Volk", immer nachdrücklicher. Die wachsende Zahl der rechtlichen Festlegungen, der Privilegierungen, erweitert den bisher der Elite vorbehaltenen Standesbegriff nach unten und verführt auch die bisher Unterständischen in diese Ordnung. Nun ist die Mehrheit der Bevölkerung dividierbar in kleine und kleinste Gruppen mit abgestuften Privilegien. Die durch abgestufte Rechte nun ständisch Eingeteilten demonstrieren einen Stand lokaler und regionaler Gültigkeit durch Kultur. Haus, Tracht, Mobiliar werden, weil reglementiert, nun verschärft fähig, Darstellungsmittel der Privilegierung zu sein.

Dieser neue Charakter der Volkskultur dient als Legitimierung gesellschaftlicher Ungleichheit, garantiert als Standeskultur ihre Dauer. Die Verrechtlichung [6] und die damit vollzogene Betonung des kulturellen Inventars zerteilt, regionalisiert auch Volk selbst und verhindert gleichzeitig, daß ein gemeinsames Interesse aller artikuliert werden kann. Regionalisierung findet also zweifach statt: in sozialer Hinsicht wird die unterschiedliche Teilhabe an der Kultur verrechtlicht und durch die regionale, überschaubar begrenzte Geltung des Rechts auf die Region geheftet. Schließlich wird ein bisher oberschichtliches Phänomen nun „demokratisiert" zum Problem für die Mehrheit der Bevölkerung: Für den Staat des hohen Mittelalters hatte Heinrich Mitteis sagen können, daß die „Verwurzelung in den Stämmen (...) nur dem deutschen Adel eigen" [7] gewesen sei. Denselben Staat hatte Claudius von Schwerin als einen „Staat ohne Bauern", der „oberen Tausend" beschrieben [8].

Bei diesem Prozeß der Regionalisierung von Kultur handelt es sich um einen bestimmbaren Ausschnitt aus der Gesamtkultur, um ein Kultursegment, das auf Demonstration abhob, die Alltagskultur meist ausschloß. Sie diente vor allem der Grenzziehung. Gemeinsamkeiten mit anderen Territorien waren nicht darzustellen. Unterscheidendes wurde potenziert, und zwar nicht nur in regionaler Hinsicht, sondern auch im Innern, in sozialer Dimension. Die heutige, kleinräumig erscheinende Regionalkultur, Vielfalt und Variation, ist also wesentlich das Ergebnis eines Zentralisierungsprozesses in den Territorien. Ein Zentralisierungsprozeß in der Vergangenheit liefert das Inventar der Regionalität von Kultur in der Gegenwart.

Exkurs: Horizonte als Sinngebung

Der Begriff des geschlossenen Horizontes [9], der für die vorindustrielle Kultur verwendet wurde, ist gewiß nur vordergründig als eine räumliche Begrenzung der Region zu verstehen, die eine Basis der Territorialität sein könnte. Territorialität [10] selbst ist eine kulturelle und damit veränderbare Größe, ist selbst schon Interpretation. Der geschlossene Horizont ist vielmehr der auf relativ einheitlicher Kulturvermittlung beruhende Sinngebungshorizont. Er ist freilich immer weiter gewesen, gerade in der Vergangenheit, als dies die Region ausweisen würde.

Das christliche Denken des Mittelalters sprach von der analogia entis, der Analogie alles Seienden. Alles Geschaffene von der unbelebten Natur bis zu den Menschen und den Engeln sei in einer analog gegliederten Hierarchie angeordnet, die bis zu Gott reiche.

Alle menschlichen Gruppen waren durch diese Vorstellung Abbilder eines identischen Prinzips. Auch jenseits des eigenen sozialen und räumlichen Horizontes sei alles Seiende, konkret alle Gruppen, analog gegliedert, deshalb auch mit Sinn erfüllt. Alles Seiende stimme überein in Gegliedertheit und Sinn, in Struktur und Funktion im Stufenreich des Seienden [11].

Wenn dies so ist, dann lohnt es sich, über den geschlossenen Horizont noch einmal nachzudenken. Die mittelalterliche Ideologie rechtfertigt zwar die soziale Abgrenzung. Sie basiert aber auf der Vorstellung, daß alles, auch das den eigenen Horizont Transzendierende, nach dem gleichen Prinzip aufgebaut sei. In den Horizont ist also seine Transgression bereits eingebaut. Anders: der Horizont dient also auch dazu, den Abbildcharakter, die Identität als die Übereinstimmung erst zu verifizieren. Insofern ist die Vorstellung vom Horizont zu kurz, wenn sie Begrenzung bedeutet, zutreffender, wenn sie Sinngebung als Rahmen des Handelns bedeutet. Diese Ideologie bedarf deshalb gar nicht des realen Transgressus: es genügt das Wissen darüber, daß sich die gleiche Gliederung überall wiederholt. Die Paradoxie ist keine: Offenheit und Geschlossenheit bedingen einander.

Das Weitertragen der mittelalterlichen Reichsideologie [12] bildet die Rechtfertigung für die regionale Fixierung der feudalisierten Unterschichten der Neuzeit. Für die, die feudalisierten, war diese Ideologie schon nicht mehr verbindlich, sie war einseitig geworden. Die Oberschicht bediente sich längst anderer Rechts- und Vertragsformen. Die Horizontverengung beschwert nur die Mehrheit.

Bewertung ist alles: Vom Zugesprochenen

Regionale Kultur ist nicht nur ein gesellschaftliches Phänomen, sondern die Gesellschaft einer Region auch ein Phänomen regionalisierter Kultur. Regionalisierte Kultur lebt von der Behauptung, eine

spezifische Art von Kultur sei so nur an diesem Ort zu finden. Sie
wird durch die Wirklichkeitsdefinitionen begründet, die in ihr herrschen. Wirklichkeit ist selbst aber kulturell begründet, und die
durch Kultur beschriebene Region kann nur kraft dieser Definition
bestehen.

In der Wirklichkeitskonstruktion spielen nun nicht etwa - wie man
denken sollte - die starken ökonomischen Unterschiede eine Rolle.
Vielmehr sind es vor allem ihre Widerspiegelungen: Unterschiede
in der Kleidung, im Hausbau, in der Ernährung, in der Art der Arbeitsteilung zwischen den Geschlechtern [13].

Für eine ganze Reihe von Ethnowissenschaften, auch für die
Volkskunde, ist der Begriff der Region eher ein heuristisches Konstrukt gewesen, von der jeweiligen Fragestellung her konturiert,
sich dann freilich verselbständigend und Vorstellungen von Regionen
produzierend: Hauslandschaften, Trachtenlandschaften, Möbellandschaften, Sprachlandschaften, Sakrallandschaften. Freilich alles
Landschaften, die sich nicht immer zur Deckung bringen ließen.

Wenn man davon ausgeht, daß unser Fach seinen wirksamen Drall
erst im 19. Jahrhundert bekommen hat - man sollte dies tun -, dann
basiert auch dieses Fach auf der kulturellen Variation, der kulturellen Vielfalt, die durch die Verschiedenheit der Stämme erklärt wurde. Regionalisierte Kultur mithin war gegeben. Nun war im Spiel
von Regionalität und Nationalität das gemeinsame Substrat zu finden,
das die Vielheit aufheben sollte und die herkunftsmäßige Einheit der
Vielheit zu beweisen hatte. Die germanische Vergangenheit wurde
als das gemeinsame Vielfache entdeckt.

Die deskriptiv vollzogene Regionalisierung von Kultur war dann
nur noch zu verifizieren. Regionalmuseen gaben dem Bürgertum die
Antwort, die man von ihnen erwartete, bestätigten die Vielfalt und
die Ortsbezogenheit der Kultur. In der Literatur ist das früher geschehen als in den Museen, das mag ein in diesem Zusammenhang
gewiß unverdächtiger Zeuge Friedrich Engels (ja der!) belegen: „Die
Heide ist genug gescholten worden ..., man hat es verschmäht, ihre seltenen Reize, ihre versteckten poetischen Beziehungen aufzusuchen". (...) „Aber die Heimat der Sachsen, des tatenreichsten deutschen Stammes, ist auch in ihrer Öde poetisch. In einer Sturmnacht,
wenn die Wolken gespenstisch um den Mond flattern, wenn die Hunde
sich von fern einander zubellen, dann jagt auf schnaubenden Rossen
hinein in die endlose Heide, dann sprengt mit verhängten Zügeln
über die verwitterten Granitblöcke und die Grabhügel der Hünen; in
der Ferne blitzt das Wasser der Moore im Widerscheine des Mondes, Irrlichter gaukeln darüber hin, unheimlich tönt das Geheul des
Sturmes über die weite Fläche; und der Boden wird unsicher unter
euch, und ihr fühlt, daß ihr in den Bereich der deutschen Volkssage
gekommen seid. Erst seit ich die norddeutsche Heide kenne, hab'
ich die Grimmschen 'Kinder- und Hausmärchen' recht verstanden.
Fast allen diesen Märchen sieht man es an, daß sie hier entstanden
sind, wo mit dem Anbruch der Nacht das Menschliche verschwindet

und die grausigen, formlosen Geschöpfe der Volksphantasie über einen Boden hinhuschen, dessen Öde am hellen Mittag schon unheimlich ist. Sie sind die Versinnlichung der Gefühle, die den isolierten Bewohner der Heide erfassen, wenn er in einer solchen wilden Nacht durch sein Heimatland geht oder vom hohen Turme die öde Fläche schaut ... Das Geheimnis von der Entstehung des Volksmärchens belauscht ihr am Rhein und in Schwaben nicht, während hier jede Blitznacht (...) davon mit Donnerzungen redet" [14].

In seinem Roman „Das Dorf" hat Hans Peter Renfranz mit den Augen eines Briefträgers ein Szenarium entwickelt, das so weit reicht wie der Zustellbereich des Anton Podizat, eines Briefträgers im schleswig-holsteinischen Dorf Neumühlen. Auch in diesem Buch gibt es Stellen, an denen Renfranz die regionalisierten Klischees aufnimmt, ähnlich wie Friedrich Engels 140 Jahre vorher. Sie entsprechen den angebotenen Bildern, mit denen wir diese Landschaft heute wahrnehmen. „Das Dorf Neumühlen liegt im Norden unseres Landes, dort, wo der Himmel groß ist, manchmal tiefblau und manchmal düstergrau, wenn Wolken von Horizont zu Horizont über das flache Land ziehen. Dann riecht der Westwind nach Salz und Tang. (...) Die Kühe haben schwarz-weiße Muster. ... Die Häuser sind dort aus dunkelroten Backsteinen. ... Einige von ihnen tragen noch gewaltige, dunkle Reetdächer, die fast auf den Boden reichen. Die Menschen heißen Sievers, Sick, Stamp, Thöming, Henningsen und Groth..." [15]. Der Briefträger stellt auf seinem Botengang das Kontinuum, die Dichte und Geschlossenheit einer Region her. Literarisch ist dies geschickt und bestechend. Für die Wissenschaft erweist sich solcher Kunstgriff meist als Falle. Dennoch: mit diesen Bildern leben wir, sie sind längst festgelegte Interpretamente dieser Landschaft geworden. Obwohl wir wissen, daß auch diese Bilder so nicht immer da waren, ist unser ästhetischer Code durch Emil Nolde und Gustav Frenssen ebenso geprägt wie durch die tägliche Bestätigung der nordischen Gestimmtheit Schleswig-Holsteins durch die Tagesschau: „im nördlichsten Bundesland". Das jüngst erschienene Buch „Schleswig-Holsteiner unter sich über sich" beredet die Verhaltenheit des Landes ausführlich [16].

Die Folklorisierung der Differenz

Die Konstruktion der Region, die Vorstellung, daß es einen Bereich der kulturellen Wirklichkeit gibt, der sich als totales Phänomen mit ihr decke, hat dazu geführt, daß die räumliche Festlegbarkeit der Güter immer über ihre soziale Qualität dominierte.

Am Beispiel der in Schleswig-Holstein gepflegten Herrenhauskultur läßt sich dies einsichtig machen. Die räumliche Festlegbarkeit „schleswig-holsteinische Besonderheit"(?) dominiert über die soziale. Die Denkmalpflege versteht ihre Arbeit an Herrenhäusern explizit als Angebot zur „regionalen Identität". Alltägliches Bauen, die

Bauten der Vielen erscheinen dann kaum denkmalwürdig. Für die
Mehrheit der Bevölkerung wird damit wohl keine angemessene historische Perspektive angeboten, weil eine fremde Vergangenheit angepeilt wird. Herrenhäuser können als Identitätsangebot wohl nur eine
verschwindende Minderheit treffen. Die soziale Qualität bleibt unausgesprochen, die Zuordnung der Herrenhäuser zur Region ist vorherrschend.

Durch die Herrenhäuser läßt sich eine Region beschreiben, deren
Charakter dann von ihnen auch noch abhängig ist. Dabei kann es sich
nicht mehr bloß um Relikte aus der Vergangenheit, um neutrale Geschichtszeugen handeln. Vielmehr wird derartige Topographie Vorwand für Unterlassungen.

Der Begriff des Reliktes macht auch deutlich, daß sich volkskundliche Fragestellung kaum auf das totale und beliebige Einsammeln
erstrecken kann. Relevante Kultur sind ja nicht alle geistigen und
materiellen Produkte, die sich irgendwo finden. Aber ihre Bewertung im doppelten Sinne macht sie zu dieser Kultur, wenn sie für eine Mehrzahl von Menschen in der Art dauerhafte Geltung erlangen,
daß sie Medien der Tradierung selbst wie der Tradition sind, daß
sich an ihnen eine Bestätigung der Wirklichkeit aktualisiert.

In dem schon genannten Buch „Schleswig-Holsteiner unter sich
über sich" hat Jakob Tholund die „Inselheimat in Nordfriesland" beschrieben. „Eine Inselheimat ist unverlierbar", weil sie sich „von
Wasser umspült ... klar abgrenzt". Das regionale Spezifikum, das
Unverwechselbarkeit bietet, ist neben der unverlierbaren Insellage
die besondere sprachliche Situation, das „Biiken" und das „Tamsen" [17].

Kurz nur angedeutet ist die Einsicht, daß diese Jugendtage „dörflich, ländlich - wie in vielen anderen Gegenden Schleswig-Holsteins"
gewesen seien: „aber daneben eben ganz unverwechselbar anders -
friesisch".

Regionalkultur als Sinngebung

Regionalisierte Kultur existiert erst durch die Behauptung gesellschaftlicher Stabilität durch gleichbleibende Güter. Sie unterschlägt
emanzipatorische Ansätze, wenn diese den Begriff der Region transzendieren. Auch die Volkskunde hat, diesem Konstrukt der Region
folgend, diese mit etabliert. Denn sie hat vor allem kulturerhaltende Prozesse, wenn sie unter die Marke Brauchtum subsumierbar
waren, untersucht.

Jede Verräumlichung ist ein sozio-kulturelles Geschehen. Besonders die rechtliche Volkskunde hat uns sensibel für sichtbare und
unsichtbare Grenzen gemacht, die allenthalben existieren und existierten.

Kultur gewinnt an Festigkeit, sinnlicher Anschaulichkeit, wenn
kulturelle Prozesse verräumlicht, regionalisiert werden. Wir wis-

sen das von kleinen Einheiten, wie dem Haus, dem Dorf, aber auch dem Territorium nachmittelalterlicher Prägung. Die Region verselbständigt sich, führt ein Eigenleben nicht nur in der Weise, daß sie ein Substrat für wechselnde Inhalte wird, sondern daß Inhalte an sie geheftet bleiben.

Jede Begrenzung von Kultur ist von Menschen gemacht, trägt die Handschrift eines bestimmten Interesses. Regionalisierte Kultur ist ein Fall von Kultur, bei dem besonders deutlich wird, daß Menschen das, was sie schon als natürlich ansehen, selbst geschaffen haben. Georg Simmel hat darauf hingewiesen, daß Individuen und Gruppen Kräfte und Förderungen aus Gebilden beziehen, welche sie selber erst mit den dazu erforderlichen Energien und Qualitäten ausgestattet haben [18].

Diesen natürlich wirkenden Zusammenhang gilt es zu befragen. Dazu sollte man Entstehungsbedingungen kennen, historische Tiefe erarbeiten können. Kulturelle Tatbestände sind nicht als einfache Gegebenheiten hinzunehmen und zu beschreiben, ohne den Zusammenhang, in dem sie entstanden sind, mit einzubeziehen. Die regionaltypische Ausprägung von Kultur darf nicht als reine, einfache Tatsache verstanden werden, sondern soll im Hinblick auf ihren Entstehungszusammenhang, ihre Veränderung und ihre Veränderbarkeit hin analysiert werden.

Dieser Entstehungszusammenhang kann ebenso wie die Entwicklung der Regionalisierung auf eine Struktur des Interesses verweisen, das menschlichen Einfluß leitet.

Gewiß sollte dies über platte Ideologiekritik hinausweisen. Es geht ja um mehr als um die Kritik der herrschenden und beherrschten Lebensumwelten, um mehr als um die Kritik an der Gemachtheit eines Phänomens wie der Region. Es geht auch um Hinweise, die dazu verhelfen könnten, sich von der „durchschauten" Definition einer Region, die auf einseitige Interessen gegründet ist, zu lösen.

Damit nun können auch die stabilsten Elemente der regionalen Wirklichkeit für veränderlich gehalten werden und auf diese Veränderbarkeit hin untersucht werden, so lange, wie ihre Unwandelbarkeit nicht eindeutig erwiesen ist. In der historischen Volkskultur mag der Aspekt der Vorgegebenheit der Region noch eine gewisse Rechtfertigung haben, wo es um eine „Ökonomie der Armut" geht, wo technisch-ökonomische Bedingungen die Entfaltungsmöglichkeiten einengen.

Seit freilich im Gefolge der industriellen Revolution die gesellschaftlichen Entwicklungsmöglichkeiten nicht mehr so direkt von der Auseinandersetzung mit der natürlichen Umwelt bestimmt werden, werden die Möglichkeiten einer bewußten Gestaltung und Steuerung der sozio-kulturellen Umwelt größer.

Sicher kann die Frage nach der regionalen Ungleichheit, die immer auch eine soziale Ungleichheit ist, nicht nur mit dem Stand der Produktivkräfte beantwortet werden. Es ist aber ein schlechter Ersatz, solche Ungleichheit mit dem vagen Hinweis auf Andersartigkeit und Vielfalt aufzufangen. Daran muß sich die Frage nach solchen Prozessen anschließen lassen, die die Ungleichheit der Regionen und innerhalb der Regionen hochhalten, die es zulassen, daß es „Fremde im eigenen Land" gibt. Die Platzhalter der Regionalkultur gehören nicht selten zu den Eliten, die, selbst den einengenden Verhältnissen regionaltraditioneller Bindung entwachsen, bei anderen das Gefühl regionaler Bindung in Gang halten.

Das geschieht häufig in einem Prozeß, der „nachhinkende" Kultur, Brauchtum, Mundart, Trachten zur regionalen Sinngebung stilisiert und damit der Reliktkultur eine Rolle zuweist, die Ungleichheit zur Andersartigkeit mutieren läßt und gleichzeitig einen Gral des Heimatrechts schafft. Denn so regionalisierte Kultur zielt in ihrem Anspruch auf die Totale, verlangt, alle zu erfassen. Die Deklamation aber macht übersehen, daß ein wesentliches Begrenzungsproblem in dem Maß besteht, in dem einzelne und Gruppen an dieser Kultur teilhaben, zur Teilhabe zugelassen sind.

Es hat wenig Sinn, nach dem Wesen der Region zu fragen, sondern nach der Struktur einzelner oder gebündelter regionaler Phänomene. Region ist als sich wandelndes und (durch Menschen) wandelbares Ereignis in unterschiedlichen Phänomenen manifest. Es gibt deshalb keine festliegende Bedeutung von Region. Region bedeutet in verschiedenen - auch wissenschaftlichen - Lebenswelten (= konstruierten Wirklichkeiten) je und je ein Verschiedenes. Sie werden subjektiv verschieden erfahren, und sie bedeuten im historischen Kontext („objektiv") etwas anderes.

So hat die Frage nach der Struktur aller, auch regionaler Phänomene zwei Seiten. Einmal geht es um eine Rekonstruktion der Art und Weise, in der Menschen sich selbst in der Region interpretieren. Zum anderen geht es um die Frage nach der Funktion, den Wirkungen der Phänomene regionaler Kultur auf die Gesamtgesellschaft. Die Frage ist, welchen Zusammenhang eine solche Interpretation der Region erstellt oder erhält. Wenn Menschen sich in Regionen zu Hause fühlen, dann mag das wohl Sicherheit, Satisfaktion geben. Die Frage nach dem Autor, dem Urheber der Sinngebung erst führt zu der Frage, ob es Gruppen gibt, denen diese Interpretation von Region nutzt. Gibt es also Instanzen, Apologeten des So-und-nicht-anders-Seins dieser Region, die ein Interesse daran haben, daß Region so gesehen wird?

Der neue Regionalismus

Die prekäre Situation der Regionen drückt sich in ihrer Beschreibbarkeit durch Merkmale einer Vergangenheitskultur aus. Das gilt nicht nur für Bereiche der traditionellen Volkskultur, für „Europa-Rezepte", wie sie im Europawahlkampf des Jahres 1979 verteilt wurden. In diese Verwertbarkeit fallen auch relativ moderne Erscheinungen in Regionen früher, aber nicht weitergeführter Modernität, wo Entwicklungen aufhörten und zu Traditionen versteinerten: Das gilt für die norddeutschen Städte, das läßt sich für die Werftindustrie und die Kultur auf dem Kieler Ostufer absehen, das gilt für das Ruhrgebiet, dessen „Geist der Kohle" bereits von Wilhelm Brepohl zum naturhaften Mythos stilisiert wurde. Das Ruhrgebiet hat mit Taubenzüchtern, Industriedenkmälern, den Zechensiedlungen und der Bergmannskuh, mit Arbeiterfußballvereinen einen ganzen Satz von Merkmalen für die Folklorisierung der Region parat [19]. Mit der Arbeiterkultur geschieht nichts anderes als mit der Bauernkultur Dithmarschens oder der Industriefolklore des Neckarraumes mit Mercedes und Bosch.

Mehr als nur ein Abzeichen, könnten dies auch Auslöser für neue Sinngebungen, für Regionalkulte sein, die kulturorientierten Historismus für Regionalbewußtsein ausgeben.

Man wird sich fragen müssen, ob dem „neuen Regionalismus" - und das gilt für den, den manche den „legitimen" nennen, ebenso wie für den, der Regionalkultur im eigenen Saft beläßt - ein ähnliches Schicksal widerfahren ist, wie der „Tendenzwende": herbeigeredet worden zu sein, als self-fulfilling-prophecy Wirklichkeit nachhaltig verändernd.

Volkskultur wird ein Schauplatz auch politischer Auseinandersetzung. Der Säkularisierungsprozeß traditioneller Sinngebung wird abgebremst, aufgefangen. Die Kultivierung neuer Irrationalität wirkt sich besonders fatal in den Regionen aus, wo die offene Planungseuphorie seit dem Beginn der 70er Jahre der Ernüchterung (Stillhalten bei der Verwaltungsreform!) weicht und in den Untergrund der Heimatarbeit abzieht. Untergründig und kaum berechenbar scheint freilich auch eine neue Sensibilität für Regionalismen zu sein.

Die Reise des Papstes nach Polen hat solch eine neue Rolle erkennen lassen. Katholizität, Konfession fügt sich ins Konzept der Regionalisierung von Kultur. Katholizität in Polen ist die Folklorisierung der Differenz. Möglicherweise haben auch Folkloregruppen, auch wenn sie einem Konzept der Einheit in der Vielfalt folgen sollten, nicht nur kompensatorischen Charakter, indem sie Eigenständigkeit produzieren, wo politische Entscheidungen zentralisiert sind, sondern sie bewahren vielleicht auch den Traum von der eigenen Zuständigkeit. Die Regionalisierung von Kultur kann auch als Medium der Selbsterhaltung verstanden werden.

Die Vereinnahmung des Alltags

Volkskultur und Folklorisierung von Kultur scheinen - so widersprüchlich dies auch sein mag - Unverwechselbarkeit anzubieten, obwohl sie von der Kollektivierung herkommen und die Verwechselbarkeit in der Gruppe als Basis haben: Die Integration aller in einer Region Beheimateten wird gegen die Allerweltskultur aufgeboten. Im

Innern aber wird das zerstört, was eigentlich geschützt werden soll: Individualität.

Bei der gegenwärtigen Kultivierung der Region, jener neuen „Lust an der Provinz", handelt es sich also nur vordergründig um Regionales. Die bevorzugt herangezogenen Kulturelemente dienen vielmehr der Absicherung einer neuen (vielmehr oft auch alten) Sinngebung. Die Sinngebung aber scheint oft nur um den Preis der Horizontverengung möglich zu sein.

Regionalisierung von Kultur ist nun beliebig oft nachzuweisen. Die Neigung zum politischen Schrebergarten ist apostrophiert worden, Europa als politische Größe, als Kategorie des Denkens ist justament in dem Moment passé, als es darum geht, Europa zu wählen. Interne, ja regionale Probleme beherrschen auch die politische Kultur, es gibt so etwas wie eine Regionalisierung des politischen Bewußtseins.

Die Bereitschaft, sich persönlich zu engagieren, zielt besonders auf Bürgerinitiativen. Die Diskussion wendet sich Problemen begrenzter, allenfalls mittlerer Reichweite zu. Angesichts der Probleme internationaler Art ist der Rückzug auf die regionale Idylle verständlich, weil die Chancen, persönliche Satisfaktion zu finden, eher im Archipel beglückender und überschaubarer Inseln vorhanden zu sein scheinen.

Die Interessen des Alltags sind bisher nicht demonstrativ genug gewesen. Aber die Entwicklung der Gesellschaft wird spürbar nicht durch die Harmlosigkeiten, die vielen, kleinen, untereinander verbundenen und für den einzelnen wichtigen Bedürfnisse beeinflußt, sondern durch die Demonstration. Der Alltag fand im Verborgenen statt, war ohne Bewertung.

Ganz allgemein kann man sagen, daß infolge der Ausdehnung und ungehemmten Ausuferung der Administration auch solche Gebiete dem Planungsbereich der Administration einverleibt worden sind, die sich bisher eine relative Autonomie bewahren konnten. Oftmals geschieht dies so, daß der Schein der Autonomie bestehen bleibt.

Kulturelle Selbstverständlichkeiten waren ja in ihrem Bestand bisher gerade dadurch gesichert, daß sie nicht begründet, nicht in politische Institutionen eingelagert waren. Sie werden nun durch die verstärkte administrative Bearbeitung aus dieser unbefragten Selbstverständlichkeit herausgeholt und öffentlich thematisiert. Dieses Hervorholen geschieht nach dem Bedarf der politischen Administration. Dabei können nur die wenigen Teile, die für die Administration nicht verwertbar sind, unter den Tisch fallen und dann Chancen für Alternativen enthalten.

Durch die administrative Bearbeitung von Kultur ist die Tendenz einer Politisierung des Alltags vorhanden. Die Administration muß ständig auf der Suche nach verwertbaren Elementen sein, das wird sich nicht mehr nur auf die demonstrative Kultur beschränken, sondern auf die Alltagskultur ausgeweitet werden. Der Vorgang läßt sich mit der Vereinnahmung der Kultur im Prozeß der Verrechtlichung des Territorialstaates vergleichen.

Das Bündel der auf Identifizierbarkeit gerichteten Merkmale regionalisierter Kultur bezieht sich nicht mehr allein auf die demonstrative Exo-Kultur. Oftmals wird jene veralltäglicht, während die Alltagskultur, wie etwa jenes Fahrradfahren in Holland oder Dänemark, zur Exo-Kultur werden kann. Genau dort, wo sie „Kultur" wird, bewertet als Eigenes, das unterscheidet. Was noch den Touch der Subkultur besaß, den fremden Instanzen entzogen, eine gewöhnliche Alltäglichkeit war, gerät nun ins Interesse einer auf Verwertung abzielenden Bürokratie. Auf dem Markt der öffentlichen Meinung, der mehr und mehr ein Markt der vagen und vielleicht auch resignierten Hoffnungen zu werden scheint, wird dieses Merkmal nun hoch gehandelt, wird zum Index regionalisierter Kultur. Der Gebrauchswert der Alltagskultur in der gesellschaftlichen Praxis verändert sich dadurch, wird geringer, ist von Mißtrauen gegen eine von der Bürokratie angebotene und mit Akzenten versehene Alltagskultur ohne Selbstverständlichkeiten bestimmt. Die Tröstungen des kleinen Raumes, regionalisierte Kultur, werden nun von oben angeboten.

Auch die zunehmende Reichweite der Bürokratie (Mundart- und Heimatpflege) versucht die Bereiche, die ein Gegenbild erzeugen könnten, zu vereinnahmen. Die Regionalisierung von Kultur ist dann ein Vorgang, der als Strategie des Abdrängens aus der alltäglichen Lebenspraxis verstanden werden müßte. Sie kann schließlich auch als Konteridee gegen überregionale, internationale Bewegungen verstanden werden.

Viele Probleme, die heute in Regionen abgehandelt werden, sind in Wirklichkeit Probleme der ganzen Menschheit. Und diese Tatsache wird sich als wirklichkeitsangemessen immer deutlicher erweisen, da menschliche Einzelgesellschaften aller Regionen immer mehr voneinander abhängig werden. Genauer noch: die Regionalisierung selbst ist ein sich verstärkendes Phänomen, das mit der Zentralisierung der Instanzen korrespondiert. Die Regionalisierung von Kultur, jener Kunstgriff, macht dagegen glauben, die Probleme der Kultur seien regional bestimmt und damit auch regional lösbar. In der Tat ist hier ein persönlicher Satisfaktionsraum entstanden; diese persönlichen Erfahrungsmöglichkeiten sollten nicht übersehen werden: was Motiv und Satisfaktion anbelangt. Doch ist die Folklorisierung der Lokalvernunft [20] nicht ohne Problem: Gerade weil die Interdependenzen größer geworden sind, Konflikte und Spannungen universal sind, kann die Domestizierung, die Handlichmachung des Unüberschaubaren, die Beschränkung auf eine Problemregion auch als Retusche der Resignation verstanden werden.

1 Über die hier gemeinte Infrastruktur der „Geschichte" vgl. Norbert Elias: Zur Grundlegung einer Theorie sozialer Prozesse. In: Zeitschrift für Soziologie 6 (1977), S. 127-149.
2 Ralph Linton: The Study of Man. New York und London 1936.
3 Siehe dazu Hermann Bausinger: Volkskunde. Von der Altertumswissenschaft zur Kulturanalyse. Darmstadt o. J., S. 12 ff.
4 Dazu die Überlegungen von Nis R. Nissen: Die Schenkschiewe: Requisit eines Rechtsaktes? In: Konrad Köstlin und Kai Detlev Sievers (Hrsg.): Das Recht der kleinen Leute. Beiträge zur Rechtlichen Volkskunde. Festschrift für Karl-Sigismund Kramer zum 60. Geburtstag. Berlin 1976, S. 162-165.
Die Pflege der Erinnerung an die Siebenhardenbeliebung als Rechtfertigung für die Besonderheit Nordfrieslands kann ähnlich interpretiert werden. Vgl. Max Pappenheim: Die Siebenhardenbeliebung vom 17. Juni 1426. Festschrift zur Fünfhundertjahrfeier auf Veranlassung des vorbereitenden Ausschusses. Flensburg 1926.
5 Konrad Köstlin: Feudale Identität und dogmatisierte Volkskultur. In: Zeitschrift für Volkskunde 1977, S. 216-233.
6 Konrad Köstlin: Die Verrechtlichung der Volkskultur. In: Festschrift für Karl-S. Kramer (wie Anm. 4), S. 109-124.
7 Heinrich Mitteis: Der Staat des hohen Mittelalters. Grundlinien einer vergleichenden Verfassungsgeschichte des Lehnszeitalters. 4. Aufl. Weimar 1953, S. 427.
8 Zit. nach Karl-S. Bader: Heinrich Mitteis. In: Heinrich Mitteis: Die Rechtsidee in der Geschichte. Gesammelte Abhandlungen und Vorträge. Weimar 1957, S. XXV.
9 Hermann Bausinger: Volkskultur in der technischen Welt. Stuttgart 1961, S. 61 ff. schreibt vorsichtiger vom „bisherigen", vom „früheren", vom „relativ engen" Horizont. Mit dem Bild von der „Auflösung des Horizonts" korrespondiert (wenigstens in der Rezeption) das des geschlossenen Horizonts.
10 Ina-Maria Greverus: Der territoriale Mensch. Ein literatur-anthropologischer Versuch zum Heimatphänomen. Frankfurt 1972.
11 Hier ist die Vorstellung vom „Stufenkosmos" gemeint, die anknüpfend an die spätplatonische Philosophie auch die Rechtfertigung mittelalterlicher Gemeinschaftsordnungen war.
12 Heinrich Mitteis: Deutsche Rechtsgeschichte. Ein Studienbuch. 5. Aufl. München und Berlin 1958, S. 173.
13 Siehe zu diesem Thema in der Zeitschrift Ethnologia Scandinavica (1975) die auch ins Grundsätzliche gehenden Aufsätze von Günter Wiegelmann, Ole Højrup, Ragnar Petersen und Orvar Löfgren.
14 Karl Marx und Friedrich Engels: Über Kunst und Literatur. Berlin 1968, Bd. II, S. 460 f. (1839/40).
15 Hans Peter Renfranz: Das Dorf. München 1978, S. 1.
16 Werner Schmidt (Hrsg.): Schleswig-Holsteiner unter sich über sich. Frankfurt 1979.
17 Wie Anm. 16.
18 Siehe dazu Georg Simmel: Der Raum und die räumlichen Ordnungen der Gesellschaft. In: Ders.: Soziologie. Untersuchungen über die Formen der Vergesellschaftung. 5. Aufl. 1968, S. 460-526.
19 Wilhelm Brepohl: Industrievolk im Wandel von der agraren zur industriellen Daseinsform dargestellt am Ruhrgebiet. Tübingen 1957.
Zu dieser Folklorisierung siehe z.B. Rolf Lindner und Heinrich Th. Breuer: Sind doch nicht alle Beckenbauers. Zur Sozialgeschichte des Fußballs im Ruhrgebiet. Frankfurt 1978. Auch Peter Alexander mit dem Schlager

„Schwarzes Gold" sollte nicht vergessen werden. Die Mitgliederzeitschrift der IG Bergbau und Energie schrieb über das „Schwarze Gold in neuem Glanz". Joseph Roth hat 1926 im Auftrag der Frankfurter Zeitung drei Reportagen über das Ruhrgebiet geschrieben. Die Kruppschen Arbeiterkolonien nannte er „Paradiese der Not, aber immerhin Paradiese; Idyllen, die in der Ansichtskarte weiterleben".

20 Siehe dazu den einleitenden Vortrag von Hermann Bausinger in diesem Band.

Diskussion:

Die Diskussion kreist um das Problem der Entstehung regionaler Ausgrenzungen spezieller Identifikationsmuster oder um die „Produktion von Kulturterritorien". H. Bausinger bittet um deutlichere Positionsbeschreibung der beiden Beobachtungsebenen: einerseits der kulturellen Erscheinung universaler Nostalgie heute und damit die allgemeine Gleichartigkeit, andererseits die neutrale Alltäglichkeit des Regionalen als beobachtbares Faktum. D. Kramer erhebt Widerspruch gegen zu generelle Behauptungen über das politische Bewußtsein im Regionalismus. Gesamteuropäisch betrachtet, artikuliere sich gerade gegenwärtig in einzelnen Regionen ein hochpolitischer Anspruch gegen unsere gesamtgesellschaftliche Situation, also das Gegenteil von „selbstgewählter Horizontverengung", nämlich (z. B. in Okzitanien) das Aufbegehren, die funktionelle Arbeitsteilung der Regionen mitzumachen, etwa als „Müllplatz der Gesellschaft" zu dienen, z. B. für bloßen Alterswohnsitz. Darüberhinaus müsse die „Struktur der Interessen" empirisch offengelegt werden. G. Wiegelmann fragt nach der wissenschaftlichen Grundkonzeption, indem er die Ergebnisse der Kulturraumforschung den hier vorgetragenen Thesen entgegenstellt. Nicht schlichte Dichotomie, sondern Hierarchien sozialer und regionaler Differenzierung haben sich danach seit der spätmittelalterlichen Ausprägung von Landesherrschaften entwickelt. Die als „Beiprodukt" angefallenen kulturellen Sonderungen seien weder bewußtes Ziel noch gewollte Entwicklung gewesen; vielmehr können hierfür komplizierte Kommunikationsstrukturen im Wandel der Geschichte verantwortlich gemacht werden wie die Ausprägungen eines Stadt-Land-Gegensatzes, die Konfessionsbildung und dergleichen mehr.
K. Köstlin antwortet im einzelnen, er habe von „Normalfällen" gesprochen und von deren verhältnismäßig „harmloseren" Problemen. Hier herrsche mit der „Handlichmachung von Kultur" in der Region die Gefahr einer „bewußten Horizontverengung". Problemlösungsversuche können erst nach einer genauen Analyse einsetzen; die Frage heißt darum zunächst: woher stammt das Phänomen der Kulturregionalisierung als einer Sinnproduktion. Erst von daher lassen sich Ansätze für Veränderungen finden. Darum sei der Raumbegriff der Kulturraumforschung bewußt aus dem Spiel geblieben, weil er dieses soziale Problem der Regionalisierung begrifflich eher verdecke, indem er auf das „Räumliche" als einer Art eigenständiger Idee zuvorderst abhebe. Natürlich hat es Kultur schon immer und überall gegeben, und selbstverständlich haben „leges" und „Stämme" Rechts- und Kulturräume produziert. Eine Kulturregion lebt daher aus einem historischen Fundus, und nicht immer steht intentionale Produktion von Kultur dahinter. Aber hier galt es einen neuen Beobachtungsschwerpunkt zu akzentuieren: die Entstehung von Region durch „Behauptung".

Wolfgang Brückner

Gottfried Korff

FOLKLORISMUS UND REGIONALISMUS

Eine Skizze zum Problem der kulturellen Kompensation ökonomischer Rückständigkeit

Als Adolf Glaßbrenner, der Berliner Volksschriftsteller mit beinahe ethnomethodologischem Blick, Anfang der fünfziger Jahre des letzten Jahrhunderts seine Eindrücke über eine Reise nach Süddeutschland zusammenfaßte, prognostizierte er, daß 'in einigen Dezennien wohl nichts mehr von dem übrig sei, was eine Reise durch die verschiedensten Gegenden unseres Landes so liebenswert und reizvoll mache'; 'jedes kleinste Nest zeige sich mit anderen Sitten und Gebräuchen'. „Wie lange wird das noch dauern?", fragte er und gab seiner Besorgnis Ausdruck, daß dann auch in den bayerischen Flecken Verbotstafeln und Warnschilder wie in Berlin stünden und keine bunten Bildnisse und Sandsteinheiligen mehr, daß man - so Glaßbrenner weiter - dereinst auch dort den St.Manchester und nicht mehr den St. Leonhard verehre, die romantische Weltordnung sei im Untergang begriffen [1]. Man weiß mittlerweile, daß Glaßbrenners Prognose nur zum Teil Wirklichkeit geworden ist. Mag ja sein, daß die romantische Weltordnung verschwunden ist; das Nivellement aber, von dem er sprach, ist nur zum Teil eingetreten, denn immer noch lohnt die Reise nach Süddeutschland auch wegen der pittoresken Bilder, die die regionalen Brauchtumsinszenierungen dort bieten - und zwar zu Hauf. Und die Leonhardiwallfahrt in Bad Tölz gehört zu den Topoi, mit dem das offizielle Fremdenverkehrsamt Bayerns in Berlin wirbt. Die Konturen eines ausgeprägten Kulturregionalismus sind also keineswegs verwischt und nivelliert, wie Glaßbrenner es befürchtete, und später nicht selten auch die wissenschaftlichen Prognosen einer kulturpessimistischen Volkskunde es glauben machen wollten, sondern sie bestimmen nach wie vor das Gesamttableau landschaftlich geprägter Kulturstile. Erst kürzlich imponierte die Wochenendbeilage einer großen Tageszeitung mit einem umfangreichen Artikel über die bayerische Brauchtumsexotik, in dem der homo folkloristicus als species finalis bajuwarischer Anthropologie beschworen wurde [2]. Folklorismus war das Stichwort, mit dem der Verfasser - unter Berufung auf die volkskundliche Literatur - sicher bei der Klassifizierung und Bewertung der Brauchtumserscheinungen umzugehen verstand. Und in der Tat ist der Folklorismus einer der Gründe dafür, daß sich regionale Brauch- und Feststrukturen vital und prägnant entwickelt haben, allen Nivellierungstheorien zum Trotz.

Folklorismus, das ist ein Wort, das zu den lustbesetzten Leitbegriffen der jüngeren Volkskunde gehört. Gemeint ist, nach einer gängigen Faustformel, der ausstaffierte Brauch, der zur erbaulichen Selbstbespiegelung herhalten muß, ein Kunstkonstrukt, das aus Partikeln der traditionellen Volkskultur effektvoll arrangiert und zum Zwecke der farbigen Daseinssteigerung inszeniert wird. Der letzte mir bekannte Versuch, das Folklorismussyndrom in theoretische Zusammenhänge einzuordnen - er stammt von Konrad Köstlin - akzentuiert denn auch vor allem dessen sozialpolitische Funktion [3]. Köstlin deutet den Folklorismus als ein System, das Verhaltenssicherheit und soziale Identität garantiert und so in der Lage ist, heilsam-therapeutische Effekte dort zu erzielen, wo Krisenerscheinungen und Leidensdruck diagnostizierbar sind. „Folklorismus als Therapie", so lautet der Titel und die These des Köstlin'schen Aufsatzes, der mir vor allem wegen des Nachweises aufschlußreich erscheint, daß er die Entstehungsbedingungen des Folklorismus keineswegs erst im Kontext des Fremdenverkehrs und vordergründiger Vermarktungsstrategie sucht, sondern daß er sie genetisch auf umfassende gesellschaftliche Dissoziierungsprozesse bezieht, die ihre Ursachen in der gesamtgesellschaftlichen Modernisierung haben. Zwar war in der Folklorismusdebatte schon immer davon die Rede, daß „der Folklorismus nicht erst in unserer Zeit geschaffen wurde" [4], daß „Traditionen erster und zweiter Hand vielfach ineinander übergehen" [5], aber dadurch, daß folkloristische Erscheinungen immer nur im Detail historisch angegangen worden sind - und nie als komplexes Syndrom - waren der Entstehungs- und Funktionszusammenhang des Folklorismus in einer Grauzone geblieben, die zu Spekulationen und Mythenbildungen Anlaß bot. Immerhin: die historische Detailanalyse hat jene irreführende Perspektive korrigieren können, der Folklorismus sei gekennzeichnet durch eine verfälschende, eine unechte Aneignung der kulturellen Traditionsmasse. Die Kategorien falsch und unecht reichen immer dann nicht aus, wenn es um bewußte Rückgriffe, um Selektionsleistungen geht, die von aktuellen Lagedeutungen gelenkt und gesteuert sind. Kulturelle Überlieferungen, die einem inhärenten Tradierungsmechanismus unterliegen, sind eine Fiktion. Kulturelle Überlieferungen vollziehen sich stets in einem sozialhistorischen Kontext und sind abhängig von lagebedingten Interessen und Bedürfniskonstellationen: was angeeignet wird, bestimmt sich nicht nur durch die Qualität des Überlieferungsguts, sondern bemißt sich auch an der Brauchbarkeit fürs Hier und Jetzt.

Das gilt insbesondere für den Folklorismus, der ja gewissermaßen die alltagshermeneutische Variante des Historismus darstellt. Das Selbstverständnis sozialer Gruppen wird durch eine zweckhafte Aneignung von Traditionen qua Tradition geregelt. Sie - die Traditionen - funktionieren im Folklorismus nicht mehr naiv oder naturwüchsig, sondern sie werden über einen bewußten Aneignungsmechanismus gesteuert. Sie werden, um mit dem Schillerschen Begriffspaar zu spielen, sentimentalisch, das aber heißt auch, sentimental eingeholt [6].

Es versteht sich, daß bei einer auf demonstrativ-dekorative Selbstdarstellung hin angelegten Brauchkonfiguration wie dem Folklorismus insbesondere jene Artikulationsformen aus dem Repertoire kultureller Überlieferungen übernommen werden, mit denen Appelle an die Öffentlichkeit möglich sind, mit denen kollektive Ansprüche auf der Ebene symbolischer Repräsentation geltend gemacht werden können. Im Folklorismus muß der Brauch etwas hergeben. Es ist so vor allem der Demonstrationseffekt, der den narzistischen Zügen des Folklorismus entgegenkommt.

Denn zweifellos läßt sich der Folklorismus auch als kollektiver Narzißmus beschreiben, ein Narzißmus, der die Reaktion auf Selbstwertzweifel und Identitätsbedrohungen ist, die aus Änderungen des gesellschaftlichen Strukturgefüges resultieren - und in unterschiedlichen sozialen und regionalen Sektoren differente Auswirkungen gefunden haben [7].

Wie die Frühindustrialisierung in den Corpus des ständisch-verfaßten Zunftwesens einwirkte, ist auch unter dem Aspekt des Folklorismus analysiert worden: die Auflösung des Zunftwesens durch Einführung der Gewerbefreiheit und - im Zusammenhang damit - die industrielle Güterproduktion, die den lokalen Markt sprengt, bewirken ein forciertes Bekenntnis zur verloren gegangenen Zunftvergangenheit, die nun modo symbolico festgehalten und in sinnfälliger Form ausgestattet wird, um wenigstens im verklärten Bild der eigenen Geschichte eine identitätssichernde Stütze gegen die Bedrohungen der neuen Wirtschaftsweise aufzubauen [8]. Vieles, was in den meisten mittelgroßen Reichsstädten (zumal die ehemaligen oberdeutschen Reichsstädte bieten ein gutes Beispiel hierfür) an Brauch- und Festwesen nachweisbar ist, ist in seinen heutigen folkloristischen Ausprägungen rückführbar auf die Folgen der Frühindustrialisierung, die die Städte in ihren Reproduktionsgrundlagen und damit schließlich in ihren zentral-örtlichen Funktionen auf vielfache Weise beschnitt.

Kennzeichnend für diese Variante des provinzstädtischen Folklorismus ist jener von Benita Luckmann beschriebene Konnex von Lokalismus und Traditionalismus [9], der sich bis heute in biedermeierlich-pittoreskem Aufzug präsentiert und mit seinem Chargen-Kostüm- und Requisitenbestand auf seine Entstehungszeit in der ersten Hälfte des 19. Jahrhunderts verweist. Zum einen wird im Verlauf der Herausbildung übergreifender Produktionsstrukturen und Marktbeziehungen Finanz- und Wirtschaftskraft aus einer Vielzahl von kleinen Stadtkommunen - in der Regel denen mit ungünstigen Standortbedingungen - abgesogen, und zum andern werden die Privilegien der ehedem den lokalen Markt organisierenden Produzenten abgeschafft. Die Fixierung auf den folkloristisch garnierten Lokalismus und Traditionalismus stellt gewissermaßen einen symbolischen Ausgleich für eine reale oder drohende ökonomische Benachteiligung her. Auf die Bedrohung von Sicherheitslagen wird mit einer bewußten Überhöhung der historischen Eigenwelt reagiert - mit dem deutlichen Verweis auf des alten Handwerks Recht und Gewohnheit. Was in Ansätzen schon im frühen 19. Jahrhundert nachweisbar ist, gewinnt ausgeprägte Konturen durch den fortschreitenden Prozeß einer ungleichen Entwicklung von Regionalstrukturen: je mehr bestimmte Kommunen oder Regionen ins ökonomische Abseits geraten, umso eher wächst dort die Bereitschaft, spezifische Züge aus dem kulturellen Repertoire zu folklorisieren.

Die Entstehung des Folklorismus hängt also keineswegs nur mit der Entwicklung eines frühen Tourismus zusammen. Der Fremdenverkehr hat lediglich verstärkende und kräftigende Impulse gegeben und insbesondere den Demonstraktionseffekt, das Prinzip der Selbstdarstellung begünstigt - und ihn z. T. auch mit kommerziellen Energien angereichert. Nicht wenige Untersuchungen, insbesondere zum süddeutschen Folklorismus, haben denn auch immer auf Topoi und Stereotype in Brauchtumskonfigurationen hingewiesen, die schon vor dem Sündenfall des Tourismus folkloristische Züge tragen. Insbesondere die materialreiche Arbeit von Nina Gockerell [10] wartet mit einer ganzen Reihe von Belegen auf, die die Vermutung nahelegen, daß der Folklorisierungstrend schon vor dem Einsatz des Massentourismus virulent geworden ist. Nicht das Gegenwelterlebnis, das der Fremde sucht, scheint am Anfang des Folklorismus zu stehen, sondern die deutlich artikulierte Selbstdefinition im Medium einer kollektiven, identitätsverbürgenden Geschichtserfahrung. Ohne die These von der demonstrativen Kompensation ökonomischer Rückständigkeit überdehnen zu wollen, scheint doch auch die typische Ausprägung des süddeutschen, des bayerisch-österreichischen Folklorismus auf einen Entstehungszusammenhang rückführbar, in dem Faktoren einer regional ungleichen Wirtschaftsentwicklung eine nicht unwesentliche Rolle spielen. Gegen den vehementen, reibungslos und zügig verlaufenden Aufbau der großen Maschinerie im deutschen Norden, gegen die dynamische Produktivkraftentfaltung in Preußen wird in den süddeutschen Landesteilen mit einer bewußten Hervorkehrung der bewährten Traditionsformen reagiert. Der vergleichsweise minimale Industrialisierungsgrad Süddeutschlands ist die Ursache für ein regionales Minderwertigkeitsgefühl, und dies wird durch eine erbauliche Selbstproduktion wettgemacht. Vermittels des Folklorismus will man nicht nur vor den anderen, sondern auch und vor allem vor sich selbst besser dastehen.

Die ostentative Ausgestaltung von Brauchformen kommt freilich ohne Vorlage nicht aus. Voraussetzung für eine regionalspezifische Folklorisierung ist deshalb das Vorhandensein von ausstellbaren und inszenablen Braucherscheinungen. Aber daran hat es - der Volkskundler weiß es - in den meisten Teilen Süddeutschlands nicht gefehlt, und zwar gab es sie in einer Form, die sich immer schon als Artikulationsweise im Medium der Öffentlichkeit begriff - ein Faktum, das sich möglicherweise durch barocke Traditionen im Zusammenhang mit einer demonstrativ sich behauptenden Gegenaufklärung entwickelt hat. Diese Offensivität machte den kulturellen Überlieferungsbestand besonders geeignet, um als Mittel des regionalen Selbstverständnisses instrumentalisiert zu werden. Verkürzt ausgedrückt (mit der Gefahr, die Verkürzungen immer in sich bergen): bayerisches Brauchtum erst im Dienste der Religion, dann im Dienste der Region [11], wobei sich beides, auch daran sollte man denken, zu Ende des 19. Jahrhunderts im Zeichen des Kulturkampfes wieder verschränken kann und daraus erneut Muster für eine regionale Identifikation, im speziellen Fall mit einer deutlichen antimodernen, das war aber eine antipreußische Stoßrichtung, bezogen werden können [12]. Der Folklorismus, definiert als erbauliche Selbstbespiegelung, ist also ein Instrument, um mit Ungleichzeitigkeiten, die sich durch Unterschiede in der sozialen und regionalen Entwicklung ergeben, fertig zu werden. Die kollektiven Selbstwertzweifel in einem benachteiligten, weil rückständigen Sektor, werden durch den rückwärts gewandten Blick in eine bessere Vergangenheit ausgeglichen.

Nicht umsonst zielt denn auch ein Großteil der volkskundlichen Beschreibungsversuche auf die vielfältigen Spielarten des Bauernfolklorismus. Der Bauernfolklorismus ist der Versuch, die desolate Situation der Agrargebiete zur positiv akzeptierten Lebensform zu machen. Die notgedrungene Bewahrung der bäuerlichen Ordnung, von der Tamás Hofer einmal gesprochen hat, kann freilich nur dann zur akzeptierten Lebensform werden, wenn sie garniert und ästhetisiert wird. Unter den Stichworten „Großstadtfeindschaft und Agrarromantik" hat Klaus Bergmann [13] Teilaspekte dieses Zusammenhangs überzeugend beschrieben: die durch die historisch-ökonomische Lageveränderung erforderliche Situationsdeutung greift in verklärender Absicht auf die eigene Vergangenheit zurück. Man nistet sich urig-behaglich im „cultural lag" ein. Um sich aber in die gesamtgesellschaftliche Situation einzupassen, wird die eigene Milieugeschichte zum Medium der erbaulichen Selbstbespiegelung eingesetzt, und zwar werden vor allem die Segmente der bäuerlichen Kultur benutzt, die ein verschöntes, ein pittoresk aufpoliertes Spiegelbild versprechen. Deutlich wird diese Absicht in der volkskundlich-theoretischen Begleitmusik zur dörflichen Caritasbewegung, des katholischen Pendants zur protestantischen Dorfkirchenbewegung, also in den frühen zwanziger Jahren, beschrieben. Mit Hilfe des Folklorismus soll „wettgemacht" werden, was der Landbevölkerung im Verlauf der kapitalistischen Industrieentwicklung genommen wurde. Der verlorene ökonomische Status wird durch den 'inneren Reichtum' ersetzt. „Es gilt dem Volk wieder zum Bewußtsein zu bringen, wie innerlich reich es gewesen ist in den vergangenen Zeiten und daß es diesen Reichtum eines bodenständigen Lebens nicht preisgeben darf um einiger Dinge willen, die doch nur Scheingüter sind" [14]. Und der innerliche Reichtum, so wird ausgeführt, sei das, „was an

Volksgut in Sprache und Dichtung, in Sitte und Brauch, in der Volkskunst verborgen liegt. Diese Goldkörner der Volkskultur dürfen nicht verschüttet werden" [15]. Was die Dorfkirchenbewegung und die Landcaritas solcherart als konfektionierte Bauernkultur offerieren, wurde freilich nicht überall in der gleichen Weise angenommen. Auch im Agrarsektor gab es erhebliche Unterschiede. Als sich die Atlasbefragungen zu Beginn der dreißiger Jahre nach neuen oder wiedereingeführten Kollektivbräuchen erkundigten, ergab sich eine Massierung insbesondere in den Gebieten der Mittelgebirge, Matthias Zender hat dies etwa am Beispiel der brauchtümlichen Jahresfeuer zeigen können [16], in jenen Gebieten also, die zu den Hinterhöfen der Nation geworden waren. Dies ist ein Befund, der sich auch mit den Beobachtungen von Klaus Bergmann deckt. Es gibt, so weist er nach, Gebiete, die besonders anfällig für die von ihm beschriebene Agrarromantik sind [17]. Dorf ist nicht gleich Dorf und Land nicht gleich Land - es gibt Agrarlandschaften, die voll im Zeichen der industriellen Prosperität stehen und deshalb auch in ihrem „kulturellen Überbau" mit der Zeit gehen und keineswegs dazu tendieren, die agrare Lebenswelt folkloristisch zu stilisieren. Die volkskundlich-wirtschaftshistorische Untersuchung zur Landwirtschaft in der Magdeburger Börde [18], vor kurzem publiziert, zeigt das ebenso wie eine Reihe von Erläuterungsversuchen zu den Atlasbefragungen in den rheinisch-westfälischen Agrargebieten [19]. Vor allem der Zuckerrübenanbau in den Bördelandschaften scheint den Schaubrauch zum Zwecke der ländlichen Identität nicht nötig zu haben. Solch ein Bild ergibt sich jedenfalls, wenn man wirtschafthistorische Kartierungen mit volkskundlichen Flächenerhebungen zum Demonstrativbrauchtum in Deckung bringt.

Regionalbezogene Detailanalysen (nach Art der Börde-Studie) könnten Zusammenhänge dieser Art präziser klären helfen und herausstellen, daß auch das Land, das platte Land, die Provinz einem historisch differenten Wandel unterliegt, wie es das Konstanzer Historiker-Projekt gerade überzeugend dargelegt hat [20]. Die Regionen, so wie sie sich heute vor allem auch in ihren Kulturstilen darbieten, sind nicht nur die territorialen Restformen vorindustrieller Strukturen, sondern vor allem neue Produkte ungleicher industrie-kapitalistischer und nationalstaatlicher Entwicklung. Zu den natürlich-geographischen Unterschieden kommen im Laufe des 19. Jahrhunderts zunehmend auch ökonomisch-historische Ursachen, die zur Provinzialisierung einer Region führen und so zu einer Verstärkung regionaler Ungleichheiten beitragen. Ungleichheiten, die dann mit Mitteln der Kultur kompensiert werden. Der Folklorismus wird zum Ersatz, zum Surrogat für eine nicht stattfindende Modernisierung. Von Wilhelm Heinrich Riehl stammt ein Hinweis, der für die Mitte des 19. Jahrhunderts regionale Unterschiede in der Agrarproduktion benennt, die ihren bewußten Ausdruck auch im kulturellen Habitus gefunden haben. 1857 schreibt er in „Geldpreis und die Sitte": „Durchgreifende Änderung, ja vollständige Auflösung der Volkstracht erfolgt fast immer mit und nach den hohen Kornpreisen. Ich bemerkte schon oben, daß das Beharren bei dieser Tracht, wenn man von Land zu Land sieht, ein Wahrzeichen billigen Lebens sei" [21]. Wenn man die Tracht so als soziales 'Wahrzeichen', das stolz zur Schau gestellt wird, interpretiert, dann ist mit dieser Bemerkung im Ansatz schon das folkloristische Schema formuliert: das ostentative Hervorkehren von Traditionswerten und auch der regionalen Selbstdefinition, das Milieudekor macht den „cultural lag" als Lebensform akzeptabel. Der Rückgriff in die scheinbar bessere Vergangenheit erleichtert die Auseinandersetzung mit Bedrohung im gegenwärtigen Alltag.

Der Folklorismus hat seine eigene Zeitperspektive, sein Blick ist rückwärts gewandt. Der Zeithorizont des Folklorismus haftet zwar am konkreten Geschehen selbst, aber die historische Naherfahrung wird weit in die eigene Systemgeschichte ausgedehnt, um so über ein breites Repertoire von Traditionsformen zu verfügen, die nach Maßgabe je gegenwärtiger Situationen als Deutungsformeln eingesetzt werden können. Der Bedarf an Reproduktion von Geschichte scheint immer dann groß zu sein, wenn Subsysteme in ihrer Zukunftsperspektive beschnitten sind. Dynamische Systeme sind mit ihrer eigenen Zeitperspektive zufrieden, sie sind wachstums- und vorwärtsorientiert [22]. Durch eine ungleiche Entwicklung zurückgebliebene oder zurückgeworfene Systeme sind in der Regel in ihrem Blick auf die Vergangenheit fixiert, um daraus Impulse für eine identitätssichernde Selbstmontage zu beziehen.

Daß ehemals vorwärtsgewandte, dynamisch orientierte Systeme oder Regionen im Zeichen der Stagnation und wirtschaftlichen Regression zum Folklorisieren neigen, dafür scheint mir die Kulturentwicklung im Ruhrgebiet ein aufschlußreiches Beispiel zu bieten. In dem Moment, wo die Zechen still gelegt worden sind, stieg unversehens auch das Interesse an der bergmännischen Vergangenheit. Klaus Tenfelde hat vor einiger Zeit darauf aufmerksam gemacht, daß die Bergmanns- und Knappenvereine, ehedem als wirtschaftlich fundierte Solidargemeinschaften gegründet, heute primär in der Pflege von Knappschafts- und Bergbaukultur ihre Aufgabe sehen - besonders intensiv seit einigen Jahren [23]. Im Ruhrgebiet lokalisierbar ist Anfang der siebziger Jahre auch der Kolonien-Folklorismus, der in der Erhaltung von ehemaligen Bergmannssiedlungen sein Ziel sieht. Die programmatischen Schriften und Aufrufe von Roland Günther [24], des Retters von Eisenheim, erinnern in ihren suggestiven Formulierungen nicht selten an kulturpolitische Traktate aus dem Umkreis der bäuerlichen Trachten- und Dorfcaritasbewegung.

Kristallisationspunkte der Revierfolklore scheinen die Eckkneipen zu sein, die Max von der Grün kürzlich in ähnlicher Weise gelobt hat [25], wie Ludwig Steub einst die Gasthäuser im Tuxer Tal. Und selbst Helmut Karasek vom Spiegel zeigt sich konsterniert, daß mittlerweile auch die Emscherzone zur Szenerie für einen Heimatfilm avanciert ist [26]. Man könnte nun einwenden, daß dies alles

Ausdrucksformen eines allgemeinen Folkloretrends seien, einer Dekorsuche, die allenthalben in der BRD festzustellen ist. Aber erstaunlich ist doch, daß dieser Trend im Ruhrgebiet ausgeprägte Konturen zeigt - und zwar in einem Moment, wo die Kohlen nicht mehr stimmen und die Montanindustrie ihre Bedeutung als Leitsektor wirtschaftlichen Fortschritts verloren hat [27]. Es erstaunt auch in einer Region, die so wenig für eine Kulissenheimat hergibt, eine Region, die sich lange der Beschreibung in herkömmlichen Volkskundekategorien versperrt hat, weil sie in ihrer Kulturentwicklung zu dynamisch war. Wilhelm Brepohl [28], der sich als einer der ersten systematisch mit der Volkskunde im Ruhrgebiet beschäftigte, griff über den volkskundlichen Kanon hinaus, um die Modellerlebnisse und Erlebnismodelle - so sein Begriffspaar - des Ruhrvolkes zu analysieren. Er diagnostizierte eine Kultur im Aufbau, die nach einem eigenen Regelsystem erfolgte, die dicht an den Lagebedingungen und Situationsbedürfnissen der Berg- und Hüttenarbeiter orientiert war und über Jahrzehnte hinweg der Motorik der wirtschaftlichen Entwicklung zwischen Ruhr und Emscher angepaßt war: eigenständige Kommunikations- und Interaktionsformen werden aufgebaut - das Kneipenstehen und Rundengeben nach der Schicht, eigene Fest- und Freizeitformen, der Fußball, das Taubenzüchten und der Schrebergarten, und dann auch eigene Formen der politischen Kultur, die unter dem Stichwort Arbeiterbewegungskultur in den letzten Jahren zunehmend Thema der Geschichtswissenschaft geworden sind [29]. All diesen Formen ist eine dynamische Perspektive gemeinsam, und schon der Brepohlsche Begriff „Modellerlebnis" deutet die Flexibilität des regionalen Kulturverhaltens an. Die Flexibilität - so scheint es - ist jedoch im Zeichen der Ruhrkrise einer starren Ritualisierung gewichen, die die Erinnerung an die besseren Tage folkloristisch auf Dauer stellen will. Auch hier werden ökonomische Bedrohungen sentimentalisch kompensiert, die Gegenwart durch den Rückgriff in die eigene Systemgeschichte erträglich gemacht.

Alle drei Beispiele, die ich aufgeführt habe - zugegebenermaßen im Schnellschritt und deshalb möglicherweise vereinfacht - also der Provinzstadt -, der Bauern- und der Ruhrgebietsfolklorismus, zeigen meines Erachtens, daß man sich dem Folklorismus mit der These von der kulturellen Kompensation ökonomischer Rückständigkeit nähern kann, zumindest machen sie klar, daß eine nur formale Analyse die Problemperspektive in ungerechtfertigter Weise verkürzt - auch die Funktion des Folklorismus muß bestimmt werden. Der Blick auf funktionale Bezüge reißt das nur pittoresk-anteilnehmende Bild vom Folklorismus auf und macht so deutlich, daß in die Sprache der Folklore auch beträchtliche Unmutspotentiale eingesickert sind, dort unter Brauchtumsverkrustungen, wie es William F. Ogburn genannt hat [30], schlummern, aber je nach situativem Kontext ins Offensive mutieren können. Man weiß es von Whyl, man kennt es aus der Bretagne, aus Wales und auch aus Occitanien, daß der regionale Folklorismus auch zu einer aggressiven Artikulationsform werden kann, weil der Unmut über neue Verhaltenszumutungen in ihm abgelagert worden ist [31]. So hat er freilich auch Energien gespeichert, die sich gegen das Hier und Jetzt wenden können. Denn selbst resignative und ritualisierte Erinnerungen an „bessere Zeiten" enthalten allemal konkrete Anklagen gegen „hier und jetzt" erfahrene Gewalt und Bedrängung - ein Defizit an Befriedigungschancen, das sich auf diese Weise zur Sprache bringt - so wie es in Whyl und auch anderswo der Fall war. Das ist kein anderer Folklorismus, der sich da offensiv und aggressiv äußert - sondern das ist derselbe, den die Volkskundler schon vorher im Visier hatten, aber in der Regel nur unter formalen Aspekten angesehen, damit aber übersehen haben, daß auch in schön dargebotenem Brauchtum die „List der Localvernunft" [32] wirksam sein kann, indem Unmutserfahrungen präsent gehalten werden können. Solche Dimensionen können jedoch - so meine und schließe ich - nur durch eine funktionale Analyse des Folklorismus erschlossen werden.

1 Adolf Glaßbrenner: Berliner Straßenzüge - alt und neu (= Berlin wie es ißt und trinkt, Heft XXIIX, Ausgabe B), Berlin 1853, S. 21 ff.
2 Rudolf Großkopf: Exotische Abart menschlicher Rasse. Die Bayern und ihr vielbeklagtes, aber mitverschuldetes Image in der Welt. In: Frankfurter Rundschau, 26. Mai 1979.
3 Konrad Köstlin: Folklorismus als Theorie? Volkskultur als Therapie? Unveröffentlichtes Manuskript eines Vortrags auf der Tagung „Folklorismus" des Vereins „Volkskultur um den Neusiedler See" vom 20. bis 25. August 1978 in Neusiedl/See.
4 Hans Moser: Vom Folklorismus in unserer Zeit. In: Zeitschrift für Volkskunde 58 (1962), S. 177-209, S. 183.
5 Hermann Bausinger: Zur Kritik der Folklorismuskritik. In: Hermann Bausinger (Hg.): Populus revisus. Beiträge zur Erforschung der Gegenwart. Tübingen 1966 (= Volksleben, 14), S. 61-72, s.S. 63.
6 Vgl. zum gesamten Komplex der hermeneutischen Aneignung von Traditionen Jürgen Habermas: Technik und Wissenschaft als „Ideologie", Frankfurt/M. 1968 (= es 287), S. 108 ff., und ders.: Zur Rekonstruktion des Historischen Materialismus, Frankfurt/M. 1976 (= suhrkamp Taschenbuch Wissenschaft 154), S. 113 f.
7 Vgl. dazu die Hinweise in Hermann Bausinger u. a.: Grundzüge der Volkskunde, Darmstadt 1978 (= Grundzüge, 34), bes. S. 234 f.
8 Vgl. dazu Utz Jeggle/Gottfried Korff: Zur Entwicklung des Zillertaler Regionalcharakters. Ein Beitrag zur Kulturökonomie. In: Zeitschrift für Volkskunde 70 (1974), S. 39-57, s.S. 55 f.
9 Benita Luckmann: Politik in einer deutschen Kleinstadt, Stuttgart 1970, s.S. 224-256.
10 Nina Gockerell: Das Bayernbild in der literarischen und „wissenschaftlichen" Wertung durch fünf Jahrhunderte. Volkskundliche Überlegungen über die Konstanten und Varianten des Auto- und Heterotyps eines deutschen Stammes, München 1974 (= Miscellanea Bavaria Monacensia, Dissertationen zur Bayerischen Landes- und Münchner Stadtgeschichte, hg. von Karl Bosl und Michael Schattenhofer, Heft 51).

11 Vgl. dazu das Kapitel: Die „Frömmigkeit" des bayerischen Volkes. In: Nina Gockerell: Das Bayernbild (wie Anm. 10), S. 32-75, besonders die Hinweise zur Rolle der Gegenaufklärung, S. 72 f. Zur Bedeutung des regionalen Frömmigkeitsstiles vgl. auch Hans Moser: Bayerische Volksfrömmigkeit. In: Bayerische Frömmigkeit, Katalog des Münchner Stadtmuseums 1960, S. 36-46, und Fintan Michael Phayer: Religion und das Gewöhnliche Volk in Bayern in der Zeit von 1750-1850, München 1970.

12 Diese Behauptungen können hier nur programmatisch aufgestellt werden. Eine volkskundliche Analyse der Auswirkungen des Kulturkampfes auf soziale und regionale Mentalitätsstrukturen ist überfällig. Vgl. zu dieser Forschungslücke Wolfgang Schieder (Hg.): Religion und Gesellschaft im 19. Jahrhundert (= Geschichte und Gesellschaft), 3. Jg. (1977), Heft 3, Göttingen 1977 - besonders die Einleitung, S. 291-298, s. S. 292. Daß die Zusammenhänge von Kulturkampf und regionalen Stereotypen literarisch schon früh erkannt und thematisiert worden sind, belegt Oscar Panizza mit dem Hinweis, daß „Ihr [die Bayern] mit Eurem Katholizismus langsam, seit einem halben Jahrhundert sicher, von allem geistigen Einfluß, aller Politik, von aller Weltherrschaft ausgeschlossen seid, in die Klasse der romantischen Völker gerückt seid". Er macht der bayerischen Kultur den Vorwurf der allzu starken ultramontanen Orientierung. „Wir wollen keine Preußen sein!" Wir wollen Baiern sein! Bajuwaren. Bajuwaren - Und schreit und lamentiert über Vasallentum ... Vasallen des Königs von Preußen? Ihr seid keine Vasallen des Königs von Preußen! Ihr seid Vasallen von Rom. Das ist Euer Vasallentum!" Oscar Panizza: Abschied von München. Ein Handschlag. Zürich 1897, S. 13 ff.

13 Klaus Bergmann: Agrarromantik und Großstadtfeindschaft. Meisenheim a. G. 1970.

14 Otto Maucher: Die Pflege der Volkskunde als Unterbau für die Dorfcaritas. Freiburg i. Br. 1927, S. 13.

15 Ebd. S. 4.

16 Matthias Zender: Volksbrauch und Politik, Lichterumzüge und Jahresfeuer von 1900 bis 1934. In: Rheinische Vierteljahrsblätter 38 (1974), S. 355-385, s. S. 362 ff.

17 Klaus Bergmann, wie Anm. 13.

18 Hans-Jürgen Rach/Bernhard Weissel (Hg.): Landwirtschaft und Kapitalismus. Zur Entwicklung der ökonomischen und sozialen Verhältnisse in der Magdeburger Börde vom Ausgang des 18. Jahrhunderts bis zum Ende des ersten Weltkrieges, Berlin 1978, 1. Halbband (= Veröffentlichungen zur Volkskunde und Kulturgeschichte, Band 66, 1).

19 Vgl. dazu die Untersuchungen von Matthias Zender: Die kulturelle Stellung Westfalens nach den Sammlungen des Atlas der deutschen Volkskunde. In: H. L. Cox/G. Wiegelmann (Hg.): Gestalt und Wandel. Aufsätze zur rheinisch-westfälischen Kulturraumforschung. Bonn 1977, S. 19-93; ders.: Das Kölnische „Niederland" in Gestalt und Sonderart seines Volkslebens. Ebd. S. 94-122.

20 Gert Zang (Hg.): Provinzialisierung einer Region. Regionale Unterentwicklung und liberale Politik in der Stadt und im Kreis Konstanz im 19. Jahrhundert. Untersuchungen zur Entstehung der bürgerlichen Gesellschaft in der Provinz, Frankfurt/M. 1978.

21 Wilhelm Heinrich Riehl: Der Geldpreis und die Sitte. In: Kulturstudien aus drei Jahrhunderten, 16. Aufl. Stuttgart/Berlin 1903, S. 252-285, s. S. 262 f.

22 Zur Zeitperspektive des Folklorismus vgl. die aufschlußreichen theoretischen Hinweise von Niklas Luhmann: Weltzeit und Systemgeschichte. Über Beziehungen zu den Zeithorizonten und sozialen Strukturen gesellschaftli-

cher Systeme. In: Peter Christian Ludz (Hg.): Soziologie und Sozialgeschichte, Opladen 1973 (= Sonderheft 16 der Kölner Zeitschrift für Soziologie und Sozialpsychologie), S. 81-115, s.S. 88 ff.
23 Klaus Tenfelde: Bergmännisches Vereinswesen im Ruhrgebiet während der Industrialisierung. In: J. Reulecke/Wolfhard Weber (Hg.): Fabrik, Familie, Feierabend. Wuppertal 1978, S. 315-344.
24 R. Günther: Eisenheim. Die Erfahrung einer Arbeiterkolonie. In: Lutz Niethammer (Hg.): Wohnen im Wandel. Wuppertal 1979, S. 188-208; J. Boström/R. Günther: Rettet Eisenheim. Eisenheim 1844-1972, 4. Auflage Hamburg 1977; J. Boström/R. Günther (Hg.): Arbeiterinitiativen im Ruhrgebiet. Hamburg 1976.
25 In: „Der Spiegel" vom 23. April 1979.
26 Helmut Karasek: Flucht ohne Bremse. Rezension des Spielfilms „Die Abfahrer" von Adolf Winkelmann in „Der Spiegel" vom 17. Juni 1979.
27 Zusammenfassend über die sozialen Folgen der sogenannten Ruhr-Krise vgl. Friedrich Landwehrmann: „Den Kohlenpott in Watte gepackt". In: „Der Spiegel" vom 8. Oktober 1979, S. 49-63, und die Überlegungen des nordrheinwestfälischen Bundesratsministers Christoph Zöpel zur Sanierung des Ruhrgebietes. In: Frankfurter Rundschau vom 20. Juni 1979, S. 13.
28 W. Brepohl: Der Aufbau des Ruhrvolks im Zuge der Ost-West-Wanderung. Recklinghausen 1948; ders.: Industrievolk im Wandel von der agraren zur industriellen Daseinsform, dargestellt am Ruhrgebiet, Tübingen 1957; ders.: Industrielle Volkskunde. In: Soziale Welt 2 (1951), S. 115-124.
29 In den letzten Jahren haben nicht wenige Arbeiten aus dem Umkreis der neueren Sozialgeschichtsforschung jene Themen erneut ins Visier genommen, die ursprünglich von der Arbeiter- und Industrievolkskunde behandelt worden sind. Aus einer ganzen Reihe von Untersuchungen seien nur drei genannt: Klaus Tenfelde: Sozialgeschichte der Bergarbeiterschaft an der Ruhr im 19. Jahrhundert. Bonn 1977; J. Reulecke/W. Weber (Hg.): Fabrik, Familie, Feierabend. Beiträge zur Sozialgeschichte des Alltags im Industriezeitalter, Wuppertal 1978; Lutz Niethammer: Umständliche Erläuterung der seelischen Störung eines Communalbaumeisters in Preußens größtem Industriedorf oder: Die Unfähigkeit zur Stadtentwicklung. Frankfurt/M. 1979.
30 William F. Ogburn: Kultur und sozialer Wandel. Neuwied/Berlin 1969, S. 263.
31 Zum Problem der Unzufriedenheitspotentiale, die in Brauchformen und Ritualen stecken können, vgl. Alf Lüdtke: Alltagswirklichkeit, Lebensweise und Bedürfnisartikulation. In: Gesellschaftliche Beiträge zur Marxschen Theorie II. Frankfurt/M. 1978 (= es 957), S. 311-350, bes. 338 ff.
32 Mit der „List der Localvernunft" beziehe ich mich auf das Möser-Zitat, das Hermann Bausinger in seinem Eröffnungsvortrag interpretiert hat.

Diskussion:

M. Rassem eröffnet die Diskussion mit Hinweisen auf „ironische Konnotationen" beim Gebrauch von Begriffen, die jedoch eine bedeutende geistesgeschichtliche Tradition und Wirksamkeit besitzen, auch wenn sie einst u.a. politischen Herrschaftsideologien angehörten wie z.B. „Beheimatung" bei Varro

und Cicero. Man solle sich doch in der Volkskunde nicht bloß auf die „Marotten kleinkarierter Professoren des 19. Jahrhunderts" fixieren lassen. - H. Bausinger gesteht einerseits das Auflesen marginaler Äußerungen des 19. Jahrhunderts zu, verweist aber andererseits auf die Tatsache, daß „im 19. Jahrhundert bestimmten Bevölkerungsteilen Heimat verweigert wurde". Hier sei es dann gleichgültig, was sie vorher bedeutet habe. - U. Jeggle unterstützt den Referenten in der Verwendung „kritischer Ironie" als einem Stilmittel, das „eigene Betroffenheit als Kampf um Distanz" zu einer Sache kennzeichne, die man noch nicht im Griff hat. Korff verteidigt dies als Versuch, sich von älteren Denkfiguren der Volkskunde abzusetzen. Jeggle stört sich vielmehr am Begriff des „kollektiven Narzißmus". Hier könne nur die psychoanalytische Sozialpsychologie helfen. Unsicherheit und Selbstwertzweifel, ja Angst lassen in „Regressionen" flüchten. Dies sei das „frühere Gesicht" des Narziß, nicht sein gegenwärtiges. Davon zu unterscheiden bleibe „bewußte Aneignung von Tradition" als etwas Positivem. Die Frage lautet: wer sind die „Verursacher" der Verunsicherungen. Korff möchte „kollektiven Narzißmus" vielmehr „als Reaktion auf Selbstwertzweifel, als Konterstrategie" verstehen.

A. Popescu weist auf die Problemstellung in Rumänien hin, wo die gegenwärtige intensive Industrialisierung mit ihrer Bevölkerungsmobilität den Verlust der alten „folkloristischen Persönlichkeit der Regionen" mit sich bringt, also das Ende der einstigen Volkskultur. Der oekonomische Aufschwung bietet dafür das Arrangement einer gleichgesichtigen „Pseudopersönlichkeit" in Kulturfestivals an, mithin keine kulturelle Regionalisierung, sondern ein „Gleichgewicht der kulturellen Formen". Korff nennt dieses Ergebnis die „Ungleichzeitigkeit des Gleichzeitigen", das, was sein Referat als „folkloristische Pufferfunktion" bezeichnet habe, nämlich „Ersatzidentität". K. Geiger sieht hier eine begriffliche Unschärfe, weil auf verschiedenen Ebenen argumentiert werde. Es gehe nicht bloß um Kompensatorisches, sondern um soziale und oekonomische Interessen, aber auch um einen echten Fortschritt. Wer und was müßten genauer benannt werden. - O. Neuloh vermißt als Soziologe in der Volkskunde die Behandlung eines Zentralthemas der Soziologie, die „Industriekultur" und den Prozeß der Industrialisierung im 19. Jahrhundert, deren eine von vier Funktionen die Regionalisierung gewesen sei (Beispiel Ruhrgebiet). Die Volkskunde denke hier - außer einst Brepohl - historisch, während eine soziokulturelle Wissenschaft sich der „realsoziologischen Denkweise" befleißigen sollte. Das gälte auch für die Folklorismus-Forschungen. Sozialisationsprozesse stehen unter dem bestimmenden Einfluß von Arbeit und Beruf, ihre Untersuchungen besitzen darum analytische Bedeutung für den Bewußtseinsstand der Bevölkerung im sozialen Wandel. - Korff unterstreicht dies als ein Plädoyer für die „empirische Erfassung von Alltagsrealität". Auch K. Geiger moniert, daß innerhalb von Theorie Empirie, also das handelnde Objekt, vorkommen müsse. - Christine Burckhardt warnt vor Monokausalerklärungen. Die Folklorismusdeutung als ästhetische Kompensation wirtschaftlicher Krisen sei kein Phänomen des cultural lag, sondern eines economic lag. Popescu habe gezeigt, daß andere Krisen dafür verantwortlich sein können, gerade bei wirtschaftlichem Aufschwung. Man dürfe nicht die emotionale Krise unterschätzen: Folklorismus als eine relativ verfügbare Möglichkeit zur Identitätsfindung. Folklorismus kostet Geld, solches muß also vorhanden sein. Die oekonomische Krise kann darum nicht der einzige Auslöser sein. - Korff sagt, er wolle lediglich den Finger darauf legen, daß ein economic lag sich als cultural lag äußern könne. H. Bausinger bekräftigt das Gesagte unter Hinweis auf Überlegungen von Korff für die Eifel, wo die wirtschaftliche Situation des 19. Jahrhunderts Folklorismus unmöglich machte. Diesmal hingegen habe Korff Folklorismus zu sehr als Mankoprodukt beschrieben. Ehemalige Solidargemeinschaften sind - etwa im Ruhrgebiet - zu Freizeitvereinen geworden. Das setzt

das Entstehen von Freizeit voraus; also nicht tiefste Not, sondern eine Art
mittlere Lage, ein bestimmter Wohlstand läßt Regionalismen blühen in wohl-
habenderen, wenn auch nicht reichsten Gegenden. - A. Niederer fügt dem hinzu, daß die Bevölkerung selbst folkloristische Darstellungen aus der Sicht des
Fortschritts wahrnehme. Wenn ältere, mühsamere Arbeitsvorgänge gezeigt
werden, dann demonstrieren sie daran das Bewußtsein, das Leben ist beque-
mer geworden. - W. Brückner bezweifelt in diesem Zusammenhang die historische Stichhaltigkeit der Erklärungsthese von Korff für den bayerischen Folklorismus. - Isolde Brunner-Schubert führt die folkloristische Bereitschaft
in Bayern und Österreich auf die jahrhundertelange Einübung bestimmter kultureller Muster durch die katholische Kirche zurück. Hier habe die Selbstdarstellung von Stand im wirtschaftlichen wie persönlichen Sinne als „Demonstrativbrauchtum" ihre Wurzeln. Was sich davon heute etwa im Prozessionswesen
nicht mehr verwirklichen lasse, haben die folkloristischen Aufzüge übernommen. - Korff gesteht zu, daß die Industrialisierung alles auseinanderreiße,
aber schon im 19. Jahrhundert habe es auch zusammenführende Tendenzen
zum Beispiel bei den Polenwallfahrten im Ruhrgebiet gegeben. - W. Brückner
moniert am Entstehungsmodell des bayerischen Folklorismus durch Korff als
einem angeblichen Kompensationsprodukt des Südens gegen den Norden die
Außerachtlassung der differenzierten historischen Wechselbeziehungen in der
zweiten Hälfte des 19. Jahrhunderts. Das Interesse des Nordens an der Alpen-
region ist ohnedies älter und hat z. B. auch während des von der „Gartenlaube"
in Wort und Bild gepflegten Kulturkampfes selbst in diesem bürgerlich-prote-
stantischen Leib- und Magenblatt in eigenartig verschränkter Haß-Liebe nicht
nachgelassen. - Korff stimmt zu, daß es keine eindimensionalen Entwicklungen gäbe. Er habe die ästhetische Kompensation oekonomischer Rückständigkeit lediglich als zusätzliche These einbringen wollen gegen die bisherige
Tourismus-Erklärung, also Folklorismus als bloße Reaktion auf den Frem-
denbesuch. Schieders und seine Untersuchungen zu den Trierer Rockwallfahr-
ten 1844 und 1891 hätten für Hunsrück, Eifel und Westerwald das Erwachen
jener armen Leute aus dem von Riehl beschriebenen Dauerschlaf zu einer an-
tipreußischen Formierung gezeigt. - Brückner insistiert auf genaueren Untersuchungen zur historischen Ausgangsbasis. Korffs Konfrontationserklärung
behaupte, daß hier überholte Strukturen gefestigt oder wieder hervorgeholt
werden sollten. Was konnte das aber für Bayern bedeuten, wenn man sich der
Zäsur der Säkularisation bewußt bleibt, die ja auf dem Lande erst die altbaye-
rische Zurückgebliebenheit des 19. Jahrhunderts produziert hat, wie wir aus
jüngsten Studien sehr genau wissen (D. Stertzer), oder wenn man sieht, wie
die territoriale Neuordnung erst die „Verbauerung" der fränkischen Städte im
19. Jahrhundert gebracht hat (J. Dünninger). Die soviel positiveren oekonomischen Zustände des 18. Jahrhunderts waren für die Landbevölkerung doch
nicht durch Folklorismus wieder herstellbar und von oben in der alten Form
schließlich gar nicht gewünscht. - Korff antwortet mit Hinweisen auf die
kirchliche „Gegenaufklärung" der 40er und 50er Jahre des 19. Jahrhunderts,
„alte Bastionen" wieder zu gewinnen. Sein Ziel sei allein, gängigeren Erklä-
rungen eine ergänzende hinzuzufügen.

D. Kramer lenkt die Diskussion um die These der ästhetischen Kompensation von oekonomischen Krisen wiederum auf Gegenwartsprobleme, indem er
das rumänische Beispiel neuerlich aufgreift. In einer Welt, die bislang den
„Normalzustand Wachstum" vorausgesetzt habe, entstehen ganz neue Phänomene. Die sowjetische Ethnologie diskutiere in diesem Zusammenhang das
sogenannte „ethnische Paradoxon": gegenüber den Prognosen für eine einheit-
liche Weltkultur tauche plötzlich die Wiederbeachtung von regionalen Unterschieden und ethnischen Besonderheiten auf (innenpolitisches Problem in der
UdSSR). Darum kommt es nach Kramer darauf an zu fragen: wer, wann und

mit welchen Absichten und Wirkungen hier am Werke ist. Rumänien überläßt das nicht dem Selbstlauf, sondern greift bewußt durch kulturpolitisches Handeln in den Prozeß ein. Das ist eine „Interessen- oder Klassenfrage". Von hier aus betrachtet, gewinne das Problem von „Agrarromantik und Industrialisierung" in der Zeit um 1900 einen ganz anderen „sozialen Klasseninhalt". - K. Köstlin unterstreicht, daß erst ein gewisser Wohlstand Folklorismus möglich macht. Armut zieht ihn nicht einfach nach sich. Doch die umfassendere Frage sei, ob nicht „Volkskultur" insgesamt „folklorisierte Kultur" sei und mithin auch unser Fach ein Ergebnis davon. - Bärbel Kerkhoff-Hader spricht das wachsende historische Bewußtsein an, ein Bedürfnis, die eigene Vergangenheit in älteren Kulturäußerungen gegenüber aktuellen Erscheinungen verstehen zu lernen.

Wolfgang Brückner

Albrecht Lehmann

PROMINENTE ZEITGENOSSEN

Ein Identifikationsangebot für Großstädter

Das Erleben der großstädtischen Umwelt in ihrer Fülle des Wahrnehmungsangebots an Menschen, Situationen und Gebäuden beeindruckt, ja überwältigt den Besucher aus Kleinstadt oder Dorf stets aufs neue. Vor allem in der Einkaufszeit im Stadtzentrum, bei der massenhaften Zusammenballung von Menschen kommt ihm dies eindringlich zu Bewußtsein. Seine subjektiven Reaktionen auf die Vielfalt und Dichte der Eindrücke werden durch Bezeichnungen der Umgangssprache gut getroffen. Jenes „Erschlagen-Sein" oder „Verloren-Sein in der Masse" wird manchmal aber sogar am beobachtbaren Verhalten des Stadtfremden augenfällig. Der langjährige Großstadtbewohner hingegen reagiert auf das urbane Milieu typischerweise ohne diese Belastungserscheinungen.
Nun sind Dorfbewohner wie Kleinstädter ja ganz gewiß nicht unveränderliche eigenständige Menschenschläge, die sich einer ebenso gleichbleibenden „großstädtischen Persönlichkeit" - einem „Großstadtmenschen" - gegenüberstellen ließen. Und dennoch wissen wir, daß einigermaßen konstante Persönlichkeitsmerkmale Dorfbewohner von Großstädtern unterscheiden. Wir sind an dieser Stelle schon mitten in der Diskussion der Wechselbeziehung zwischen kultureller und sozialer Umwelt und Persönlichkeit. Im Falle des Großstädters ist hier zunächst seine Anpassung an die Unzahl urbaner Umwelteindrücke zu betrachten.
Die Anmerkungen in Georg Simmels berühmtem Essay „Die Großstädte und das Geistesleben" [1] aus dem Jahre 1903 sind dazu noch heute in ihrer Aussagekraft unübertroffen; es liegen unterdessen auch empirisch kontrollierte Ergebnisse vor, die verschiedene Aussagen des Philosophen im wesentlichen bestätigen [2]. Simmel sah, daß Großstadtbewohner in ihrer ständigen Konfrontation mit der Vielzahl rasch wechselnder Umweltreize eines wirkungsvollen Schutzmechanismus [3] bedürfen, mit dessen Hilfe die nervliche Überlastung, wenn nicht neutralisiert, so doch wenigstens auf ein erträgliches Maß gedämpft werden könne. Reserviertheit und eine gewisse Gleichgültigkeit wechselnden Situationen und Personen gegenüber sind wesentliche Bestandteile dieses von Simmel, uns heute etwas irritierend, als „Blasiertheit" [4] bezeichneten Verhaltenssyndroms. Jenes Schutzverhalten macht sich jedoch nicht allein im

großstädtischen Getriebe bemerkbar; es gehört darüber hinaus als
Persönlichkeitsmerkmal zum allgemeinen Verhaltensbestand vieler
Großstädter. Den so entstehenden „Typus des Großstädters" sieht
Simmel allerdings nicht anthropologisch einheitlich und endgültig,
sondern als Erscheinungsform, die von „tausend individuellen Modifikationen umspielt ist" [5].

Die Fülle der Begegnungen von Menschen im urbanen Milieu, die
jenes Verhalten auslöst, erhält ihre besondere Qualität aber vor allem durch die darin vorherrschende Anonymität und Zufälligkeit der
Kontakte. Dabei gilt es zu bedenken, daß hautnaher körperlicher
Kontakt zwischen einander Unbekannten deren psychische Distanz
eher vergrößert als verkürzt. Wenn dann keine Möglichkeiten zur
Kompensation durch seelische Reaktionen dazukommen, wird Anonymität, die ja außerdem viele erfreuliche Seiten hat, häufig als Bedrohung empfunden. Das kann bekanntlich soweit gehen, daß alltägliche Anonymität und Einsamkeit sich steigern zu einem Gefühl des
Persönlichkeitsverlustes [6].

„Entlastungsleistungen" [7], ein reserviertes Verhältnis zur Vielfalt der urbanen Umweltreize können sich zweifellos im lebensgeschichtlichen Prozeß beim Großstädter habitualisieren, gewissermaßen zu seiner zweiten Natur werden. Anders verhält es sich im
Gegensatz dazu mit der großstädtischen Anonymität. Diese kann
kaum in ihrer vollen Wirkung auf unproblematische Weise verinnerlicht werden, denn ihre Ursachen basieren nicht allein auf einem
Wahrnehmungsproblem. Mit diesem konstituierenden Bestandteil
seiner Kultur muß sich der Großstadtbewohner vielmehr immer wieder aufs neue auseinandersetzen. Das geschieht häufig, indem der
einzelne versucht, sich aus der Vielzahl der Menschen äußerlich und
auch in psychischer Hinsicht herauszuheben [8].

Einer der verschiedenen Lösungswege für dieses Bedürfnis vieler
Großstädter soll im folgenden näher betrachtet werden. Damit komme ich zur Schilderung und Begründung eigener Forschungsergebnisse. Zunächst wird es um Beobachtungen in der Hamburger Innenstadt gehen. Danach sollen Aussagen aus lebensgeschichtlichen Erhebungen an 90 Hamburgern und viele mehr oder weniger zufällige
Beobachtungen alltäglicher Erzählsituationen dargestellt und interpretiert werden.

Es ist kein gerade seltener Zufall, daß man im Zentrum der
Großstädte prominenten Zeitgenossen begegnet, also Personen, die
gerade nicht anonym, sondern beinahe jedermann äußerlich und namentlich bekannt sind. In einer Medienstadt wie Hamburg ist die
Wahrscheinlichkeit eines solchen Zusammentreffens selbstverständlich besonders hoch [9]. Personen dieses Kreises habe ich nun in
der Hamburger City gezielt beobachtet. Es handelte sich um 32 Observationen in 2 Jahren. - Die Betreffenden entstammten der Bildschirmprominenz, speziell der Unterhaltungsbranche; unter ihnen
waren auch Sportler. Politiker lassen sich aus nahe liegenden Gründen gegenwärtig kaum in der Öffentlichkeit sehen.

Eine non-reaktive Beobachtungstechnik, wie die von mir gewählte, ist hier relativ einfach zu leisten. Es erwies sich, daß das Verfahren gewisse Voraussetzungen eines Experiments erfüllt. Denn das Zusammentreffen von Anonymität und Prominenz stellte sich von Fall zu Fall als eine immer wieder gleichartig verlaufende, gewissermaßen wiederholbare Situation dar. Nachdem eine prominente Person von mir identifiziert worden war, schloß ich mich ihr möglichst unauffällig an. Dabei ging es mir darum, gleichermaßen die prominente Person selbst wie auch die Reaktionen der sie Wahrnehmenden zu beobachten. Die einzelnen Experimentalsituationen dauerten zwischen 5 und 20 Minuten. Das Erkennen eines Prominenten durch „normale" Straßenpassanten richtet sich im allgemeinen nach dessen Bekanntheitsgrad, der Verkehrsdichte, seiner Kleidung und dem Tempo der einander Begegnenden. Selbst sehr bekannte Personen (Freddy Quinn, Udo Jürgens) wurden jedoch von kaum mehr als 50 % der Passanten identifiziert. Das liegt natürlich vor allem an der Reizüberflutung im City-Milieu.

Von seiten der Normalbürger folgt der Wahrnehmung zumeist ein kleiner und kurzer Erkennungsschock. Der Betreffende verlangsamt sein Tempo, einige bleiben erschrocken stehen. Beinahe alle, die auf diese Weise ihre Wahrnehmung spontan ausdrücken, schauen dem Prominenten noch hinterher bzw. begleiten ihn mit Seitenblicken. In keinem einzigen Falle wurde in einer dieser Straßenszenen ein persönlicher Kontakt zu prominenten Personen aufgenommen; es kam also z. B. nicht zu Autogrammwünschen. Überhaupt spielte sich, selbst in den Situationen, in denen der einzelne kurz zuvor schon sein Erkennen des Prominenten auf anschaulichste Weise spontan geäußert hatte, das Ganze als eine, wenn auch nur mühsam und unvollkommen durchgehaltene Form von Nebenbei-Wahrnehmung ab. - Keiner möchte hier der Gaffer sein!

Der kurzen Begegnungsphase folgen die Lösungs- und die Verarbeitungsphase. Im Verlauf der Lösungsphase kann es vorkommen, daß einer - gewissermaßen zu seiner Erleichterung - eine ihm völlig fremde Person auf den Prominenten aufmerksam macht. Andere weisen ihren Begleiter auf ihre Entdeckung hin. Die Situation klingt häufig in einer kurzen Unterhaltung aus. Es geht dabei etwa um die Frage, wann man den Betreffenden oder die Betreffende zum letzten Male und in welcher Rolle auf dem Bildschirm gesehen habe. Oft stehen auch Kleidung und äußeres Erscheinungsbild im Mittelpunkt der Unterhaltung. Bei dieser Gelegenheit hört man nun auch kritische Bemerkungen. Allerdings überwiegt aufs Ganze gesehen unterkühlte Bewunderung, jedenfalls in Hamburg.

Wichtig ist: Situationen dieser Art führen vielen Durchschnittsbürgern ihre eigene Anonymität besonders eklatant vor Augen. Denn der einzelne nimmt ja neben dem Prominenten zugleich auch die Reaktionen der anderen auf diesen wahr. Und da merkt er dann ganz deutlich, wie der Prominente von allen Seiten gesehen, beachtet und bewundert, er selbst hingegen von allen übersehen wird.

Wie liegen nun aber die Dinge beim prominenten Zeitgenossen? - Er richtet seine Aufmerksamkeit auf Geschäftsauslagen, Gebäude, ja bekundet gelegentlich gar sein Interesse für auffällige Details, etwa für interessante Hunde. Die ihn umgebenden und anstarrenden Menschen hingegen scheinen ihm völlig gleichgültig zu sein. Es ist aber möglich, daß gerade dieses nachdrückliche Übersehen des anderen Bestandteil einer komplizierten Kommunikationsbeziehung ist: Man könnte hier von einem verdeckten und unterdrückten Wahrnehmen des Sich-Wahrnehmens sprechen. Die Sozialbeziehung der Personen, die in dieser Weise im Stadtbild zusammentreffen, ist jedenfalls eine eingleisige Angelegenheit: medienvermittelte Bekanntschaft. Für den Medienkonsumenten handelt es sich um eine Beziehung aus zweiter Hand.

Das war also der Teil meines Vortrages, der auf Beobachtungen in der Hamburger Innenstadt basiert.

Nun weisen zahllose Erfahrungen aus alltäglichen Erzählsituationen und vor allem Ergebnisse aus autobiographischen Erhebungen unseres Hamburger Forschungsprojektes auf einen häufig genutzten Weg hin, über den die Tatsache, als namenlose Person leben zu müssen, subjektiv kompensiert werden soll. Es sind hier diejenigen Fälle gemeint, in denen unsere Gesprächspartner erzählen, zu bestimmten Personen aus dem Kreise der prominenten Zeitgenossen in einer näheren persönlichen Beziehung zu sein. Sie tun das unaufgefordert bei ihrer sehr umfangreichen Schilderung ihres gesamten bisherigen Lebens. Die prominenten Bezugspersonen unserer Erzähler sind für uns, die wir am Projekt zusammenarbeiten, nur eine von zahlreichen vergleichbaren Fragen.

Gewiß sind an dieser Stelle einige Hinweise auf die Erhebungssituation ratsam [10]. Sie können zugleich schon den Stellenwert prominenter Zeitgenossen in der erzählten Lebensgeschichte eingrenzen. Unsere Gesprächspartner sind in Hamburg wohnhafte Männer im Lebensalter zwischen 55 und 65 Jahren. Sie sind derzeit noch berufstätig, zumeist manuell, einige in unteren Angestellten- oder Beamtentätigkeiten. Die Erhebungssituation ist an Gegebenheiten des alltäglichen Erzählens ausgerichtet. Unsere Partner werden deshalb nicht ausgefragt, sondern können die Inhalte und Gewichtungen ihrer lebensgeschichtlichen Erzählungen selbst bestimmen. Wenn unter diesen Voraussetzungen etwa 50 % der Erzähler unaufgefordert und ungefragt von ihren persönlichen Erfahrungen mit exponierten Zeitgenossen berichten, so läßt sich das nicht ignorieren.

Wie aber ist diese Tatsache zu interpretieren? Zunächst einmal ganz allgemein: Mit dem Hinweis auf das persönliche Kennen eines prominenten Zeitgenossen soll in den meisten Fällen erreicht werden, daß der Sprecher sich aus der Schar seiner Zuhörer heraushebt, also aus der Menge all derer, denen diese vermeintlich wichtige Person allein aus zweiter Hand bekannt ist. Er bleibt natürlich davon unbeschadet weiterhin auch in seinem eigenen Bewußtsein ein namenloser Großstädter, kann jedoch immerhin von sich behaupten, daß zumindest in den Fällen seiner Bekanntschaft an die Stelle einer bei anderen vorherrschenden Einseitigkeit der Verhältnisse eine Wechselbeziehung getreten ist. Beinahe alle, die davon sprechen, schildern zur Konkretisierung ihrer Beziehung bestimmte einzelne Situationen, beispielsweise Gespräche mit dem Prominenten oder Dienstleistungen für ihn. Bei Dienstleistungen kam es aber im allgemeinen zu darüber hinausgehenden zwischenmenschlichen Kontakten. Einzelne teilten mit, wie sie infolge ihres Einblicks in die Lebensweise oder den Werdegang eines bestimmten Prominenten dessen Dasein nun in einem völlig anderen Lichte sehen können als die Öffentlichkeit. Um das zu beweisen, wird der Prominente manchmal mit seinen persönlichen Problemen und Fehlern beschrieben, gewissermaßen zum Durchschnittsmenschen nivelliert.

Allein, das alles kann nicht darüber hinwegtäuschen, daß die Beziehungen, um die es hier geht, in ihrer Mehrheit oberflächlicher Natur sind. Jedoch gelten dabei graduelle Unterschiede.

Zufällige und wohl auch vollkommen einseitige Begegnungen sind zumeist kein eigenständiges Thema, sondern eher illustrierender Bestandteil innerhalb eines übergreifenden Erzählzusammenhanges. Im Verlauf seines Berichtes über die Arbeit auf der Werft würzt ein Erzähler seine Geschichte beispielsweise mit Passagen über dabei mögliche Beobachtungen an einem bekannten griechischen Reeder und seiner nicht minder berühmten Tochter. Dabei geht es ihm neben der Darbietung einer interessanten Geschichte sicher auch noch darum, zu beweisen, daß seine für einen Außenstehenden scheinbar so wenig aufregende Arbeit gelegentlich abenteuerliche Seiten hat. Andere kommen innerhalb einer Rahmenerzählung über Freizeit und Hobby auf zufällige Begegnungen mit Prominenten. Der Nachweis, einer interessanten und akzeptablen Freizeitbeschäftigung nachzugehen, ist hier das vordringliche Erzählbedürfnis; der Prominente dient innerhalb der Geschichte gewissermaßen als eine empirische Illustration.

Schon bedeutsamer nehmen sich demgegenüber Verhältnisse aus, in denen es zu tatsächlichen interpersonellen Beziehungen zwischen dem Erzähler und einer Berühmtheit gekommen war. So sprechen Handwerker von Dienstleistungen im Hause Prominenter. Für einen Malergesellen beispielsweise ist es ein bleibendes Erlebnis, ausgiebig mit einer Fernsehgröße über die Auswahl der Farben für die Zimmer verhandelt und dabei ein Glas Bier mit dem Betreffenden getrunken zu haben. Ein Kellner erzählt, wie er den Bundeskanzler bediente, von ihm mit einem persönlichen Dank und einem Händedruck bedacht wurde, und belegt seine Geschichte mit einem Photo. Für einen Einwohner von St. Pauli bleibt es unvergeßlich, mit Hans Albers 1947 im Fleischerladen gesprochen zu haben.

Während es bei den beiläufig eingestreuten Erzählungsteilen manchmal fraglich ist, ob sie für den Sprecher die Hauptfunktion haben, vor Zuhörern die persönliche Aufwertung mit Hilfe eines prominenten Zeitgenossen zu erreichen, steht dieses Bedürfnis bei unaufgeforderten Erzählungen über interpersonelle Kontakte des zweiten Typs im allgemeinen schon recht offenkundig im Vordergrund. Noch eindeutiger liegen die Verhältnisse zumeist in den Fällen, wo uns Erzähler über ihre langjährigen Verbindungen zu exponierten Personen berichten.

So bekamen wir Fälle zu hören, in denen Bekanntschaften zu gegenwärtig Prominenten bereits in die Jugendzeit der Erzähler zurückreichen. Einige Male wurde besonders darauf hingewiesen, wie man in der Kindheit oder Jugend mit den Berühmtheiten auf völlig gleichem Niveau verkehrt habe. Natürlich hätte damals keiner ahnen können, daß aus dem unscheinbaren Nachbarjungen einmal ein Fernsehprogrammdirektor oder Minister werden könnte. Die Umdeutung der Realität ging im Einzelfall sogar so weit, daß der Erzähler den Lebensgang des berühmten Bekannten für genau so zufällig erklärte wie das eigene anonyme Schicksal. Solche Deutungsversuche können das Bewußtsein, ein unbekannter Großstädter zu sein, ohne Zweifel zumindest in der Erzählsituation erfolgreich transzendieren.

In manchen Fällen wurde das eigene Lebensschicksal als eine Parallele zum Lebensgang eines bestimmten Prominenten aufgefaßt. So fügten einige Erzähler in ihre zusammenhängende Lebensgeschichte eine abgeschlossene Kurzbiographie - gewissermaßen eine private Form der Geschichtsschreibung - ein, in welcher sich ihr ganzes bisheriges Dasein als eine Abfolge von Begegnungen mit dem Prominenten darstellte. Immer wieder an wichtigen Punkten im Lebensprozeß traf der einzelne mit dem berühmten Freund zusammen. Der prominente Zeitgenosse wird in solchen Fällen zur lebensgeschichtlichen Leitfigur. Gegenüber den Beispielen von Typ eins und zwei liegt die Steigerung darin, daß die prominente Bezugsperson nicht mehr allein der eigenen persönlichen Aufwertung dienen soll, sondern „sich selbst zugehörig", also als ein Bestandteil des Selbstbildes erlebt wird.

An dieser Stelle erscheint die Frage sinnvoll, was in einer Person wohl vorgehen mag, wenn sie glaubt, sich durch die Bekanntschaft mit einer Berühmtheit selbst aufwerten zu können. Eine endgültige Antwort ist kaum möglich. Am meisten Erfolg bei der Lösung verspricht vermutlich ein Rekurs auf durch Symbole vermittelte Formen von Prestige und Geltung. Es steht bei einer solchen Betrachtungsweise dann also die prominente Bezugsperson gewissermaßen neben dem Stilmöbel, der Luxuskarosse und der Bahamas-Reise. Die Geltung einer prominenten Person wie auch die anderer psychischer Beziehungsgegenstände erweist sich als Ergebnis eines gesellschaftlichen Bewertungsprozesses.

Zweifellos hat das Verhalten, um das es hier geht, deshalb auch allgemeine Ursachen in hierarchischen Beziehungsstrukturen innerhalb sozialer Großgruppen und in deren Deutung aus der Sicht der Mitglieder. Prominent-anonym stellt sich im Alltagsverständnis der Betroffenen als ein System von Abstufungen dar neben zahlreichen anderen Oppositionen, wie z.B. mächtig-ohnmächtig, reich-arm.

Zwischen diesen Deutungssystemen bestehen dann zahlreiche Übereinstimmungen, Querverbindungen und Interdependenzen.

Unter Verhältnissen absoluter Gleichheit aller Menschen wären Aufwertungsversuche mittels exponierter Zeitgenossen weder notwendig noch überhaupt vorstellbar.

Das autobiographische Verfahren bietet leider nur selten die Möglichkeit zur Kontrolle des Wahrheitsgehalts lebensgeschichtlicher Erzählungen. Forschungen nach der Wahrheit sind in diesem Falle auch nicht wichtig, denn gerade bei offenkundigem Realitätsverlust wird ja der Wunsch des Sprechers, die eigene Namenlosigkeit mit Hilfe einer solchen plausibel klingenden Geschichte abzuschwächen, besonders deutlich erkennbar.

Wenn es so ist, daß das Leben in der Metropole - anders als im kleinstädtischen oder dörflichen Lebenskreis - häufiger zu zufälligen Begegnungen mit prominenten Zeitgenossen führt und darüber hinaus in Einzelfällen auch zu persönlichen Kontakten mit ihnen, so kann das auch Rückwirkungen auf das Heimatgefühl haben. Denn, wie berühmte unverwechselbare Bauwerke [11] oft eine bestimmte Großstadt für Einheimische und Fremde symbolisieren, so kann auch der Prominente zu einer die Stadt symbolisierenden Gestalt - zu einem Wahrzeichen - werden. Es ist dann Hans Albers als „kulturelles Bild" für Hamburg [12] dem Michel und der Reeperbahn gleichwertig. Die Kraft eines solchen zum Symbol gewordenen Menschen überdauert selbst noch seinen Tod. Eine Bekanntschaft oder auch nur eine Begegnung mit einer berühmten Person gewinnt so ihre Dimension im Zusammenhang von Heimat und Identität. Bei dieser Interpretation wird etwas umfassender als bisher gebräuchlich Heimat als Beziehungsgeflecht zwischen Menschen aufgefaßt [13].

Empirisch nachprüfbar äußert sich der Zusammenhang da, wo der Stolz, einen berühmten Zeitgenossen von Mensch zu Mensch zu kennen, ausdrücklich in eine Beziehung zur Heimatstadt gesetzt wird. „Ich bin ein alter Hamburger - Ich kenne noch Hans Albers." Des öfteren kam aber auch nur ganz allgemein Stolz zum Ausdruck, in einer Stadt zu wohnen, in der berühmte Leute in großer Zahl ständig leben oder wenigstens häufig gesehen werden können.

Den Rückwirkungen der Dreiecksbeziehung zwischen prominenten und anonymen Zeitgenossen und der Heimatstadt auf die betreffende Zelebrität selbst braucht hier nicht weiter nachgegangen zu werden. Demonstrative Anklänge an heimatliche Tracht oder regionale Sprachbesonderheiten - etwa bei Politikern - sind jedermann wohlvertraut.

Einige Bemerkungen sollen das Gesagte relativieren. Am wichtigsten erscheint mir nochmals ein Hinweis auf mögliche Einschränkungen bei der Übertragbarkeit des Ergebnisses. Phänomene wie die beschriebenen sind nämlich möglicherweise in Medienstädten wie Hamburg, München, Berlin oder Mainz wesentlich wichtiger als in anderen Großstädten, zumal ja unsere Prominenten nicht allein zum Inhalt der Massenmedien gehören, sondern sehr häufig auch schon deren Produkte sind. Des weiteren ist die berufs- und schichtspezifische Komponente von Belang; d. h. es bestehen in einzelnen Berufen besondere Chancen zum Kennenlernen Prominenter: etwa bei Kellnern, Theaterarbeitern, Fußballplatzwarten, Taxifahrern. Auf der anderen Seite gibt es aber auch in jeder Großstadt immobile Bevölkerungsteile, etwa Alte, die nur höchst selten ihr angestammtes Quartier verlassen, sich nur gelegentlich im Stadtzentrum bewegen, stattdessen am Stadtrand oder im zentralen Altstadtquartier unter kleinstadtähnlichen Verhältnissen leben und die weder in dieser Weise ein Bedürfnis zur Selbstaufwertung verspüren noch auch die Möglichkeit zum Kontakt zu Prominenten haben.

Den Wunsch, sich von der eigenen Anonymität zu entlasten, können sich Großstädter natürlich auch völlig anders erfüllen, als es hier geschildert wurde. Dabei haben einige Versuche auch noch den Vorzug, daß sie nicht vornehmlich in der Erzählsituation ihre Belohnung finden, wie das bei diesen Erzählungen über Prominente der Fall ist, sondern daß es vielmehr immer wieder tatsächlich zu befriedigenden Interaktionen kommt. Um hier zwei Beispiele zu nennen: Ich denke etwa an die Suche nach Überschaubarkeit der sozialen Verhältnisse, oder den Wunsch nach Intimität und Persönlichkeitsdarstellung in der Kleingartenkolonie oder im Verein. Häufig ergab sich bei unseren Forschungsgesprächen mit Großstädtern zudem, daß die jahrelange gewohnheitsmäßige Urlaubsreise an immer wieder den gleichen ländlichen Ort damit begründet wurde, daß man in der betreffenden Gemeinde nun schon beinahe jeden Einwohner persönlich kenne, dort gewissermaßen eine zweite Heimat gefunden habe. Einige wollen nach ihrer Pensionierung endgültig die Stadt Hamburg verlassen und sich an ihrem Urlaubsort ansiedeln.

Ein Wort noch zum Schluß: Dieser kurze Vortrag zeigte einzelne theoretische Probleme und konkrete Situationen. Eines seiner Ziele war es, Wege anzudeuten, wie von konkreten Situationen der Bogen zu grundlegenden Fragestellungen gespannt werden kann. Methodisch knüpfte er neben der Analyse autobiographischer Dokumente vor allem an Beobachtungen an. Vielleicht gelang es mir, das weitverbreitete Vorurteil wenigstens etwas anzukratzen, daß das Beobachten von Verhaltensweisen in alltäglichen Situationen keinen Zugang zu theoretischen Fragestellungen unseres Faches vermittle, etwas Einfaches sei und keiner besonderen Ausbildung und Übung bedürfe. Zweifellos hat dieses Vorurteil den Fortschritt unserer Wissenschaft in jüngster Zeit in nicht geringem Maße behindert.

Ich ging von der Anonymität der Menschen in der Mehrzahl der großstädtischen Situationen aus. Sie ist ein wichtiger Bestandteil der Kultur der Großstadt. Und auch der Wunsch des Großstädters, die eigene Anonymität zu mildern, ist ein kulturelles Bedürfnis neben anderen Wünschen, Bestrebungen und Erwartungen. Ähnlich den Häusern, Straßen und Plätzen der Stadt überdauern diese Erfahrungen und Orientierungen den einzelnen; sie werden von einer Generation an die nächste weitergegeben [14]. Dabei werden sie nach den jeweiligen psychischen, historischen und gesellschaftlichen Bedürfnissen modifiziert. Aufgabe unserer Kulturwissenschaft ist es, zu verstehen und zu erklären, wie Großstadtbewohner in verschiedenen historischen Zeiten diese ihre besondere materielle und ideelle Problematik zu lösen versuchen. Von gleicher Wichtigkeit ist die Frage, ob ihre Wünsche und Hoffnungen in der Realität dann auch ihre Erfüllung finden und in welcher Weise das geschieht.

1 Zitiert nach: Georg Simmel: Die Großstädte und das Geistesleben. In: Brücke und Tür, Stuttgart 1957, S. 227-242.
2 Stanley Milgram: Das Erleben der Großstadt. In: Zeitschrift für Sozialpsychologie 1970/1, S. 142-152.
 David D. Glass/Jerome E. Singer: Urban Stress. Experiments on Noise and Social Stressors. New York and London 1972.
3 Simmel (wie Anm. 1), S. 228.
4 Simmel (wie Anm. 1), S. 232.
 Ähnlich argumentiert Hellpach, der allerdings - anders als Simmel - in der Tradition der konservativen Großstadtkritik verharrt.
 Vgl. Willy Hellpach: Mensch und Volk der Großstadt. Stuttgart 1939, S. 68-78.
5 Simmel (wie Anm. 1), S. 228.
6 Zum existentiellen Problem von Anonymität und Einsamkeit vgl. Heideggers Analyse des „Man". Martin Heidegger: Sein und Zeit, 13. Auflage, Tübingen 1976, S. 128.
 Elisabeth Pfeil spricht davon, daß das „Anonymat" der Großstadt von dem ihm Ausgesetzten als bedrückend empfunden werde. Jedoch sei es noch nicht erschöpfend untersucht, welche Auswirkungen der häufige Aufenthalt des Großstädters unter Fremden habe. Elisabeth Pfeil: Großstadtforschung. Entwicklung und gegenwärtiger Stand. 2. neubearbeitete Auflage, Hannover 1972, S. 238-240.
 Hans Paul Bahrdt vermeidet den Begriff „Anonymität". Der entsprechende Tatbestand wird dann allerdings sehr ausdrücklich von ihm hervorgehoben: „Vergegenwärtigen wir uns wieder einen Gang durch die City in der Hauptgeschäftszeit. Welche Fülle von Kontakten, Verständigungen durch Zeichen und kurze Worte finden in ganz kurzer Zeit mit wildfremden Menschen statt, von denen wir so gut wie nichts wissen und auch nichts erfahren". Hans Paul Bahrdt: Die moderne Großstadt. Soziologische Überlegungen zum Städtebau. Reinbek bei Hamburg 1971, S. 65.
7 Arnold Gehlen: Die Seele im technischen Zeitalter. Sozialpsychologische Probleme in der industriellen Gesellschaft. Hamburg 1957, S. 105.
8 Simmel (wie Anm. 1), S. 239.
 Hierzu auch: Maurice Natanson: Das Problem der Anonymität im Denken von Alfred Schütz. In: Walter M. Sprondel und Richard Grathoff (Hg.): Alfred Schütz und die Idee des Alltags in den Sozialwissenschaften. Stuttgart 1979, S. 78-88, hier: S. 79: „Es ist eindeutig, daß man gerade die Möglichkeit, ein konkretes Individuum, ein Existierendes in der Welt zu werden, vornehmlich dadurch schafft, daß man sich selbst heraushebt oder den Begriff des 'jedermann' oder des 'man' oder der 'Menge' transzendiert." Selbstverständlich liegt hier kein Sonderbedürfnis von Großstädtern vor. Individualität und Individualisierung ihrer Mitglieder sind vielmehr nach wie vor zentrale Themen unserer gesamten Kultur und Gesellschaft, worauf auch Diskussionen wie die um den Begriff „Identität"

hinweisen. Doch fördert gerade die andauernde Erfahrung der eigenen Anonymität beim Großstadtbewohner den Wunsch nach der Darstellung individueller Besonderheiten sehr nachdrücklich.

9 Die Frage nach dem Zustandekommen der Prominenz kann hier unberücksichtigt bleiben, ebenfalls die, wie die Betreffenden sich in anderen Situationen - etwa bei öffentlichen Preisverleihungen oder beim Liebesabenteuer - verhalten.

10 Hierzu: Albrecht Lehmann: Autobiographische Erhebungen in den sozialen Unterschichten. Gedanken zu einer Methode der empirischen Forschung. In: ZfVK 73/1977/II, S. 161-180.

11 Georg Simmel: Soziologie. Untersuchungen über die Formen der Vergesellschaftung. 5. Aufl., Berlin 1968, S. 466.

12 Hierzu: René König: Großstadt. In: Handbuch der empirischen Sozialforschung. 2. Aufl., Band 10, Stuttgart 1977, S. 42-145, S. 99: Der Autor weist auf Forschungsergebnisse des amerikanischen Sozialpsychologen Anselm Strauss hin: „Bei dieser 'imagery' muß nicht immer das Ganze gegeben sein, vielmehr stehen Einzelheiten wie die Golden Gate Bridge für San Francisco ...." König ist der Ansicht, daß solche kulturellen Faktoren symbolischen Charakters auch in Europa untersucht werden sollten.

Bedauerlicherweise können in diesem Referat ausschließlich Belege aus der Soziologie und der Sozialpsychologie herangezogen werden. Das ergibt sich natürlich vor allem aus der Tatsache, daß sowohl die Volkskunde als auch die Empirische Kulturwissenschaft und die Kulturanthropologie in Deutschland noch kaum wegweisende Arbeiten zur Großstadtforschung vorgelegt haben.

13 So auch: Heiner Treinen: Symbolische Ortsbezogenheit. Eine soziologische Untersuchung zum Heimatproblem. In: Kölner Zeitschrift für Soziologie und Sozialpsychologie 17/1965, Heft 1, S. 73-97, Heft 2, S. 254-297. Hier: S. 79 und S. 279.

14 Zur „sozialen Vererbung" räumlicher Gegebenheiten und ihrer symbolischen Gehalte vgl. Maurice Halbwachs: Das kollektive Gedächtnis. Stuttgart 1967, S. 127-163.

Diskussion:

Das aparte, aber auch riskante Thema erzeugte eine gewisse Unsicherheit, die Diskussion war deshalb relativ kurz und wandte sich vorwiegend methodischen Fragen zu. Das Gewicht des Zufalls bei einer solchen Untersuchung, die ja sehr stark von den „Spaziergang-Gewohnheiten" des Rechercheurs abhängig ist, wurde thematisiert - und vom Referenten nicht bestritten. Das Voyeuristische der Beobachtungssituation als verfälschendes Moment wurde mit dem Hinweis auf die ähnlich gelagerte Interaktionsstruktur bei allen Beobachtungsvorgängen zurückverwiesen.

Inhaltlich wurde festgehalten, daß solche „prominenten" Momente der Alltagsstrukturierung bisher von unserem Fach nicht ernst genug genommen worden seien. Die Begegnung mit dem Bedeutsamen, die dem eigenen „Kleinen-Ich" eine situative „Erhebung" gewährt, sei eine Chance, eigene Selbstwertgefühle und emotionale Anbindung an den Ort des Erlebens und solcher Begegnungsmöglichkeiten zu erfahren. „Nur an einem besonderen Ort" finden, so wurde argumentiert, solche „bedeutenden Rendez-vous" statt. Wie sehr diese Art von Ich-Wertsteigerung zugleich „fremdbestimmt" ist und nach Mechanismen des Star- und Show-Geschäfts funktioniert, wurde an ähnlich gelagerten Beispielen gezeigt.

Utz Jeggle

Max Matter

ZUR FRAGE DER REGIONALEN IDENTITÄT VON ZUWANDERERN AUS KLEINEN GEMEINDEN

„Heimat und Identität", das Thema des 22. Deutschen Volkskundekongresses, mehrere Überschriften der dort gehaltenen Vorträge und so gerade auch der Titel meines Referates, „Zur Frage der regionalen Identität von Zuwanderern aus kleinen Gemeinden" [1], scheinen Konrad Köstlin recht zu geben, der in seinem Aufsatz über feudale Identität festgestellt hat: „Eine Reihe von Autoren machen uns glauben, Identität sei vor allem ein territoriales Problem" [2]. Identität scheine „immer noch vor allem regionale Identität, Versetzung des Menschen in Territorien - freilich wechselnder Größe -" [3] zu sein.

Der Terminus „regionale Identität" wird hier zu erläutern sein. Es muß versucht werden, den Anteil von „regionaler Identität" an Identität insgesamt und Beziehungen zwischen Subidentitäten abzuklären.

Die Vagheit und die Unschärfe des Identitätsbegriffs, auf die hingewiesen wurde [4], erklärt sich mindestens teilweise daraus, daß dieser Begriff, daß „Identitäts-Konzepte" oder - diesen meiner Ansicht nach eng verwandt - „Selbstkonzepte" zu verschiedenen Zeiten und in verschiedenen Disziplinen mit verschiedenen Absichten entwickelt wurden.

Richard Robins hat, als er in Honigman's Handbook of Social and Cultural Anthropology der Frage nachging [5], was Anthropologen von Konzepten des Selbst oder der Identität in ihre Arbeit übernehmen könnten, auf drei in unterschiedlichen Disziplinen entwickelte Modelle, auf:
  1. das identity-health model
  2. das identity-interaction model
  3. das identity-world view model [6]
hingewiesen.

Die Behauptung Robins', die drei Perspektiven seien zwar verschieden, aber kein Modell schließe die Annahmen, die in einem anderen der Modelle gemacht werden, aus, läßt sich m.E. so nicht aufrecht erhalten, auch wenn einzelne Wissenschaftler die Modelle zu kombinieren versucht haben.

Identität scheint, mindestens auf den ersten Blick, diametral entgegengesetzte Aspekte zu beinhalten: Konstanz versus Situationsbezogenheit; Geborgenheit, die allerdings auch Anpassung meint, versus Freiheit, die aber auch Unsicherheit zur Folge haben kann; Einbettung in die Gesellschaft versus Individualität; usw. Während vor allem im identity-health und im world view model Konstanz und Geschlossenheit des Selbstkonzepts betont werden, sprechen Vertreter der identity-interaction-Schule nicht von einem und schon gar nicht von einem in sich geschlossenen Selbstkonzept, sondern von vielen Selbstkonzepten, die jeweils situationsspezifisch ausgerichtet sind und eingesetzt werden. So haben einige Wissenschaftler das Problem von Konstanz und Wandel durch Unterscheidung zwischen zentralen, und das heißt überdauernden, und peripheren Aspekten, hier gesteht man Wandel zu, des Selbst zu lösen versucht. Weiterhelfen könnte hier die neuere Selbstkonzeptforschung [7].

Identität scheint auf den ersten Blick in immobilen Gesellschaften, die sich durch einen hohen Grad an Statuskonsistenz auszeichnen, in denen sich Rollenerwartungen und Rollenverhalten weitestgehend decken usw., leichter aufzubauen und zu erhalten zu sein. Es ist aber zu Recht betont worden, daß mit Identität auch so etwas wie die Möglichkeit und Fähigkeit zur Rollendistanz gemeint ist und ein Sich-aufgehoben-fühlen, Sich-akzeptiert-fühlen-können in einer Gesellschaft bzw. Subgesellschaft, auch bei zeitweiliger Verletzung der Erwartungen: oder wie es Hermann Bausinger formuliert hat: verschiedenartigen gesellschaftlichen Anforderungen genügen, ohne sich selber aufzugeben [8]. Ob diese Bedingungen für Identität in engen Horizonten, wie dies des öfteren behauptet wird, erfüllt werden, ist anzuzweifeln. Deshalb darf mindestens die Frage gestellt werden, ob Bedingungen, unter denen Aufbau und Erhaltung von Identität erst möglich werden, nicht gleichzeitig diese - wenn auch in anderen Aspekten - wieder gefährden.

Wenn unter regionaler Identität ein Bereich einer oben beschriebenen Identität und damit mehr als ein Zugehörigkeitsgefühl zu Menschen in einem Raum und so zu diesem Raum, mehr auch als symbolische Ortsbezogenheit nach Heiner Treinen [9], der dem von uns gemeinten allerdings schon nahe kommt, verstanden werden soll, so kann regionale Identität nicht losgelöst von anderen Subidentitäten, wie, um nur einige zu nennen, Berufsbezogenheit, Bedeutung des eigenen Geschlechts, Bedeutung der Religions- bzw. Konfessionszugehörigkeit, Schichtzugehörigkeit und Abstammung aus einer bestimmten Schicht und vieles andere mehr, untersucht werden. Identität muß in diesem Falle verstanden werden als komplexes System von Subidentitäten, die, da nicht additiv angeordnet, nicht losgelöst von einander verstanden werden können. Zu fragen wäre in diesem Zusammenhang, welcher Stellenwert regionalen Aspekten von Identität zukommt. Da menschliches Leben sich grundsätzlich im Raum abspielt, kommt nicht nur dem Raum an sich eine große Bedeutung zu, sondern werden auch Ereignisse, die den Aufbau oder die Erhaltung anderer Subidentitäten ermöglichen, vor diesem Hintergrund gesehen. Georg Simmel meinte: „Für die Erinnerung entfaltet der Ort, weil er das sinnlich Anschaulichere ist, gewöhnlich eine stärkere assoziative Kraft als die Zeit, so daß, insbesondere wo es sich um einmalige und gefühlsstarke Wechselbeziehungen handelte, für die Erinnerung gerade er sich mit dieser unlöslich zu verbinden pflegt und so, da dies gegenseitig geschieht, der Ort noch weiterhin Drehpunkt bleibt, um den herum das Erinnern die Individuen in nun ideell gewordene Korrelationen einspinnt" [10].

Sollte in stabilen, immobilen Verhältnissen, wie die ältere Literatur suggeriert, Identität, Ortsbezogenheit, „Heimatliebe" usw. eine Selbstverständlichkeit gewesen sein, müßte Mobilität demnach diese mindestens gefährden. Über Fragen zu Mobilität und Identität besteht eine sehr umfangreiche Literatur, die hier nur in kleinen Ausschnitten berücksichtigt werden konnte [11].

Zentral dürfte in unserem Zusammenhang die Beantwortung der in dieser Literatur immer wieder aufgeworfenen Frage sein, ob die Fähigsten fortzogen, die im Herkunftsgebiet ihre Chancen eingeschränkt sahen, ob eine positive Auswahl stattfand, oder ob vorwiegend die Unangepassten ihr Herkunftsgebiet verließen, d.h. es eher zu einer negativen Auswahl kam. Dabei ist nicht außer Acht zu lassen, daß je nach Betrachtungsstandpunkt ein Individuum der einen oder anderen oder gar beiden Kategorien zugezählt werden kann. Wie sich aber das Individuum selbst sieht - und dies ist sicherlich nicht unabhängig von der Sichtweise der Mehrzahl der Mitglieder der Herkunftsgesellschaft - wirkt sich sowohl auf seine spätere Beziehung zum Herkunftsort als auch auf seine Einstellung zum Zuzugsort, die allfällige Rückkehrorientierung, die Bereitschaft zur Eingliederung in die Zuzugsgesellschaft usw. aus.

Viele der von uns betrachteten Zuzüger in die Stadt Zürich sind im späten Jugendlichen- oder frühen Erwachsenenalter aus ihren Herkunftsgebieten fortgezogen, in einem Alter also, in dem nach Erikson in einem schwierigen Prozess z.T. widersprüchliche Identifikationen aus Kindheit und früher Jugend neu bewertet und in ein geschlossenes System integriert werden müssen [12]. Ist Identität durch Mobilität gefährdet, so käme hier als besondere Erschwernis der Zeitpunkt der Adoleszenz mit ihren Identitätskrisen hinzu. Mobilität könnte allerdings auch von diesen Identitätskrisen teilweise ausgelöst worden sein.

Im Verlauf der letzten 100 Jahre haben in der Schweiz ganz entscheidende Bevölkerungsverschiebungen stattgefunden. Während 1850 6,5% aller Schweizer in Ortschaften mit mehr als 10 000 Einwohnern lebten, waren es 1900 bereits rund 22%, 1950 ein Drittel aller Einwohner, in den 60er Jahren um die 40%, heute gehen diese Anteile wieder leicht zurück. Diese Entwicklung führte zu fühlbaren Bevölkerungsverlusten in vielen Gebieten des Juras, der Alpen, aber auch des Mittellandes, während sich in den größeren Städten in der gleichen Zeit die Bevölkerung vervielfachte. In den 100 Jahren zwischen 1850 und 1950 nahm die Wohnbevölkerung der Stadt Zürich um fast das Zehnfache, von 41 585 auf 390 120, zu, erreichte in den 60er Jahren knapp eine halbe Million und liegt heute durch Geburtenrückgang und Wegzug aus der Stadt in die umliegenden Gemeinden wieder unter 400 000. Die rasche Bevölkerungszunahme in Zürich ist in der Hauptsache durch den Zuzug von Auswärtigen verursacht worden. Besonders groß waren die Bevölkerungszunahmen zwischen den Zählperioden 1880 und 1888 (19,5%) und 1900 und 1910 (28,2%). Die Zunahmen in den Krisenjahren zwischen 1930 und 1940 betrugen immerhin noch knapp 16% und stiegen in den 1950er und den frühen 60er Jahren wieder an.

Tabelle 1: Mehrzuzüge in die Stadt Zürich, die Walliser betreffend

1934 - 40	+ 35
1941 - 50	+ 61
1951 - 60	+ 35
1968	+ 76
1969	+ 77
1970	+ 51
1971	+ 95
1972	+ 91
1973	+ 62
1974	+ 82
1975	+ 67
1976	+ 38
1977	+ 118

Quelle: Statistisches Jahrbuch der Stadt Zürich 1977, S. 145.

Dabei muß angemerkt werden, daß sich der Wanderungsgewinn von 118 im Jahre 1977 durch einen Zuzug von 345 und einen Wegzug von 227 Personen erklärt. Allgemein kann man sagen, daß sich der Zuzug von Wallisern pro Jahr zwischen 300 und 400 Personen bewegt, während der Wegzug bei 200-300 Personen liegt.

In der Stadt Zürich hielten sich 1970 2 226 Personen auf, die ihren Heimatort im Kanton Wallis hatten. Davon hatten 1 809 Personen auch ihren Geburtsort im Wallis. Damit machen die aus dem Kanton Wallis Stammenden ca. 0,5% der gesamten Stadtbevölkerung aus. Es wohnen in der Stadt Zürich beinahe gleich viele Walliser wie in den 10 Gemeinden des am geringsten besiedelten Bezirks des Kantons Wallis, dem Bezirk Östlich Raron.

Die mir selbst gestellte Aufgabe bestand darin, im Zusammenhang mit unserem Kongressthema Probleme der Walliser Zuzüger nach Zürich zu analysieren. Daß die Wahl auf Walliser fiel, ist teilweise willkürlich, ist teilweise zu erklären durch mein besonderes Interesse und meine Kenntnisse über die Herkunftsregion und eine gewisse Vertrautheit mit der Walliser Szene in Zürich. Probleme, die hier zur Sprache kommen, sind nicht spezifische Schwierigkeiten von Wallisern in Zürich, sondern treffen in ganz ähnlicher Weise auch auf Zuzüger aus dem übrigen Berggebiet nach Zürich zu.

Diesem Referat liegt sehr vielfältiges Datenmaterial zugrunde. Im Herbst 1978 und im Frühjahr 1979 führte ich gemeinsam mit Studenten des Volkskundlichen Seminars in Bonn in einer kleinen, 324 Einwohner zählenden Gemeinde in den Leuker Bergen Befragungen durch, in denen das Thema Abwanderung, speziell Abwanderung und Abwanderungswünsche von Jugendlichen, Abwanderungsgründe, die Abgewanderten aus der Sicht der Zurückgebliebenen und anderes mehr, angesprochen wurde. In freien Einzel- und Gruppengesprächen an Hand eines Fragenleitplans wurde die Erhebung durchgeführt. Außerdem ließ ich mir von einem Gewährsmann in einer Lötschentaler Gemeinde mit ca. 400 Einwohnern eine Liste aller von dort Abgewanderten, die heute noch leben, erstellen. Festgehalten wurden: Zuzugsort, Alter bei der Abwanderung, Beruf damals und heute sowie die Gründe für die Abwanderung aus der Sicht der Dorfbewohner. Weiter wurde ermittelt, ob der Weggezogene allein oder mit der Familie wegzog, ob er noch Besitz, insbesondere Haus- und Wohnungsbesitz im Tal hat, wie häufig er zu Besuchen und zum Urlaub zurückkommt, ob etwas im Dorf über Rückkehrwünsche bekannt ist und wie ihn das „Dorf" sieht.

Daneben haben mehrere mehrstündige Interviews mit Wallisern in Zürich, ebenfalls in Form freier Gespräche, Auskünfte von Vorstandsmitgliedern des Walliser Klubs Zürich, eine Inhaltsanalyse des Schrifttums dieses Klubs sowie eine standardisierte schriftliche Befragung der Mitglieder des Klubs Einsichten in die Probleme gebracht, die sich für die Abgewanderten mit dem Zuzug nach und dem Leben in Zürich ergeben haben, und in die Beziehungen, die diese heute zu ihrer Herkunftsgemeinde, -region, -kanton einerseits und zur Stadt Zürich andererseits haben.

Bis zu meinem Wegzug aus Zürich besuchte ich regelmäßig Lokale, die von Wallisern frequentiert werden, nahm an Familienabenden des Walliser Klubs teil und kann so aus eigener Anschauung das durch die Befragungen gewonnene Bild ergänzen. Als Vergleichsmaterial lagen mir das unpublizierte Dissertationsmanuskript von Peter Atteslander [13] sowie die 1950 im Zusammenhang mit der Erstellung dieser Dissertation von einer Diplom-Klasse der Schule für Soziale Arbeit in Zürich durchgeführte Erhebungen über die Anpassung, Fehlanpassung oder die Nicht-Anpassung von in die Stadt Zürich zugezogenen Familien vor.

Die Untersuchung von Problemen der Identitätsfindung und -erhaltung von Zuwanderern aus kleinen Gemeinden des Kantons Wallis in die Stadt Zürich stellt in einem weiteren Sinne auch einen Beitrag zur Migrationsforschung dar. Das Schwergewicht liegt auf der Darstellung von Migrationsfolgen für den einzelnen Zuzüger. Da aber die Gründe, die zur Abwanderung geführt haben, in einem ursächlichen Zusammenhang zu den Migrationsfolgen, deren Wahrnehmung, deren Bewertung und Bewältigung stehen, dürfen die wanderungsauslösenden Faktoren, wenn ihre Behandlung hier auch nicht im Vordergrund steht, nicht vernachlässigt werden.

Ökonomische Gründe werden von einem Großteil der Untersuchten als Abwanderungsgründe genannt. Neben der in städtischen und ländlichen Gebieten unterschiedlichen Lohnhöhe, die nicht den alleinigen oder gar entscheidenden Abwanderungsgrund darstellt, sind es vielmehr die zu geringen Arbeitsmöglichkeiten in einzelnen Berufen im Wallis, zeitweilige, durch Wirtschaftskrisen bedingte Arbeitslosigkeit, die geringe Möglichkeit zur beruflichen Weiterbildung im Kanton, die den Entschluß zum Wegzug bestimmten. Der Ausbau der Schul- und Berufsausbildung, der im Wallis aber nur in den unteren und mittleren Bereichen erfolgte, fördert, erzwingt, macht aber andererseits eine stärkere Abwanderung auch erst möglich und für das einzelne Individuum ertragbarer. Von den befragten Abgewanderten nennen nur wenige nicht ökonomische Gründe. Durch die Beobachtung wurden jedoch andere Gründe als für den Abwanderungsentschluß bedeutsamer erkennbar. Interessant für die spätere Deutung dürfte eine Gegenüberstellung der Abwanderungsgründe und die Häufigkeit ihrer Nennung in den Befragungen an deren Herkunftsorten und den Antworten der von mir befragten, in Zürich lebenden Wallisern sein, die der nachfolgenden Tabelle 2 zu entnehmen sind.

Tabelle 2: Gründe für den Wegzug

Aus der Sicht des Gewährsmannes im Lötschental:

- aus beruflichen Gründen   69 Personen
- zur Ausbildung   1 Person
- wegen des Eintritts in eine Ordensgemeinschaft oder durch die Stellung als römisch-katholischer Geistlicher   4 Personen
- zum Eintritt in die Schweizer Garde   2 Personen
- gemeinsam mit der Familie, z.T. aus beruflichen, oder auch aus anderen Gründen des Familienvorstandes, aber ohne Einflußmöglichkeit der hier Betroffenen   13 Personen
- zum Zweck oder aufgrund einer Heirat   10 Personen
- weil die Betroffenen im Herkunftsgebiet aufgrund der Tatsache, daß sie aus einer nicht angesehenen Familie stammten, Schwierigkeiten zu haben meinten, aus Armut   3 Personen
- aus finanziellen Schwierigkeiten   4 Personen

- weil der Gewährsmann oder vielleicht
  das „Dorf" den Betreffenden schlecht
  beleumundeten   4 Personen
- aus politischen Gründen: aufgrund besonderer Aktivitäten oder auch in der
  Gemeinde erlebter Mißerfolge   4 Personen

Aus der Sicht der in Zürich lebenden Walliser (62 Befragte):

39 Personen aus beruflichen Gründen
13 Personen zur Aus- oder Weiterbildung
6 Personen aufgrund einer Heirat
7 Personen aufgrund der Wanderung mit der Familie
4 Personen aufgrund der „Faszination der Großstadt".

Bei den von mir durchgeführten Befragungen und Beobachtungen wurde deutlich, daß fehlende soziale Anpassung, die differenziert als ungenügende Anpassung an die Gemeinde, die Herkunftsfamilie oder als zu geringe Anpassungsmöglichkeiten und -fähigkeiten an neue Situationen gesehen werden muß, zur Abwanderung führen kann. Geringe Integration in formellen und informellen Gruppen der Ausgangsgemeinde, Unterprivilegierung in verschiedenster Hinsicht, aus verschiedensten Gründen - vielfach wegen der Zugehörigkeit zu einer nicht-geachteten Familie -, verbaute Aufstiegschancen in ökonomischer, politischer und sozialer Hinsicht lassen das Leben im Herkunftsgebiet als schwierig erscheinen. Abweichendes Verhalten, wie Alkoholismus, körperliche und mentale Gebrechlichkeit, sexuell abweichendes Verhalten, es wäre etwa auf Homosexualität hinzuweisen, zwingen häufig zur Flucht aus der dörflichen Enge der Herkunftsgemeinde in die Anonymität der Stadt, in der man hofft, ohne sich durch die starke soziale Kontrolle der Dorfbewohner eingeengt zu fühlen, sein Leben freier gestalten zu können. Generationskonflikte innerhalb der Familie dürften weitere Abwanderungsgründe sein. Die Familiengröße scheint - mindestens latent - mit der Konfliktmöglichkeit positiv zu korrelieren, da Konflikte nicht nur zwischen Eltern und Kindern, sondern auch zwischen den Geschwistern auftreten. Eine Art Gemeinschaftsideologie in der Gemeinde und auch in der Familie, der zufolge man Harmonie nach außen demonstriert, verbietet es, Familienkonflikte offen auszutragen. Eine Lösung der Spannung kann unter Einhaltung dieser Regeln aber durch Abwanderung, indem man die eigentlichen Gründe verschweigt und anerkannte, d. h. ökonomische Gründe vorschiebt, erreicht werden.

Aus dem hier Gesagten dürfte deutlich geworden sein, daß für mindestens die oben genannten Personen in den engen dörflichen Horizonten Aufbau und Erhaltung von Identität sehr problematisch, die Benutzung des Terminus Identität hier überhaupt sehr zweifelhaft sein dürfte und daß der Wegzug, so identitätsgefährdend Migration in der Regel auch gesehen werden muß, diesen Individuen erst eine geringe Chance zur Selbstverwirklichung, allerdings auch unter erheblichen Gefahren bietet.

Aufbau und Erhaltung von Identität von Migranten wird nicht nur durch Selbst- und Fremdverständnis am Herkunftsort, sondern auch durch die Situation am Zuzugsort bestimmt. Das Selbstverständnis der Zuzüger wird in starkem Maße durch die Einstellung der einheimischen Bevölkerung geprägt. Während man in den 1930er und dann wieder in den 50er Jahren, in Zeiten wirtschaftlicher Flauten oder gar Krisen, wie aus Zeitungsartikeln hervorgeht, in Zürich von einer außerkantonalen und anders-konfessionellen Überfremdung sprach, begrüßte man die Zuzüger in den späten 50er und 60er Jahren als zusätzliche „einheimische" Arbeitskräfte. Je nach der Wirtschaftslage im Wallis und in der Stadt Zürich waren andere Gründe für den Zuzug ausschlaggebend, haben andere Gründe für die damalige und zum Teil auch heutige Beurteilung des Herkunftsgebietes im Vordergrund gestanden. Es bestanden andere Anpassungsschwierigkeiten, man sah die Stadt mit anderen Augen. Indikatoren dafür sind Sprachschwierigkeiten und Dialektbenutzung: von allen befragten Zuwanderern geben nur solche, die in wirtschaftlichen Krisenzeiten im Wallis und in Zürich in die Stadt zugezogen sind, an, sie hätten sprachliche Schwierigkeiten gehabt. Der Anpassungsdruck und auch der Anpassungswille waren unter solchen Umständen auch im sprachlichen Bereich größer. Mehrere ältere Gewährsleute geben an, daß sie sich erst heute, nachdem sie es in Zürich zu etwas gebracht haben, wieder getrauen, in der Öffentlichkeit mit Zürchern Walliserdeutsch zu sprechen, während sie sich nach ihrem Zuzug bemüht haben, sich sprachlich anzupassen, in der Hoffnung, nicht als Zuzüger, nicht als Walliser erkannt zu werden.

Wenn Heiner Treinen [14] für Deutschland die Behauptung wagt, allein die Erinnerung an ein Heimatrecht, dessen sozial-rechtliche Bedeutung 1870 mit der Übernahme des Prinzips der Unterstützung von Bedürftigen durch den Wohnort in Preußen und dann auch später im Reich erlosch, sei für die Ausbildung von Ortsbezogenheit relevant, so müßte dem Heimatrecht in der Schweiz eine noch viel größere Bedeutung zukommen, da es dort bis heute, mindestens nominell, weitergilt.

Die 62 Beantworter meiner schriftlichen Befragung gingen auf die Frage nach der Wichtigkeit des Besitzes des Heimatrechts in einer Walliser Gemeinde einerseits und dem Wunsch, das Zürcher Bürgerrecht zu erwerben, oder der Bedeutung des bereits erworbenen Stadtbürgerrechts je nach Zugehörigkeit zu den einzelnen Zuwanderungswellen ein.

Während 60-80 % aller zugezogenen Befragten den Besitz des Bürgerrechts in einer Walliser Gemeinde für wichtig bis sehr wichtig halten, die Unterschiede zwischen den in den einzelnen Dezennien Zugezogenen nicht signifikant sind, sich lediglich schwach eine Tendenz zur geringeren Bewertung dieses Bürgerrechts bei denjenigen, die in den Krisenjahren zwischen 1930 und 1940 und um 1950 zugezogen sind, abzuzeichnen scheint, weichen die Bewertungen des Zürcher Bürgerrechts je nach dem Datum des Zuzugs sehr stark voneinander ab. Die vor 1930 Zugezogenen stufen den Besitz des Stadt-Zürcher Bürgerrechts zu 100 % als wichtig bis sehr wichtig ein. Die Bewertungen durch die übrigen Befragten sind der Tabelle 3 zu entnehmen:

Tabelle 3: Bewertung des Stadt-Zürcher Bürgerrechts durch die Zuwanderer aus dem Wallis

1930 - 39 Zugezogene erachten zu 75 %
1940 - 49 Zugezogene erachten zu 69,2 %
1950 - 59 Zugezogene erachten zu 63,6 %
1960 - 69 Zugezogene erachten zu 60 %
1970 - 78 Zugezogene erachten zu 0 %

den Besitz des Stadt-Zürcher Bürgerrechts für wichtig bis sehr wichtig.

Zwar hat nach Artikel 45 der Bundesverfassung von 1874 jeder Schweizer das Recht, sich innerhalb des Schweizer Bundesgebietes an jedem Ort niederzulassen, nach Artikel 45 Absatz 3 wurde diese Niederlassungsfreiheit allerdings eingeschränkt. Nach Angaben des Fürsorgeamtes der Stadt Zürich konnte die Bewilligung denjenigen entzogen werden, welche dauernd der öffentlichen Wohltätigkeit zur Last fielen, und deren Heimatgemeinden bzw. Heimatkantone eine angemessene Unterstützung trotz amtlicher Aufforderung nicht gewährten. „Heimschaffungen" in die „Heimatgemeinden" wegen dauernder Unterstützungsbedürftigkeit erfolgten hauptsächlich in der Krisenzeit der 1930er Jahre, wie auch aus meinen Befragungen und bei einer erneuten Auswertung des Datenmaterials von Peter Atteslander deutlich wird. Diese „Heimschaffung" war dermaßen gefürchtet, daß sich viele der in Zürich notleidend gewordenen Zuzüger nicht bei staatlichen Fürsorgestellen meldeten, lieber darbten oder kirchliche Hilfe suchten, um der „Heimschaffung", der Blamage im Herkunftsort und somit einer Identitätsbedrohung zu entgehen. Da der Besitz des Zürcher Bürgerrechts damals erstrebenswert war, und da der Erwerb mit damals zum Teil großen finanziellen und anderen Beschwernissen verbunden war, ist es nicht verwunderlich, daß heute die Befragten, die in diesem Zeitraum zugezogen sind, den Wert des Stadt-Zürcher Bürgerrechts so hoch einschätzen.

Die Bewertung des Bürgerrechts der Zuzugsgemeinde, die auf den ersten Blick direkte Aufschlüsse über regionale Identität zu geben scheint, ist vielmehr im Zusammenhang mit der Aufrechterhaltung anderer Subidentitäten zu sehen.

Das Verhältnis zur Stadt Zürich und zu den Herkunftsorten ist höchst ambivalent. Ausschnitte aus dem Schriftgut des Walliser Klubs Zürich, die Vorstellung von Resultaten der Befragung sowie die Analyse eines konkreten Falles sollen dieses zweispältige Verhältnis illustrieren.

Der 1924 gegründete Walliser Klub Zürich hat laut Statuten den Zweck, „die in Zürich und Umgebung ansässigen Walliser zu vereinigen zur Förderung des Heimatgedankens und der Heimatliebe, sowie zur Pflege der Freundschaft und Geselligkeit". In der Festschrift zum 50jährigen Jubiläum des Walliser Klubs schrieb ein Vorstandsmitglied:

„Was die Walliser in der ganzen Welt an das Land ihrer Kinderjahre bindet, das ist das Heimweh. Das Heimweh nach einer idealisierten, wunderschönen Heimat, ähnlich den farbenprächtigen Plakaten mit ewig blauem Himmel über weißen Bergen, braungebrannten Stadeln, grünen Matten und Weinbergen. Wir Exil-Walliser in den Schweizer Städten kennen es auch, das Heimweh. Man braucht nur mit dem Nachtzug nach Zürich zurückzukehren. Mögen die Reklamelichter die Straßenschluchten der Stadt noch so bunt und grell beleuchten, das Bild vom nächtlichen Rhonetal, eingefangen mit dem letzten Blick vom Lötschberg aus, können sie nicht auslöschen. Aber wir sind nahe genug, um auch die Schatten der Berge zu sehen und die Wolken über ihnen. Wir hören das Donnergrollen, das die stürmische Entwicklung im Wallis begleitet. Wir hören vor allem sehr deutlich das Echo im Schweizerland, ein übersteigert lautes Echo manchmal (er spielt auf Skandale im Wallis und die Reaktionen darauf in der übrigen Schweiz an). Wir sehen unsere engere Heimat von hier aus, sozusagen aus den Nebenzimmern im Schweizerhaus, realistischer, und doch lieben wir sie und stehen zu ihr" [15].

Im Programm des Walliser Klubs nehmen solche Veranstaltungen einen großen Raum ein, die geselligen Charakter haben und ein „Heimatbewußtsein" fördern sollen: so führt man alle paar Jahre eine Reise ins Wallis durch, fuhr 1979 mit einer eigenen Trachtengruppe zum Trachtenfest nach Sitten, trifft sich mehrmals im Jahr zu gemeinsamen Nachtessen mit Walliser Spezialitäten und lädt zu Vorträgen ein, die sich mehrheitlich mit dem Wallis befassen [16].

Eines der schriftstellerisch aktivsten Mitglieder des Walliser Klubs, der Schriftsteller, Dialekt- und Heimatdichter Ludwig Imesch, kann jedoch in seiner teilweise sehr verklärten Sicht des Wallis und seiner gleichzeitigen scharfen Kritik an den Zuständen im Wallis als stellvertretend für viele Klubmitglieder betrachtet werden. Eine Reihe von Liedern, Gedichten und Aufsätzen enthalten trotz einer sentimental überhöhten Natur- und Heimatbegeisterung Anspielungen auf negative Einstellungen, Enttäuschungen der abgewanderten Walliser ihre „Heimat" betreffend [17].

Wenn die Schreiber in den Klub-Publikationen sich und die anderen Mitglieder des öfteren als Heimweh-Walliser, das Wallis als Heimat bezeichnen, so trägt das sicherlich zur Ausbildung eines Heimatgefühls bei. Die Frage ist jedoch, inwieweit diesem so geschaffenen Sentiment eine wirkliche, positive Beziehung zur Herkunftsregion entspricht, die über zeitweilige Heimattümelei hinaus das Denken und Verhalten des einzelnen bestimmt. Diese Frage könnte nur nach langer Beobachtungszeit, nach langer Bekanntschaft und vielen Gesprächen mit jedem Klubmitglied und sicherlich für jeden anders beantwortet werden. Aber aus dem von mir schriftlich erhobenen Material lassen sich bereits erste Schlüsse ziehen:

Rund die Hälfte der Befragten besitzt im Wallis eine Wohnung, ein Haus oder Hausanteile. Interessant ist, daß 60 % dieser Informanten diese Wohnung oder das Haus ausschließlich als Feriendomizil betrachten und es nicht als Alterssitz nutzen wollen. Lediglich 23 % wollen diesen Besitz bei einer Rückkehr ins Wallis im Alter nutzen. Für weitere 10 % käme dies eventuell in Frage. Ein Rest von 7 % gab an, diesen Besitz weder als Ferien- noch als Alterssitz zu betrachten.

Der Stimulus „Besitz im Wallis schaffen bzw. vermehren wollen" wurde von den Informanten nur als wenig wichtig bewertet, während „Besitz in Zürich schaffen bzw. vermehren wollen" als wichtig angesehen wurde.

Wenn man auch den Urlaub gerne im Wallis verbringt, so möchte man doch nicht mehr für immer dorthin zurückkehren. Mehrere Informanten machten mich in längeren Gesprächen darauf aufmerksam, daß sie sich das Jahr über auf den Urlaub im Wallis, wenn sie aber einmal dort sind, sich auch wiederum auf die Rückkehr nach Zürich freuen.

Der Mittelwert auf den Stimulus „Wenn ich könnte, sofort ins Wallis zurückkehren" liegt recht tief. Fast die Hälfte der Befragten antwortet auf diesen Stimulus mit „trifft auf mich nicht zu".

Auf die Frage, ob sie nach ihrem Zuzug in die Stadt Zürich versucht hätten, ins Wallis zurückzukehren, um dort zu leben, haben 4/5 mit nein geantwortet. Diejenigen, die eine Rückkehr in Erwägung gezogen hatten, gaben als Gründe dafür, daß sie dann doch in Zürich geblieben sind, vorwiegend berufliche Gründe an, ein Informant die Schulausbildung seiner Kinder, die in Zürich ein Gymnasium besuchen, einer seine Frau, die als Nicht-Walliserin nicht dort leben wollte.

Die Antworten auf die Frage, ob man den Lebensabend im Wallis verbringen wolle, sind sehr konträr: 31 % wollen den Lebensabend auf keinen Fall im Wallis verbringen, 28 % werden ihn kaum im Wallis verbringen, 19 % möchten ihn im Wallis verbringen, 22 % wollen auf jeden Fall ins Wallis zurückkehren. Diese Vorstellungen brauchen aber nicht mit dem dann tatsächlich geübten Verhalten übereinzustimmen. In Gesprächen sind mir mehrere Personen genannt worden, die sich über mehrere Jahre auf eine Rückkehr nach der Pensionierung vorbereitet haben, nach einem ein- bis zweijährigen Aufenthalt im Wallis dann jedoch wieder nach Zürich zurückgekehrt sind, oder doch lieber wieder zurückkehren wollen.

Diese Auswertung des Fragebogenmaterials zeigt also, daß ein beträchtlicher Anteil der Befragten, dies wird an der geringen Zahl von Rückkehrwünschen und an der geringen Bewertung des Besitzes im Wallis deutlich, weiß oder mindestens ahnt, daß schon eine so starke Anpassung an städtische Lebensformen stattgefunden hat, daß eine Rückkehr ins Wallis, ohne daß es zu Konflikten im Dorf kommt, sofern man nicht bereit ist, sich aufzugeben, mit noch größeren Identitätskrisen verbunden wäre als der damalige Wegzug.

Identität ist eingangs als situationsabhängig beschrieben worden. Gerade auch das Gefühl der Zugehörigkeit zu einem Raum bzw. zu den Menschen in diesem Raum wird in jeder konkreten Situation anders empfunden und ausgedrückt, ist davon abhängig, mit wem ich wo und wie interagiere.

Wenn ich mir auch dessen bewußt war, daß die Antworten auf die Frage nach dem für den Befragten bedeutsamsten Identifikationsraum durch mich, meine Fragestellung und durch den Kontext, in dem die Frage gestellt wurde, beeinflußt worden sind, habe ich dennoch versucht, Auskünfte darüber zu erhalten, ob sich die in Zürich ansässigen Walliser in erster Linie mit ihrem Herkunftsort oder der Herkunftsregion oder dem deutschsprachigen Oberwallis insgesamt im Umgang mit mir als Zürcher identifizieren. Die Mittelwerte auf die Frage, für wie wichtig man es erachte, aus der Herkunftsgemeinde, der Herkunftsregion oder dem Oberwallis zu stammen, weichen nur unwesentlich voneinander ab. Interessant dürfte aber sein, daß die Region leicht höher bewertet wurde als die Herkunftsgemeinde oder das Oberwallis.

Erinnerungen, Gedanken an die Heimatgemeinde dürften weniger durch den Raum als solchen als vielmehr durch Beziehungen zu den Menschen in diesem Raum, durch Erlebnisse in diesem Raum bestimmt sein. Für viele der Weggezogenen sind negative Erfahrungen im Heimatort im Rückblick zwar abgeschwächt, aber als negative Erfahrungen trotzdem noch vorhanden. Die Region dürfte dagegen vorwiegend mit dem Gefühl der Vertrautheit, mit Orientierungspunkten im Raum assoziiert sein. Wenn diese Raumbezüge natürlich auch für den Ort gelten, so dürften sie doch in der Region, da hier die sozialen Bezüge weniger hervortreten, diesen gegenüber dominanter sein. Der Raum Oberwallis ist für die meisten schon zu groß, um sich stärker mit ihm zu identifizieren, obgleich man sich als Oberwalliser in Zürich versteht, z. B. schon aufgrund der Tatsache, daß man in etwa den gleichen Dialekt spricht und wenigstens zum Teil unter ähnlichen Verhältnissen aufgewachsen ist.

Diese Ergebnisse bestätigen sich auch, wenn etwa ein Drittel meiner Informanten die Frage nach ihrer Herkunft mit dem Hinweis auf eine Talschaft beantworten, d. h. auch hier die Identifikation mit der Region größer zu sein scheint als mit der Herkunftsgemeinde.

Wenn ich im Verlaufe meiner Vorbereitungsarbeit zu diesem Referat später auch eine Reihe von weiteren, vielleicht in meinem Fall geeigneteren Test- oder Meßverfahren von Identität kennengelernt habe, es wäre hier auf Arbeiten in dem von Filipp herausgegebenen Sammelband [18] hinzuweisen, so habe ich mich dennoch in einem recht frühen Stadium entschlossen zu versuchen, das von Hooper [19] entwickelte Verfahren schweizerischen Verhältnissen entsprechend abzuwandeln. Die Befragten hatten 60 Vorgaben daraufhin zu bewerten, ob und wie wichtig sie für ihr Selbstverständnis momentan sind. Eine gewisse Reliabilität schien sich dadurch abzuzeichnen, daß zwischen Stimuli, die inhaltlich gleiches meinten, sprachlich aber anders vorgegeben waren, Korrelationen um 0,9 vorlagen. In einer später durchgeführten Faktorenanalyse konnten nicht wie bei Hooper so eindeutige Faktoren ermittelt werden. Trotz allem ergaben sich folgende Faktoren:

1. ein Faktor, der bezeichnet werden könnte mit: in Zürich bleiben wollen
2. ein Faktor Geselligkeit, durch den deutlich wird, daß diejenigen Walliser, die großen Wert legen auf Bekanntschaften zu anderen Wallisern, in noch stärkerem Maße Kontakte zu Zürcher Freunden positiv bewerten
3. ein Faktor Familienbeziehungen, in dem die Wichtigkeit des Familienzusammenhalts in der eigenen Kernfamilie und unter Verwandten in Zürich und auch zu den daheimgebliebenen Familienmitgliedern im Wallis deutlich wird. (Einschränkend muß hier allerdings vermerkt werden, daß diese Werte zwar hoch eingeschätzt werden, kaum aber, wie sich aus einer Reihe von Bewertungen ergibt, hier sei nur auf die tiefe Einstufung des Stimulus „daheimgebliebene Familienmitglieder finanziell unterstützen" hingewiesen, sich im Verhalten tatsächlich auswirken.)
4. ein Faktor, der allerdings nur schwach ausgeprägt ist, der mit kirchlich, leicht antistädtischer Abwehrhaltung bezeichnet werden könnte.

Interessant scheint mir, daß neben dem wichtigsten Faktor, „in Zürich bleiben wollen", die drei übrigen Faktoren durch Werte, denen in der Kultur der Herkunftsgesellschaft eine zentrale Position zukommt, bestimmt werden. Durch das von Hooper angeregte Meßverfahren - Schwächen sind mir bewußt und seien hier zugegeben - läßt sich, und das dürfte das bisher Gesagte bestätigen, kaum die Frage klären, ob sich Zuzüger aus dem Oberwallis eher dem Herkunfts- oder dem Zuzugsort zugehörig fühlen. Eine leichte Präferenz für Zürich könnte man allenfalls herauslesen. Vielmehr scheinen die Befragten zwischen der Kultur der Herkunfts- und der Zuzugsgesellschaft zu stehen, beiden oder vielleicht keiner anzugehören.

Ein Beispiel, das auf den ersten Blick extrem erscheinen mag, das aber doch repräsentativer ist, als man vielleicht vermutet, kann mit der Beschreibung des Zuzugs, des Versuchs der Anpassung und der Einstellung zur und dem Verhalten in der Herkunftsregion des Felix Z. gegeben werden.

Felix Z. hat nach der Schulentlassung im französisch-sprachigen Unterwallis eine Bäckerlehre absolviert. Er fühlte sich im sogenannten Welschland recht unglücklich und hoffte, bald in der Herkunftsgemeinde in der Bäckerei seines Onkels eine Anstellung finden zu können, und meinte, diese später einmal übernehmen zu können. Als dies wegen familiärer Streitigkeiten nicht mehr möglich war und er sich durch damals im Dorf nicht bekannte und absolut nicht akzeptierte sportliche Aktivitäten von der Herkunftsfamilie und -gemeinde entfremdet hatte, zog er fort. Als er in der Stadt einem Chor, vergleichbar hier einem Fischer-Chor, beitrat und sich gar zum Sänger ausbilden lassen wollte, wurde er in der Heimatgemeinde zumindest belächelt. Nach mehrjährigem Gesangsstudium sah er ein, sein Ziel, Sänger zu werden, wohl kaum erreichen zu können, stellte fest, daß er seine Jugendjahre vergeudet habe, schloß sich jüngeren Mitarbeitern an, die eine Reise nach Indien und Nepal unternahmen. Als dies ihn, nachdem er finanziell in Schwierigkeiten geraten war, weiter von der Herkunftsfamilie und -gemeinde entfremdet hatte, zog er geradezu in einer Trotzreaktion mit dem letzten selbstverdienten Geld nach Australien. Nach zwei Jahren, in denen er sich auch vor sich selbst bewährt, viel erlebt und sich finanziell erholt hatte, kehrte er nach Zürich zurück. In Zürich sucht er heute noch Anschluß an Reisen-, Indien- und Ostasienbegeisterte Jugendsubkulturen, obwohl Felix Z. heute weit über 40 Jahre alt ist. Er versucht, Zürcher unter Zürchern, oder besser, Weltbürger unter Weltbürgern zu sein, muß aber dauernd feststellen, daß er nur als Exot, als alpiner Mensch besondere Wertschätzung erfährt. Obwohl er also Großstädter unter Großstädtern sein möchte, muß er, und das hat er in der Zwischenzeit erkannt, den Bergler mimen, um anerkannt zu werden. Fährt er nach Hause ins Wallis, so glaubt er, alte Bekannte, Schul- und Jugendfreunde treffen zu können, möchte er wieder Gleicher unter Gleichen sein. Doch auch hier muß er feststellen, daß er nicht als solcher, sondern - und wenn überhaupt - höchstens als „Weltbürger", weitgereister Großstädter akzeptiert, allerdings auch insgeheim verlacht wird.

Es dürfte klar geworden sein, daß Felix Z. in beiden für ihn relevanten Regionen nicht als das, was er in jeder sein möchte, sondern immer nur als das, was er scheinbar in der anderen ist oder war, Anerkennung finden kann. Daß sich Felix Z. dauernd in Identitätskrisen befindet, die sich für ihn nur dadurch abmildern lassen, daß er kaum mehr in seine Herkunftsregion zurückkehrt, daß er sich diesen Wechselbädern nicht mehr aussetzt, dürfte deutlich geworden sein.

Es sollte klar geworden sein, daß regionale Aspekte von Identität immer nur im Zusammenhang mit anderen Subidentitäten zu verstehen und zu erfassen sind. Obgleich regionale Aspekte von Identität sicherlich auch losgelöst von den anderen Subidentitäten untersucht werden können, bestreite ich den Wert eines solchen Unternehmens [20].

1 Bei dem vorliegenden Aufsatz handelt es sich um eine lediglich geringfügig bearbeitete Fassung meines am 18.6.1979 in Kiel gehaltenen Referates. Auf eine weitergehende Überarbeitung des Stoffes, wie sie mir zum heutigen Zeitpunkt möglich wäre, habe ich bewußt verzichtet.
2 Konrad Köstlin: Feudale Identität und dogmatische Volkskultur. In: Zeitschrift für Volkskunde 73. Jg. (1977/II), S. 216-233. Hier S. 232.
3 Wie Anm. 2.
4 Hermann Bausinger: Zur kulturalen Dimension von Identität. In: Zeitschrift für Volkskunde 73. Jg. (1977/II), S. 210-215. Hier S. 210.
Gerold Schmidt: Identität. Gebrauch und Geschichte eines modernen Begriffs. In: Muttersprache 86 (1976), S. 333-354.
Gerold Schmidt führt in seinem Aufsatz aus, wie aus einem psychologischen Fachterminus ein Modewort geworden ist. Im Verlaufe des Kongresses wurde deutlich, daß eine Reihe von Referenten und ein großer Teil der Teilnehmer „Identität" in erster Linie in einem umgangssprachlichen Sinne verstanden und behandelt wissen wollten. Wenn auch eine ideologie-kritische Auseinandersetzung mit „Heimat" nach wie vor notwendig und die Frage, ob Identität in diesem Rahmen erworben bzw. erhalten werden kann, berechtigt ist, so habe ich aber das Kongreßthema in der Hauptsache als Aufforderung zur verstärkten Auseinandersetzung mit Ansätzen der Psychological Anthropology verstanden.
5 Richard H. Robins: Identity, Culture and Behavior. In: Honigman, John J. (Hg.): Handbook of Social and Cultural Anthropology. Chicago 1973. S. 1199-1220.
6 Siehe dazu: Robins, 1973 (wie Anm. 5), S. 1201 f.
7 Sigrun Heide Filipp (Hg.): Selbstkonzeptforschung. Probleme, Befunde, Perspektiven. Stuttgart 1979.
8 Bausinger, 1977 (wie Anm. 4), S. 211.
9 Heiner Treinen: Symbolische Ortsbezogenheit. Eine soziologische Untersuchung zum Heimatproblem. In: Kölner Zeitschrift für Soziologie und Sozialpsychologie 17. Jg. (1965), S. 73-97 u. S. 254-297.
10 Georg Simmel: Soziologie. München und Leipzig 1922. S. 475 f.
11 Es wurde besonders berücksichtigt die Literatur zur Land-Stadt-Wanderung die Schweiz betreffend, zu Mobilität und abweichendem Verhalten, zu Mobilität und psychischer und körperlicher Gesundheit.
12 E.H. Erikson: Identität und Lebenszyklus. Frankfurt a.M. 1966.
13 Peter Atteslander: Probleme der sozialen Anpassung. Eine soziologische Untersuchung über den Zuzug nach der Stadt Zürich. Köln und Opladen 1956.
Es handelt sich bei diesem Sonderdruck aus der Kölner Zeitschrift für Soziologie und Sozialpsychologie J. 7 Heft 2 um einen Teildruck der Dissertation von P. Atteslander. Das Manuskript der Gesamtdissertation ist bei der Zentralbibliothek Zürich deponiert. Mir lag auch das vollständige Dissertationsmanuskript vor.
14 Treinen, 1965 (wie Anm. 9), S. 84 ff.

15 Hans Göttier: 50 Jahre Walliser-Klub Zürich. In: Festschrift zum Jubiläumsjahr. 50 Jahre Walliser-Klub Zürich. Münsingen und Zürich 1974. S. 3.
16 So z. B. die Liedertexte in „Chumm und sing". Liedertexte hrsg. vom Walliser-Klub Zürich. Brig 1978.
17 Ich darf an dieser Stelle darauf hinweisen, daß ich am 26. 9. 1979 eine leicht popularisierte Fassung meines Referates vor den Mitgliedern des Walliser-Klubs Zürich gehalten habe. Wie ich aus den Reaktionen meiner Zuhörer schließen konnte, dürften sie meine Darstellung ihrer Situation als der Realität entsprechend akzeptiert haben. Die Aufnahme meines Vortrages dürfte eine Reihe von Einwänden von Mitarbeitern des Volkskundlichen Seminars der Universität Zürich entkräften.
18 Filipp (wie Anm. 7).
19 Michael Hooper: The Structure and Measurement of Social Identity. In: Public Opinion Quarterly Vol. 40/2 (1976), S. 154-164.
20 Es ist zu beachten, daß ich zwischen räumlichen Aspekten von Subidentitäten und „regionaler Identität" unterscheiden möchte. Bei einer weiteren Beschäftigung mit räumlichen Aspekten von Identität wären Arbeiten der „Mensch-Umwelt-Psychologie", wie sie etwa in der Zeitschrift Environment and Behavior publiziert worden sind, stärker zu rezipieren. Stellvertretend für viele Arbeiten dieser Forschungsrichtung möchte ich hier lediglich nennen:
Harold M. Proshansky: The City and Self-Identity. In: Environment and Behavior. Vol 10 No 2 (June 1978), S. 147-169.

Diskussion:

Zentraler Diskussionspunkt war die Frage nach der Meßbarkeit von Identität; inwieweit unser Fach, wenn es sich an solche Verfahren der empirischen Forschung in Bereichen qualitativen Erlebens, Fühlens und Befindens ausliefert, gut bedient ist. Es wurden andere Methoden vorgeschlagen, ein „alltagshermeneutisches Vorgehen, das die lebensgeschichtliche Perspektive" mit einbezieht, Beobachtung, Tiefeninterviews, etc. Der Referent verwies darauf, daß er den verwandten Test nur als Stützung anderer, qualitativer Methoden, bewertet wissen möchte, er jedoch als „Methodenpluralist" mindestens ebenso viel gegen bloßen „Impressionismus" bei Beobachtungen einzuwenden habe.
Ein weiteres Thema war das Verhältnis von Rolle und Identität. Es wurde gefragt, ob nicht mehrere Identitäten möglich seien, was der Referent grundsätzlich nicht verneinte. Das führte dann zum Versuch einer generellen Kritik des Identitätskonzepts (durch Dieter Kramer). Der Begriff stamme nun einmal aus der Psychologie, und wer sich auf ihn einlasse, der müsse sowohl die damit implizierten quantifizierenden Methoden in Kauf nehmen, als auch den unteilbaren Unikatcharakter, der nicht durch die Rollentheorie aufgeweicht werden dürfte.
Zum Abschluß wurde nach Motivationen der Emigranten gefragt, inwieweit es partielle Lösungen (durch Tages- oder Wochenpendler) gebe und ob nicht auch die Erfahrung von realen Freiheitsgraden in der Stadt eine Anreizrolle spielten. Der Referent verwies darauf, daß die Studie noch nicht abgeschlossen sei und außerdem die Zeit so begrenzt, daß er nicht alle Fragen hic et nunc beantworten könne.

Utz Jeggle

Andreas C. Bimmer

BESUCHER VON FESTEN
Beiträge zur systematischen Erforschung

Der Besucher oder Zuschauer von Festen, Bräuchen [1] und sonstigen öffentlichen Demonstrationen ist - wie es das Wort Besuch ausdrückt - nicht direkt Teil eines tradierten Handlungsablaufes mit Anfang, Ende und Akteuren. Dennoch ist er ein notwendiger, ja fast integraler Bestandteil des Gesamtgeschehens, denn was wäre eine Darbietung ohne den, an den sie - mindestens vordergründig - gerichtet ist. Fest- und Folklorismusforschung hat sich in den vergangenen Jahren hinreichend mit der Analyse von Veranstaltern, Organisatoren und Akteuren [2] befaßt, so daß weitere Analysen methodisch wie inhaltlich kaum neue, überraschende Ergebnisse für diese Problematik erbringen werden.

Ich möchte daher die Aufmerksamkeit auf einen bisher vernachlässigten Aspekt von Festen lenken. In den volkskundlichen und ethnographischen Berichten über Feste findet der Besucher eher zufällige Erwähnung, nimmt eine marginale Rolle ein; er erscheint als Nebensache, Staffage, Kulisse, kurz: für die Dokumentation in wissenschaftlichen Abhandlungen, aber auch in Zeitungen und zeitgeschichtlichen Schilderungen ist der Besucher offensichtlich unwichtig.

Im Verlauf meiner Ausführungen werde ich über Voraussetzung und Begründung einer historisch wie gegenwartsorientierten Besucherforschung sprechen und versuchen, die bisherigen Ansätze und Untersuchungen kurz vorzustellen.

Zunächst gehe ich auf den Besucher als soziale Größe näher ein. Der Festbesucher ist - mit Ausnahme bei kleineren Brauchgruppierungen - anonym und wird erst in der Masse oder Zuschauermenge relevant, und zwar als optische oder auch stimulierende Kulisse, etwa durch Beifall; von Zeit zu Zeit fungiert er als Erfolgsbarometer zur Rechtfertigung der jeweiligen Veranstaltung. Als einzelner ist der Besucher vom Veranstalter her gesehen vollkommen uninteressant: das betrifft sowohl seine Teilnahmemotivation als auch die Befriedigung seiner gesuchten und erhofften Festerwartungen als auch eventuelle Kritik und Änderungsvorschläge.

Für den Forscher, Chronisten oder Tagesberichterstatter spielt der einzelne Festbesucher auf den ersten Blick gesehen ebenfalls nur eine untergeordnete Rolle.

Brauchhandlung, -action und wenn, dann prominente Zuschauer, gleichsam als Requisit, sind wichtiger. Der „gewöhnliche Zuschauer", wie ich ihn in Absetzung einmal nennen will, ist nur insofern von Interesse, als sein geäußertes Gefallen oder Mißfallen zur Bestätigung des dargebotenen Festbrauchs beiträgt. Das klingt nach einer bedeutsamen Aufgabe des Besuchers.

Aber mindestens ebenso - wenn nicht ungleich gewichtiger - ist die öffentliche Berichterstattung durch Massenmedien über Gelingen oder Mißlingen, die aber noch nicht einmal mit der tatsächlichen Publikumsreaktion identisch sein muß.

Ein stabilisierendes Moment ist auch die durch regelmäßige Wiederholung bedingte Verselbständigung eines Festes: die Traditionswerdung, die schließlich dazu führt, daß der Anlaß überhaupt nicht mehr hinterfragt wird.

Diese wenigen Aspekte zeigen sehr drastisch, wie unwichtig der Zuschauer, seine Motivation, Meinung und Werte für den Träger - das sind Veranstalter und Akteure - sind. Und dennoch wird sich keine Vorführung, kein folkloristischer Brauch auf längere Zeit ohne Publikum erhalten können; auch der Verstärker „Berichterstattung in den Medien" steht in der Abhängigkeit, mit Gewicht nur über etwas von sog. „öffentlichem Interesse" berichten zu können.

Doch dazu müssen die Besucher/Zuschauer aber eben einzig eine Bedingung erfüllen: p r ä s e n t   s e i n ! Je massenhafter, desto besser! In dieser marginalen Funktion und Bedeutung, also letztlich als lebende Kulisse, liegt, um wieder in die engere Argumentation zurückzukehren, der eigentliche Grund für ihre geringfügige, fast geringschätzige Beachtung in historischer und ethnologisch-volkskundlicher Dokumentation.

Ein wesentlicher Gesichtspunkt in der Kritik moderner Massenfeste ist häufig die Klage, der Zuschauer habe eigentlich gar keine Möglichkeit zu eigener Aktivität, auch für die darstellenden Brauchträger gehe das Maß der einbringbaren Spontaneität gegen Null.

Rein funktional-mechanistisch betrachtet, reicht die Palette möglicher Mitwirkung der Zuschauer von der aktiven totalen Einbeziehung, d. h. Gesamtpublikum gleich Akteure in kleineren, überschaubaren Brauchsystemen und Abläufen, bis zum akklamierenden, manchmal auch stumm-regungslosen Folklorekonsumenten, der zur menschlichen Staffage degradiert.

Für eine spätere systematische und typologische Untersuchung ist es wichtig, sich die graduelle Abstufung unterschiedlicher Teilnahmemöglichkeit vor Augen zu führen. Grundsätzlich ist zwischen handlungsbestimmt geschlossenen und handlungsbestimmt offenen Brauchabläufen zu unterscheiden als Extrempositionen einer Bandbreite: hiermit ist die Distanz zwischen starr vorgeschriebener, bis ins einzelne geplanter Regie und die für spontane Zusätze offene Aktion eines Handlungsleitfadens gemeint.

Ich möchte noch einige Bemerkungen zum Phänomen der Zuschauermenge machen und zeigen, daß es sich hierbei im sozialwissenschaftlichen Verständnis um eine Gruppe handelt und welcher Art sie ist.

Entlehnt man Kategorien der sozialpsychologischen Gruppenforschung, so müssen bereits etliche Kriterien, die gemeinhin Gruppen definieren, vernachlässigt werden: Zuschauer sind eine ad-hoc-Gruppe, sie haben höchstens zufällig ein gemeinsames Wertsystem, bezogen auf die einzige Gruppenaktivität „zuschauen", sie haben keine Kontinuität, nicht einmal die eines Theaterpublikums auf den Abonnementsplätzen; die Gruppenkonstellation ist heterogen, nach dem Auseinandergehen - also etwa nach einem Festzug - gibt es in den meisten Fällen keine weitere Kommunikation; eine Zuschauermenge hat in der Regel keine Möglichkeit zu eigener Aktivität oder zu gemeinsam aufeinander bezogenem Handeln, wie etwa in religiösen, politischen oder gewerkschaftlichen spontanen Aktionen, die das Gruppenkonstitutivum der Kontinuität - von welcher Dauer auch immer - durchaus erfüllen.

Eine „soziale Gruppe" im herkömmlich verständlichen Sinne ist eine Zuschauermenge also nicht, und doch ist sie eine „soziale Größe", die empirisch erfaßbar sein muß. Aus unserer Wissenschaft allein ist die methodische Aufgabe sicher nicht zu lösen, aber sinnvoll erscheint mir, Ergebnisse und Methoden der Massen- und Sozialpsychologie, der Kommunikationsforschung und einer interdisziplinären Rezeptionsmethodologie einzubeziehen und zu verfolgen.

Ich kehre zurück zu der Forderung nach einer systematischen Besucherforschung. Es stellt sich nun die Frage, warum die Beschäftigung mit dem Besucher von Festen und öffentlichen Bräuchen überhaupt wichtig ist, wenn er eine so zutiefst nebensächliche Rolle spielt? Die Antwort ist meines Erachtens ein Problem der Schauweise und des wissenschaftlichen Ansatzes. Der Besucher ist in der bisherigen ethnologisch-volkskundlichen Rezeption und Dokumentation deswegen so stiefmütterlich behandelt worden, weil Brauchforschung zu sehr herrschaftsgeschichtlich orientiert und zu sehr vom Primat des hervorstechensten Phänomens her bestimmt war [3].

Die Suche nach Sinn und möglichst ungebrochener Kontinuität entrückte den Brauch seines alltäglichen Bezuges. Eine zusätzlich unterlegte Gemeinschaftsideologie - d.h. die Unterstellung „gemeinsinnhaften" Handelns im Gebot der Tradition unter Aufhebung der sozialen Schranken - machte die Berücksichtigung „außen-vor-stehender" Personenkreise auch vom inhaltlichen Anspruch her für eine ethnologische Dokumentation überflüssig.

Betrachtet man hingegen einen Festzug oder eine Brauchdemonstration aus der Perspektive des „Volkes", an das so gern im Zusammenhang mit Bräuchen appelliert wird, also aus der Sicht der Zuschauer, so ergeben sich andere und teilweise neue Aspekte. Hierzu zählen in erster Linie
a) die Motivation des zuschauenden Teilnehmens,
b) die Empfänglichkeit für bestimmte vermittelte Werte.

Ich halte noch einmal ein, um deutlicher zu vergegenwärtigen, welche Schwerpunkte in den großen Entwürfen, Übersichten und Sammlungen der Volkskunde zu „Sitte und Brauch" von ihren Autoren gewählt wurden.

Nimmt man sich diese Arbeiten vom Aufbau und Ansatz her genauer vor und prüft diese Frage, so wird man etwa bei Eduard Hoffmann-Krayers „Feste und Bräuche des Schweizervolkes" [4] stellvertretend für viele andere feststellen können, daß geordnet nach dem üblichen Vorgehen (Kalenderbräuche, Nicht-Kalenderbräuche, Lebenslauf - nur eine Fülle einzelner Bräuche) regional festgemacht - aufgezählt werden.

Natürlich steht das Phänomen sowie die vermeintliche Bedeutung und historische Rückführung des jeweiligen Brauches oder Festes sowie dessen Handlung und Ablauf im Vordergrund der Auflistung, Zuschauer finden nur als „viel Volk" zufällige Erwähnung; selbst die Brauchausübenden, die in die Handlungsabläufe integriert sind, erhalten nicht mehr Beachtung als die übrigen Requisiten.

Erst Autoren, die Brauchforschung im Sinne einer funktional soziologischen Betrachtung betreiben [5], beziehen auch die Trägergruppen von Bräuchen stärker mit ein. Trägergruppen sind im Regelfall aber keine Zuschauer oder Festbesucher, sondern Akteure mit festem Platz im Handlungsablauf. Autoren, die Trägergruppen zwar nicht mit einbeziehen, aber dennoch nach einer bestimmten Systematik streben, ordnen ihre Beobachtungen und Sammelergebnisse in ein bestimmtes Gattungsschema von Bräuchen und Festen, wie es etwa bei allen größeren Gesamtdarstellungen der Fall ist. Obwohl diese schematischen Typologien immer verfeinerter und differenzierter entwickelt wurden - und hier spielten zuerst, betrachtet man diese Entwicklung bis heute, der Funktionalismus, später die strukturell-funktionale Analyse und strukturalistische Methoden auch für die Europäische Ethnologie eine hilfreiche, weiterführende Rolle - fand der Besucher einer Brauchveranstaltung oder eines Festes weiterhin keine nennenswerte Beachtung, es sei denn, er war direkt in den Handlungsablauf integriert, wie ich es oben skizziert habe.

Will man nun aber etwas über diesen Personenkreis erfahren, welche Quellen und Methoden stehen zur Verfügung, historische Besucherforschung zu treiben?

In erster Linie ist man hier auf Auswertungen von Augenzeugenberichten in Erinnerungen, Chroniken, Filmen und von Fotos angewiesen. Ganz gewiß wird der Ertrag nicht dem einer für die Gegenwart systematisch vorbereiteten und durchgeführten Untersuchung entsprechen, zumal es sich ja nur um eine Sekundäranalyse handelt, d.h. um eine Auswertung auf Fragestellungen hin, die in der Primärerhebung nicht im Zentrum des Interesses gestanden haben, also eigentlich um die Analyse der Abfallprodukte anderer Untersuchungen.

Mit diesem Verfahren kann man aber durchaus bei den Darstellungen zu Sitte, Brauch und Fest fündig werden, bei Monographien einzelner Feste sicherlich ergiebiger als bei Überblicken und systematischen Gesamtdarstellungen.

Einhergehend mit der verstärkten Beschäftigung mit dem Festwesen hat sich in der Europäischen Ethnologie in den letzten Jahren auch der wissenschaftliche Blick auf den Zuschauer und Festbesucher intensiviert [6].

Im folgenden möchte ich einen kurzen Blick in die wichtigsten Untersuchungen und auf den Stellenwert der Besucherforschung werfen.

Hierbei sind vor allem Arbeiten über ein bestimmtes Fest zu berücksichtigen, weil Überblicke oder Gesamtschauen spezielle Aspekte notwendigerweise vernachlässigen müssen. Im einzelnen denke ich für meinen jetzigen Gesprächszusammenhang an die Mainzer Fastnachtsstudie - über die Herbert Schwedt ja schon in Braunschweig [7] berichtet hat - die Marburger Hessentagsuntersuchung [8], die Frankfurter Feste [9] sowie an eine französische empirische Studie zu „Fest und Alltagsleben" aus der Mitte der sechziger Jahre [10].

Es geht mir bei meiner kurzen Analyse nicht um die Darstellung einzelner Ergebnisse aus den Arbeiten, sondern um eine vergleichende Analyse der für Besucherforschung relevanten Ansätze sowie deren Stellenwert in der Gesamtanlage der Forschungen: Allen deutschen Studien ist gemeinsam, daß mit einer Kombination mehrerer Methoden unter ausdrücklicher Einbeziehung der geeigneten Verfahren der empirischen Sozialforschung das Ausgangsmaterial erhoben wird. Im Gegensatz zu älteren Arbeiten werden Besucher und Zuschauer wesentlich systematischer in die Untersuchungsanlage integriert, d.h. zufällige Beobachtungen, die nur zur randständigen Erwähnung reichen, treten mehr und mehr zugunsten exakterem, nachprüfbarem Vorgehen in den Hintergrund.

Die vergleichende Betrachtung werde ich unter drei Aspekten durchführen:
a) Stellenwert der Besucheranalyse in der Gesamtstudie,
b) Thematische Schwerpunkte der Befragung/bzw. Beobachtung,
c) An welchen Komplexen wird 'Besuchermotivation' festgemacht?

Zunächst gehe ich kurz auf die eben erwähnte französische Studie von Agnès Villadary ein, weil diese Arbeit - obwohl schon 1968 publiziert - in die deutsche sozialwissenschaftliche Arbeit zum Festwesen nicht relevant eingegangen ist - das gilt auch für unsere Marburger Arbeiten. Die Autorin legt unter dem Titel „Fête et vie quotidienne" die Ergebnisse einer Befragung bei 100 Jugendlichen aus dem Großraum Paris vor, in der Einstellungen, Erwartungen und Verhaltensweisen bei National-, Volks-, Familien- und Privatfesten - vor allem unter dem Aspekt einer möglichen Gegenwelt zum alltäglichen Leben, der „Vie Quotidienne" - untersucht werden. Die Einbeziehung des französischen Festwesens der Gegenwart, teils konkret etwa der „Quatorze Juillet", teils typologisch „Les Kermesses, les Fetês Locales", sprengt etwas mein Vorhaben, nur Studien über einzelne Feste oder Festgruppen zu berücksichtigen, aber die ausschließlich empirische Erfassung der Thematik sowie die weitgehende Unbekanntheit der Arbeit veranlassen mich, sie einzubeziehen.

Weiterhin befasse ich mich mit der jeweiligen empirischen Anlage und dem Anspruch der Gültigkeit der Ergebnisse im Hinblick auf das Maß an Repräsentativität. Das Fazit vorweggenommen: die bisherigen Studien lassen noch keine über die regionale Gebundenheit hinausgehenden allgemeinen Aussagen großräumigerer Gültigkeit zu - etwa für das Gebiet der Bundesrepublik o. ä.

Das am besten gesicherte Material liegt m. E. aus Mainz vor, weil als Ausgangs- und Hintergrundbasis eine für Mainz repräsentative Befragung zugrundegelegt werden konnte.

Die Zuschauerbefragung zum Hessentag 1972 in Marburg brachte die methodische Schwierigkeit aufgrund der inhaltlichen Prämisse Befragungssituation zeitgleich mit Erlebenssituation bei einem Festzug. Dementsprechend zufällig und mit Vorsicht zu bewerten war die Auswahl der 100 Zuschauer.

Die Frankfurter führten eine schriftliche Befragung durch und hatten eine recht niedrige Rücklaufquote. Einschränkendes Kriterium der französischen Arbeit ist die Zielgruppe: ausschließlich Jugendliche in einer bestimmten Altersgruppe, ausgewählt nach unterschiedlicher Schul- bzw. Ausbildungssituation.

Stellenwert der Besucheranalyse in den einzelnen Studien

Abgesehen von der französischen Studie, die etwa zur einen Hälfte eine theoretische Herleitung zum Fest gibt und zur anderen Hälfte über die Anlage und die Ergebnisse der Befragung berichtet, ist für die drei deutschen Studien festzustellen, daß der Festbesucher und Zuschauer auch hier im Verhältnis zur Gesamtanlage und dem Themenspektrum nur als ein Aspekt betrachtet und gewichtet wird.

Aber dieser Aspekt ist wesentlich bewußter, methodischer und systematischer bearbeitet als in den oben angeführten älteren Studien - wobei zugegebenermaßen erst das inzwischen gängige Instrumentarium der empirischen Sozialforschung diese Entwicklung hilfreich vorantrieb und eher ermöglichte.

Historische Entwicklung der Feste und ihrer Elemente, regionale Prägungsfaktoren, politische Implikationen und kulturelle Muster stehen neben der Erforschung der Festrezeption bei den Besuchern als Untersuchungsbereiche von Festen im Mittelpunkt der zu vergleichenden Arbeiten. Die Erarbeitung des historischen und phänomenologisch-sozialen Sachverhalts der einzelnen Feste steht notgedrungen mangels einschlägiger Vorstudien im Zentrum. Entsprechend der den Beobachter geradezu erdrückenden Erscheinungsformen der beiden Massenfeste „Mainzer Fastnacht" und „Hessentag" mußte in einem ersten Schritt die Durchdringung und Erhellung so vielschichtiger ökonomischer, historischer, politischer und sozialer

Verflechtungen und Strukturen mit eindeutiger Priorität vorgenommen werden, um spätere differenziertere Einzelprobleme, wie z. B. Besuchermotivation, überhaupt einordnen zu können. Eine weitere wichtige Aufgabe war die Analyse der aktiven Teilnehmer, etwa Trachten- und Musikgruppen in ihrem Selbstverständnis.

Thematische Schwerpunkte der Befragungen

Zentraler Fragebereich in allen Fragebögen ist der Festbesuch, seine Häufigkeit und die Teilnahme an den Einzelveranstaltungen.
In der Mainzer und Frankfurter Untersuchung wird die Integrationsfunktion der Feste mit mehreren Fragekomplexen eingekreist, wobei im Frankfurter Beispiel noch Festkommunikation expliziter mit einbezogen wird.
Die Hessentagsbefragung zentriert - wegen der kurzen Zeitspanne für die Interviews während des Festzuges - ausschließlich um den Motivations- und Einstellungsbereich, während in der französischen Erhebung am umfassendsten das F e s t empirisch operationalisiert wurde: Festselbstverständnis („was ist Fest für Dich?"), konkretes Verhalten, Erwartungen, Wünsche, Alternativen, Fest und Alltagsleben, Fest und Freizeit. Auf ihre Art ist die Mainzer Fastnachtsuntersuchung durch die repräsentative Einbettung auch ähnlich umfassend thematisch angelegt, sie gewinnt besonders durch die dem Befragten bewußtgemachte Einbeziehung des sozialen Umfeldes Mainz in die Befragungssituation.

An welchen Komplexen wird die Besuchermotivation festgemacht?

Aufschlüsse über die Motivation, ein Fest zu besuchen, einen Festzug anzuschauen oder an anderen Brauchdemonstrationen teilzunehmen, lassen sich mit dem Instrument der Befragung im wesentlichen über Meinungen, Einstellungen, Zufriedenheits- und Wunschvorstellungen in Gegenübersetzung zum tatsächlichen Verhalten wie Wahlgewohnheiten, Festbesuchsfrequenz u. ä. m. erforschen.
Gemessen an diesen Kriterien überwiegen in allen Untersuchungen Fragen nach den tatsächlichen Handlungen gegenüber den qualitativen Einschätzungen; dies ist auch ein deutliches Anzeichen für die Schwierigkeit, Mentalitäts- und Motivationsphänomene empirisch in den Griff zu bekommen.
Vergleicht man die Fragebögen der vier Studien, so nähern sich die kürzeren (Marburg/Frankfurt) wesentlich direkter den Einstellungen und Werthaltungen: etwa die Einschätzung des Kontaktklimas und der Integrationsmöglichkeit von Festen, die subjektive Bewertung von Historischem, von Musik, von Trachten. Dieser unvermittelte Zugang beeinflußt natürlich auch die Intensität und Abgewogenheit der Antworten, ermöglicht aber durch die Spontaneität wichtige Er-

kenntnisse. In den komplexeren Fragebögen (Mainz/frz. Untersuchung) geraten solche Fragen durch die mit viel Sachinformation durchsetzte längere Hinführung eher zu einer geringeren Bedeutung im Bewußtsein der Probanden.

In der französischen Befragung ist durch die Vernachlässigung des sozialen Umfeldes in der Fragebogenkonstruktion deutlich mehr Raum für die Ermittlung von Festhaltungen. Der allgemeinere Festbezug, d.h. nicht auf ein bestimmtes Fest beschränkt, vom aktuellen Anlaß gelöst, erlaubt eine verallgemeinernde Befragung, die den befragten Jugendlichen eher zur spontanen Beurteilung seines Verhaltens bei Festen veranlaßt.

Ich habe bewußt in meiner kurzen Synopse der vier Untersuchungen, in denen Besucher von Festen erstmals systematisch mitberücksichtigt worden sind, keine Untersuchungsergebnisse eingebracht, weil mein Hauptanliegen hierbei war, Anlage und Stellenwert von Besucherforschung zu verdeutlichen.

Der Schlüssel zur Motivationsstruktur von Festbesuchern liegt m.E. in dem Zusammenspiel von tatsächlichem Verhalten und dem dahinterliegenden Wert-Norm-System, welches durch Erhellung, Befragung und Hinterfragung von Meinungen, Haltungen, Einstellungen, Wunsch-, Satisfaktions- und Bedürfnisvorstellungen empirisch zu erfassen wäre. Dieses ist mit den bekannten sozialwissenschaftlichen Verfahren durchaus zu leisten - wenn auch in einem zur Operationalisierung interdisziplinären Ansatz und mit einer sehr weit ausgelegten Kombination von verschiedenen Methoden. Unproblematisch ist die Erhebung des tatsächlichen Festverhaltens, einzig müßten hier Gültigkeit und Reichweite der empirischen Anlage deutlich ausgeweitet werden.

Bedeutend schwieriger - wenn überhaupt empirisch lösbar - ist aber die Erfassung der tief im subjektiv Unbewußten eingelagerten „Grundhaltungen", jene Haltungen oder Wert-Norm-Systeme, die über die Richtschnurfunktion für unmittelbares, konkretes Handeln hinausgehen.

Ich meine hiermit den Mentalitätsbereich, durch den Affinitäten gesteuert werden, die auf den ersten Blick weder subjektiv emotional und schon gar nicht rational-konkret empirisch erfaßbar sind. Als Hilfsverfahren setzt dann oft wissenschaftliche Spekulation ein, die durch Überbetonung eines direkt greifbaren Faktors - etwa der Festveranstalter und dessen politische und ökonomische Implikationen - Interpretationsversuche zur Erklärung auch der übrigen Faktoren, welche Verhalten der Festbesucher bestimmen, bereithält.

Ich habe mit meinen Ausführungen versucht aufzuzeigen, daß der Besucher von Festen, daß Zuschauermengen durchaus wissenschaftlich relevante Größen sind, deren weitere Untersuchung und Bearbeitung nötig und sinnvoll erscheint. Dies gilt sowohl für die historische Besucherforschung, die ihre Quellen sehr mühsam zusammensuchen und aus für andere Zwecke zusammengestelltem Material gleichsam herausfiltern muß.

Dies gilt auch und erst recht für gegenwärtige Besucheranalysen im Rahmen von Brauch- und Festforschung, deren methodischer Vorteil in der Verfügbarkeit eines entwickelten Instrumentariums der empirischen Sozialforschung - die nicht Hilfsmittel einer einzigen Wissenschaft ist - liegt.

Ich habe aufgezeigt, daß der mit größerer Gültigkeit versehene empirische Nachweis von Motivationsstrukturen vorerst noch nicht erreichbar erscheint. Dennoch lassen sich für kleinere Einheiten gleichsam in einem Näherungsverfahren hierzu Aufschlüsse erarbeiten. Näherungsverfahren und kleinere Einheiten verstehe ich im inhaltlichen Sinne, d.h. auf dem Wege zur Motivation, formal-methodisch sollten Untersuchungsgrößen mit repräsentativem Anspruch angestrebt werden.

Abschließend liegt mir daran zu sagen, daß ich nicht den Festbesucher als einzig wichtige Größe bei der Festanalyse hochstilisieren möchte, er sollte nur in Zukunft mit der gleichen Gewichtigkeit versehen werden wie andere Festelemente auch.

---

1 Wenn ich im Verlauf meiner Ausführungen die Begriffe Besucher und Zuschauer verwende, so sehe ich für meinen Zusammenhang keinen inhaltlichen Unterschied. Die mögliche qualitative Differenzierung: Zuschauer seien nur passiv, Besucher potentiell auch aktiv, sehe ich im Bereich des von mir behandelten öffentlichen Festwesens nicht als bedeutsam an. Brauch und Fest möchte ich als typologische Begriffe eben dieses öffentlichen Festwesens verstanden wissen, wobei Brauch auf der Stufe seiner „Veranstaltungsform" - im Friedrich Sieberschen Sinne - von mir gesehen wird.

2 Vgl. hierzu die einschlägigen Arbeiten von Brückner (1965), Bausinger (1966), Köstlin (1970), Bimmer (Hg.) (1973) u.a.; alle in der Folge von Hans Mosers initiierenden Aufsätzen „Vom Folklorismus in unserer Zeit". In: ZsfVk 58 (1962), S. 177-209, und „Der Folklorismus als Forschungsproblem der Volkskunde". In: Hess.Bll. f. Vkde 55 (1964), S. 9-58.

3 Herrschaftsgeschichtlich orientierte Herangehensweise ist durch pauschale Zuschreibung sicher schwer im Einzelfall zu belegen, etwa durch Nennung einzelner Autoren oder Monographien. Aussagekräftig hierfür scheint mir eher das unterlegte Brauchkonzept zu sein. Hierzu zähle ich z.B. Ansätze, die Bräuche letztlich bestimmt sehen durch die vom Menschen nicht beeinflußbaren Sphären der Sitte, der Kulte und Mythen. Aber auch bewußt nicht historisch/sozial argumentierende Theoreme, mit denen anthropologische Konstanten nachgewiesen werden sollen, begünstigen durch ihre immanente Statik herrschaftsgeschichtliche Orientierungen.

4 Vgl. nur als Beispiel: Eduard Hoffmann-Krayer: Feste und Bräuche des Schweizer Volkes. Neu bearb. v. P. Geiger, Zürich 1940.

5 Wie es etwa Ingeborg Weber-Kellermann im Vorwort zur Brauchbibliographie theoretisch formulierte. In: Brauch und seine Rolle im Verhaltenscode sozialer Gruppen. Eine Bibliographie deutschsprachiger Titel zwischen 1945-1970 (= Marburger Studien zur vergleichenden Ethnosoziologie 1), Marburg 1973, 213 S.; hier: Vorwort S. I-V.

6 Vgl. auch in diesem Zusammenhang: Andreas C. Bimmer: Folklorismen und ihre empirische Erfassung. Überlegungen am Beispiel von Festzugszuschauern. In: Folklór Társadalom Müvészet 4-5. Kecskemet 1978, S. 89-95.
7 Analyse eines Stadtfestes. Die Mainzer Fastnacht. Herausgegeben von der volkskundlichen Forschungsgruppe „Mainzer Fastnacht" unter Leitung von Herbert Schwedt. Wiesbaden 1977.
Vgl. auch: Herbert Schwedt: Stadtfest und Stadtstruktur. In: G. Wiegelmann (Hg.): Gemeinde im Wandel. Volkskundliche Gemeindestudien in Europa. Beiträge des 21. Deutschen Volkskundekongresses in Braunschweig (5.-9. September 1977). Münster 1979, S. 167-172.
8 Hessentag: ein Fest der Hessen? Anspruch und Wirklichkeit eines organisierten Volksfestes. Hg. Andreas C. Bimmer (= Marburger Studien zur Vergleichenden Ethnosoziologie 2). Marburg 1973.
9 Frankfurter Feste. Von wem? Für wen? Hg. Institut für Kulturanthropologie und Europäische Ethnologie der Johann Wolfgang Goethe Universität Frankfurt. Frankfurt am Main, 1979 (= Notizen Nr. 8).
Die Ergebnisse der Münchner Festforschung werden in meinen Ausführungen nicht behandelt, da Bestandsaufnahme und Dokumentation sowie museale Präsentation den Untersuchungsansatz ausmachten und nicht die empirische Erfassung der Festbesucher. Vgl. Ausstellungsbegleitheft 'So feiern die Bayern', Bilder und Texte zum öffentlichen Festwesen der Gegenwart. München 1978.
10 Agnés Villadary: Fête et vie quotidienne. (Collection „L'Evolution de la vie sociale") Paris 1968.

Sigrid Hierschbiel, Joachim Gesinn, Ursula Stiehler,
stellvertretend für alle am Projekt beteiligten Kommilitonen

FRANKFURTER FESTE, VON WEM - FÜR WEN?
Ein Kurzbericht über das dreijährige Frankfurter Festeprojekt

Gesamtablauf des Projektes

Drei Vorbereitungsveranstaltungen des Projekts „Frankfurter Stadtteilfeste" beschäftigten sich mit der Analyse von Stadtteilzeitungen und Lokalteilen großer Frankfurter Zeitungen unter der Fragestellung, inwieweit lokale Medien als Spiegel kommunaler und familiärer Feste fungieren können, bis dann im Wintersemester 1976/77 die Projektarbeit zur Untersuchung von Festen - exemplarisch an der Bornheimer Kerb als einem Frankfurter Stadtteilfest - von zwei Lehrenden und etwa 20 Studenten aufgenommen wurde.

Nach der zu Anfang aufgestellten Hypothese: Feste haben eine integrative Wirkung auf das Sozialgefüge eines Stadtteils, sollten die Indikatoren herausgefunden werden, anhand derer sich integrative Wirkung nachweisen läßt. Deshalb wurde das komplexe Geschehen „Fest" für die Untersuchung mit verschiedenen wissenschaftlichen Methoden in drei Hauptkomponenten gegliedert:
1. die historische Entwicklung,
2. den visuell erfaßbaren Bereich, der sowohl statische Bestandteile - gemeint ist z. B. 'Dekoration' - als auch beobachtbare Verhaltensabläufe umfaßt,
3. die Einstellung der Rezipienten zum Fest - gemeint sind damit auch die nicht mittelbaren Festteilnehmer.

Selbstverständlich kann man diese Komponenten nicht mit nur einer Verfahrensweise erfassen. Deshalb entschieden wir uns im Hinblick auf den Untersuchungsgegenstand „Fest" für drei Grundmethoden: Beobachtung, Befragung, Dokumentenanalyse. Modifiziert ergab das die Bildung von sechs spezifischen Arbeitsgruppen, die jeweils die Beobachtung, Befragung, Vereinsbeobachtung, historische Analyse, Auswertung von Zeitungsartikeln und zusätzlich die Fotografie als ihren verantwortlichen Arbeitsbereich wählten und ihre Erfahrungen in regelmäßigen Plenumssitzungen austauschten und reflektierten. Es dauerte geraume Zeit, bis die einzelnen Gruppen mit ihrer Arbeit soweit vertraut waren, daß aufgrund von Einzelergebnissen die Frage nach dem Stellenwert des Projekts problematisiert werden konnte, die bis heute noch aktuell ist. Die Diskussion darüber, welche Einzelergebnisse aussagekräftig genug für eine besondere Themenstellung und geeignet für eine Veröffentlichung sind, führte zur Bildung neuer Kleingruppen, die bis zur redaktionellen Endphase eine äußerst intensive Zusammenarbeit bewahrten. Wichtigste Erkenntnis dabei war, wie die auf den ersten Blick zusammenhanglosen Einzelergebnisse unter einer übergreifenden Fragestellung an Aussagekraft gewannen.

Doch vor allem die ständige Zusammenarbeit während der Erhebung im Feld, das gemeinsame Durchstehen von unerwarteten Konflikten, gemeinsames Erleben von Freude führte zu einem starken Gruppenzusammenhalt - aber auch zur verstärkten Auseinandersetzung mit Problemen, die weit über die universitären Inhalte hinausgingen. Das ständige Hin und Her - zum einen die theorievermittelnden Seminarveranstaltungen, zum anderen die Praxis der Feldforschung, die uns in Bornheim bis in die versteckten Hinterhöfe führte, wo uns abseits der Kulisse des „Lustigen Dorfes" auch soziales Elend begegnete - das alles zwang uns zur Stellungnahme, die über ein Empfinden von „dilemma in fieldwork" hinausging.

Das Durchhalten bis zum Abschluß des Projekts erforderte ein starkes persönliches Engagement jedes einzelnen aus der inzwischen auf 12 Mann und Frau geschrumpften Gruppe, die dann im Februar 1979 mit dem achten Notizenband des Instituts ihre Ergebnisse vorstellte.

Die Verfahrensweisen, benutzt in sich ergänzender Anwendung gerade bei der Untersuchung des Bornheimer Vereins, der Bornheimer Kerwegesellschaft e. V. - im folgenden immer BKG genannt -, sollen nun kurz dargestellt werden: Für die Beobachtung wurden gemäß der genannten Fragestellung „Integration der Festteilnehmer und ihre Identifikation mit Frankfurt oder dem jeweiligen Stadtteil" schon in der ersten Phase die Kategorien Kontrolle-Entlastung-Solidarität aufgestellt. Um mit diesen Kategorien arbeiten zu können, wurden sie konkretisiert.

Als Beispiel sei die Kategorie „Solidarität" genannt, deren Ausdruck in der Stärkung des regionalen „Wir-Gefühls" durch gemeinsam gefeierte Feste liegt. Die Konkretisierung mußte für ein weiteres Vorgehen operationalisiert werden, da Wir-Gefühl nicht so beobachtbar ist: für die „Identifikation mit einem Stadtteil" (Solidarität/Wir-Gefühl) können aber z.B. Festdekorationen an einem Haus ein Indiz sein. In entsprechenden Verfahren entstanden Fragebogen, Interviewleitfaden und Leitfaden für die Fotografie.

Durch die guten Vorinformationen, d.h. Kontakt zu den veranstaltenden Vereinen, frühzeitige Kenntnis der Programmfolgen etc. konnte für alle Festbestandteile bereits im voraus eine Art 'Einsatzplan' festgelegt werden: wir waren immer 'am Ball'.

Die einzelnen Festbestandteile wurden mit Hilfe von schematisierten Gedächtnisprotokollen der Beobachtungssituation noch zusätzlich für die Auswertung festgehalten. Hinzu kamen noch die „am Rande - subjektiven" Eindrücke.

Die schriftliche Befragung erbrachte zu unserer Enttäuschung keinen größeren als den sonst bei ähnlichen Aktionen üblichen Rücklauf: von 1.200 verschickten Fragebögen kamen nur knapp 200, also ca. 16 %, zurück, so daß die Auswertung der Befragungsaktion lediglich Trends und Tendenzen erkennen ließ. Sie konnten jedoch zur Ergänzung und Überprüfung der Ergebnisse der anderen Verfahrensweisen herangezogen werden.

„Die Turnerfeste, die Schützenfeste - das waren noch Volksfeste", so die Antwort eines Befragten. Sie war nicht die einzige dieser Art. Nepp und Hektik stören zwar, aber im Prinzip ist man zufrieden. Was hält der Frankfurter von seinen Festen? Im Grunde nicht mehr sehr viel; zumindest sind sie nichts Besonderes mehr, keine echte Alternative zum Alltag. Aber hingehen tut man allemal!

Die „Bernemer Kerb"
Von der dörflichen Kirchweih zum heutigen Stadtteilfest

Im folgenden möchten wir die historische Entwicklung von Bornheim und seinem Stadtteilfest, der Bornheimer Kerb, die uns als Fallbeispiel innerhalb unserer Untersuchung diente, etwas näher beschreiben.

Bornheim ist ein als das „Lustige Dorf" sehr bekannter Stadtteil im Nordosten Frankfurts, dessen erste urkundliche Erwähnung aus dem Jahre 1063 datiert. Bornheim entwickelte sich im Laufe des 19. Jahrhunderts zum bevölkerungsreichsten Frankfurter Dorf und gewann zunehmend den Charakter einer vorstädtischen Gemeinde. Am 1. Januar 1877 wird nach jahrelangen zähen Verhandlungen die Eingemeindung Bornheims nach Frankfurt rechtskräftig. Mit diesem Datum endet die eigenständige Geschichte Bornheims und wird zur Geschichte eines Frankfurter Stadtteils. Dieser historische Wendepunkt in der Ortsgeschichte wurde 1977 mit einem großen Jubiläumsfest gewürdigt, das in unsere Untersuchung miteinbezogen wurde, aber hier in diesem Zusammenhang nicht ausführlich behandelt werden kann.

Für die Entstehungsgeschichte der Bornheimer Kerb, an deren Beispiel wir die integrative Potenz von Stadtteilfesten untersuchten, ist man vorwiegend auf Spekulationen angewiesen. Zwar dürfte im beginnenden Spätmittelalter Bornheim schon sein Gotteshaus besessen haben - urkundlich erwähnt ist die Bornheimer Kerb jedoch erst im Jahre 1608, obwohl der eine oder andere Lokalpatriot sie schon mal gerne um 1000 Jahre älter macht.

Einer „klassischen" mehrtägigen Kirchweih gingen umfangreiche Vorbereitungen voraus: es wurde renoviert, geschlachtet, gebacken. Das Gesinde - und manchmal auch die Kinder - erhielt neue Kleider; Gäste - vor allem die gesamte Verwandtschaft - wurden eingeladen. Die Burschenschaft, die die Kirchweih eines Ortes organisierte und für ihren ordnungsgemäßen Verlauf verantwortlich war, sammelte schon Tage vorher Naturalien und Geld, versteigerte oder verloste die Mädchen des Dorfes: die so bestimmten Paare gehörten für die Dauer der Kirchweih zusammen. Die Burschen richteten auch den Kirchweihplatz her und holten heimlich den Kirchweihbaum ein, der geschmückt und auf dem Festplatz aufgerichtet wurde. Kirchweihplatz war meist der zentrale Dorfplatz.

Die Kirchweihbelustigungen bestanden aus den Angeboten der Jahrmarktsverkäufer und Schausteller und aus zahlreichen Wettspielen. Zu den Wettspielen gehörte auch das „Hahnenschlagen" der Dorfjugend, bei dem ein Hahn rituell getötet und oft auch gemeinsam verzehrt wurde.

Das Aufstellen des Kerwebaumes am ersten Kerwetag, der „Gikkelschmiß" (so heißt das „Hahnenschlagen" in Bornheim) und das Verbrennen der Kerwelisbeth am letzten Kerwetag, dem „Bernemer Mittwoch", sind noch heute Festbestandteile der Bornheimer Kerb, die die Bezeichnung „Kirchweih" - auf frankfurterisch Kerb - für das Volksfest dieses Frankfurter Stadtteils vordergründig rechtfertigen.

Wenn es heißt: Die Bernemer Kerb als Heimat- oder Volksfest des „Lustigen Dorfes" mit ihrer jahrhundertelangen Tradition, dann werden hier - wie in der Presse, der Werbung und bei den obligatorischen Eröffnungsreden der Politiker - emotional aufgeladene Versatzstücke benutzt, die durch Assoziation von „Heimeligkeit" und „Familiarität" ein Gefühl von Geborgenheit im Altvertrauten hervorrufen sollen. Die „traditionellen" Festelemente werden geschönt und als 'lebende Bilder' ins Jetzt verpflanzt: so der Gickelschmiß, die Verbrennung der Kerwelisbeth und insbesondere innerhalb des Kerwezuges Ortsdiener und Kerwebürgermeister (das waren früher die offiziellen Repräsentanten der Obrigkeit - heute verharmlost als skurriles Original und als leutselig-biedermeierlicher Hausvater). Das Kerwepaar in Nachfolge des früheren ersten Tanzpaares und die Schnittergruppe als Genrebild ländlicher Idylle - sie alle werden im wesentlichen unverändert durchgeführt und dienen alljährlich dazu, Bornheims Image als „Lustiges Dorf" neu aufzupolieren.

Für die Stadt Frankfurt hat Bornheim Alibi-Funktion. Das „Lustige Dorf" ist ein Trumpf, der ausgespielt wird gegen die negativen Image-Faktoren der Stadt: höchste Verbrechensquote der BRD und immer höher wachsende Betonriesen der Frankfurter City, die immer häufiger ins Kreuzfeuer der öffentlichen Kritik geraten.

Bornheim - das „Lustige Dorf" - scheinbarer Beweis für die Möglichkeit menschlichen Lebens im „Chicago am Main". Die Stadt revanchiert sich für diesen Imageprofit mit finanziellen Zuschüssen für Vereinsaktivitäten. Die in der BKG und ihren Aktivitäten nun verkörperte Tradition wird benutzt, um den Festbesucher von den alltäglichen Lebensbedingungen und auch von den Verhältnissen auf diesem Fest abzulenken. Durch die „Verwaltung" des Festes, Vergabe der Stadtplätze für die Buden und Fahrgelegenheiten durch eine kommunale Behörde, Durchführung des Festes durch einen Verein (im Gegensatz zum jährlichen Wechsel der ehemals das Fest organisierenden Burschenschaft), ist aus dem Verhältnis von Gast und Gastgeber das Verhältnis von Verkäufer und Konsument geworden. In der anonymen Besuchermasse findet Kommunikation fast ausschließlich über das Medium Ware statt. Wer das „festliche" Konsumangebot der Industriekultur nicht wahrnimmt, wird automatisch zum Zuschauer - und Zuschauen ist fast das einzige Vergnügen auf diesem Fest, das umsonst zu haben ist.

Dennoch sehen sich die Mitglieder der BKG als eigentliche Nachfolger in der Gastgeberrolle - die Plakate des Vereins laden im Großraum Frankfurt zum Besuch der Kerb ein, die Mitglieder geben sich auf dem Kerweplatz durch ihre Phantasietracht als „Pseudo-Platzburschen" mit ihren „Mädchen" zu erkennen. Sowohl im Stadtteil als auch auf dem Festplatz aber bleiben die BKG und ihre Aktivitäten während der Kerwetage Randerscheinungen des „vorfabrizierten Konsumschauspiels".

Heimatverlust als Resultat zunehmender Zerstörung menschlicher Lebens- und Erfahrungsräume und der meist anonymen Wohn- und Arbeitsverhältnisse ruft das Bedürfnis nach Bestätigung und Zugehörigkeit in einer vertrauten Gemeinschaft hervor. Dies drückt sich auch in einer Sehnsucht nach Festen aus, bei denen gemeinsames Erleben einer festlichen Situation - also ein Transzendieren des Alltags als auch der persönlichen Schranken - möglich ist. Kann ein derartiges Fest heute überhaupt die Isolation des einzelnen in seinen alltäglichen Lebensverhältnissen und -zwängen aufbrechen, oder ist es immer nur eine Reaktion des Alltags, die über die Richtwerte desselben nicht hinauskommt?

Inwieweit kann Bornheims Stadtteilfest integrativ wirken?

Im historischen Rückblick auf die frühere soziale Situation Bornheims - also auf den gemeinsamen, bäuerlichen Lebensvollzug der Dorfbewohner - lassen sich Parallelen zu Redfield's Definition der idealen Folk-Gesellschaft ziehen:

> Die Folk-Gesellschaft ist eine kleine isolierte Gemeinschaft mit starkem Zusammengehörigkeitsgefühl und intimer Kommunikation.
>
> (Redfield 1966, S. 332)

Vom Sinngehalt des Festtypus' Kirchweih ausgehend ging es in unserem Projekt aber gerade um die heutige Wirkung dieses Festes in seinem Stadtteil. Wir stellten die bereits erwähnte Hypothese auf, daß öffentliche Feste durch ihre integrative Funktion eine stabilisierende Wirkung auf das jeweilige Sozialgefüge haben. Der Prozeß der Integration stellt sich aus der Sicht des Individuums als Prozeß der Identitätsfindung dar, wie es auch Agnes Viest in ihrer 1977 erschienenen Studie „Identität und Integration" formuliert:

> Identität entsteht im sozialen Raum und weist dem Individuum
> einen festen Platz in einem Sozialsystem zu. Identität ist nicht
> zu verstehen als bloßer Reaktionsapparat des einzelnen auf die
> einmal erlernten und enkulturierten vorgegebenen Inhalte, viel-
> mehr muß der einzelne in der Auseinandersetzung mit der Um-
> welt eine Synthese von Ich und Gesellschaft finden.
>
> (Viest 1977, S. 11)

Aber gerade in der Bildung dieser Synthese liegt die Schwierigkeit, die Ina-Maria Greverus veranlaßt hat, die Überschrift „Identität als Problem" für einen Abschnitt ihres Buches „Kultur und Alltagswelt" zu wählen:

> (es) müssen in unserer komplexen Gesellschaft mit ihrer Viel-
> zahl von Identifikationsangeboten für den einzelnen Orientie-
> rungsschwierigkeiten entstehen, die in einer verhältnismäßig
> festgefügten Alltagswelt „überlieferter Ordnung" nicht auftreten
> konnten.
>
> (Greverus 1978, S. 227)

Dem einzelnen ist aufgrund der pluralistischen Gesellschaftsstruktur die Möglichkeit gegeben, Identität entsprechend seiner Persönlichkeitsstruktur in den verschiedenen gesellschaftlichen Subsystemen zu suchen und zu verwirklichen.

Ob der Prozeß der Identitätsfindung zu einem für das Individuum befriedigenden Ergebnis führt, ist einerseits abhängig von den Identifikationsangeboten, die die Gesellschaft zuläßt, andererseits davon, inwieweit die durchlaufene Sozialisation den einzelnen mit einer „weltoffenen" Integrationsfähigkeit ausgestattet hat.

In der heutigen pluralistischen Gesellschaftsordnung der modernen kapitalistischen Industriestaaten ist die gesellschaftlich konstruierte Wirklichkeit von einem Nebeneinander der verschiedensten Weltbilder geprägt.

Bornheims Bevölkerung setzt sich aus sehr unterschiedlichen Gruppen zusammen - die Mehrheit bilden heute nicht mehr die alteingesessenen Bornheimer in einer ausgewogenen Altersstruktur, sondern Gastarbeiter, Studenten und die Rentner. Derartige Bevölkerungskonstellationen sind in Stadtteilen moderner Industriestädte keine Seltenheit. Hier treffen im alltäglichen Zusammenleben verschiedene Kulturmuster aufeinander. Gerade in solchen Stadtteilen sollten Feste eine integrative Funktion erfüllen.

Die Realität der Bornheimer Kerb als Stadtteilfest zeigt, daß die BKG mit ihren 76 Mitgliedern die identitätgebende Integration für die knapp 28.000 Einwohner Bornheims nicht leisten kann. Sie sieht ihren satzungsmäßigen Zweck in der Erhaltung und jährlichen Durchführung der Kerb mit ihren traditionellen Festelementen. Durch die Vorführung erstarrter Rituale der Kirchweih kann die potentielle Spontaneität der Festteilnehmer zu Mit- und Umgestaltung der Kerb wohl kaum provoziert werden. So sind alle dem „vorfabrizierten

Konsumschauspiel" - dem die BKG die folkloristische Kulisse liefert - mehr oder weniger ausgeliefert.

Die jährlich stattfindende Bornheimer Kerb als Stadtteilfest könnte Interaktionsraum für Stadtteil-Integration bieten, wenn die BKG nicht nach dem Motto „Nostalgie ist modern" den Blick nach rückwärts richten, sondern - an der heutigen Situation des Stadtteils orientiert - das Fest verändern würde, um damit mehr Leuten reales Festerleben zu ermöglichen.

Unsere Untersuchungen über die Bornheimer Kerb ergaben, daß den größten Spaß an der Kerb ihre „Macher" haben. Die einzelnen Mitglieder der BKG ziehen ihre persönliche Identität zum einen aus der Imitation von Vergangenem, zum anderen aus der Abgrenzung gegen die der eigenen Identität widersprechenden Gruppen, in Bornheim sind das, wie bereits erwähnt, die Gastarbeiter und Studenten.

Der Ausgleich zwischen verschiedenen identitätgebenden Gruppen kann nur durch kulturellen Pluralismus geleistet werden, der sich nicht in einem isolierten Nebeneinander erschöpft, sondern in tolerantem Miteinander der Integration aller dieser Gruppen dient. Voraussetzung für diesen kulturellen Pluralismus, dessen Möglichkeiten sich im festlichen wie im alltäglichen Bereich verwirklichen sollten, ist die Fähigkeit der einzelnen Gruppen, ihre Gruppenidentität im selbstkritischen Blick auf andere zu relativieren und nötigenfalls die eigene Position zu verändern.

Helge Gerndt

MÜNCHENER UNTERSUCHUNGEN ZUM FESTWESEN

Das Münchener Forschungsprojekt „Bayerische Gemeindefeste" wurde 1976 begonnen und 1978 mit einer öffentlichen Ausstellung in München, die ab diesem Jahr durch verschiedene bayerische Städte wandert, in seiner ersten Stufe abgeschlossen. Das Projekt ist durch die Einbindung in den Studienbetrieb entscheidend charakterisiert; d.h. es hat einen wechselnden Mitarbeiterstab und ist in seiner Vorgehensweise von didaktischen Erwägungen geprägt. Ich spreche hier im Namen einer Arbeitsgruppe, die anfangs aus etwa 15 und zeitweise - wenn man seminarmäßige Materialauswertungen einbezieht - aus über 30 Personen bestand. An der Festausstellung haben in der Endphase 12, an den Kieler Info-Fenstern ebenfalls 12, doch teilweise andere, Studenten mitgearbeitet; 7 Studierende beschäftigen sich derzeit mit weiterführenden Arbeiten.

Unser Vorhaben hat also eine doppelte Aufgabe: erstens zu einer angemessenen Volkskundeausbildung beizutragen und zweitens Einsichten in das Festwesen bayerischer Gemeinden zu erarbeiten. Im Rahmen des Kieler Kongresses interessieren nicht die didaktisch-pädagogischen Zielsetzungen und Ergebnisse, sondern allein das Forschungsprogramm. Dieser Kurzbericht soll Ansätze, Prinzipien, erste Ergebnisse und die weitere Projektierung unserer Festanalysen erläutern.

Zunächst ein paar Worte zum Problemansatz. Wir halten einen erfahrungsgesättigten - und das heißt notwendig gegenwartsbezogenen - Ausgangspunkt für sehr entscheidend. Er ermöglicht und verstärkt bestimmte emotionale Arbeitsimpulse, u.a. durch das Bewußtsein direkter Bedeutsamkeit für die - auch eigene - Lebensbewältigung in der Gegenwart. Die Beobachtung der immensen Zunahme öffentlicher Feste seit etwa 1970 hat uns zur Hypothesenbildung veranlaßt. Wir meinten, daß sich in der „Feste-Inflation" neben übergreifenden gesamtgesellschaftlichen Entwicklungen unter anderem das lokale und regionale Selbstverständnis bestimmter Bevölkerungsgruppen widerspiegele, genauer: daß hier besondere zeitbedingte Identitätsprobleme und Identifikationsprozesse sichtbar würden. Der Entschluß zur Festanalyse wurde dadurch bestärkt, daß wir die Feste nicht nur als - im Eigenwert relativ unwichtige - Symptome für Selbstverständniskrisen vermuteten, sondern in ihnen auch ein reiches Handlungsarsenal sahen, ein unmittelbares, gewichtiges Stück verwirklichten Lebens.

Die für unseren Erfahrungsraum, für Bayern, bereitliegenden Materialien zur Spezifizierung und Verifizierung unserer Hypothesen erwiesen sich schnell als völlig unzureichend. Wir mußten unsere Quellenbasis erst schaffen. Eine Gesamtbefragung der rund 4000 bayerischen Gemeinden im Winter 1976/77 brachte mit einem Fragebogenrücklauf von 68,8% eine gute Arbeitsgrundlage. Wir konnten damit einen Überblick über die regionale Verteilung des öffentlichen Festangebots nach seiner Dichte und seinen Erscheinungsformen gewinnen und zudem eine kaum überschaubare Fülle von Hinweisen zu Einzelproblemen des Festwesens registrieren.

Die Vorschaltung der regionalen Überblickserhebung deutet ein erstes Prinzip unserer Festuntersuchung an: Wir meinen, daß lokale Fallstudien in einem übergreifenden Faktennetz hängen müssen, wenn man ihren Stellenwert richtig einschätzen will. Die Auswahl von Fallstudien war freilich in der Frühphase des Projekts auch noch von anderen Faktoren mitbestimmt, die sich aus Literaturauswertung und auch aus pragmatischen Gründen ergaben. Anfangs ging es vor allem darum, Fragenkataloge an möglichst unterschiedlichen, in mehrfacher Beziehung breit gestreuten Phänomenen zu entwickeln und zu erproben. Wir haben darum ein historisches Stadtfest in Mittelfranken, ein Grenzlandfest in Ostbayern, ein Kirchweihfest in Oberfranken besucht und u.a. das Ortsjubiläumsfest eines oberbayerischen Dorfes und das jahrhundertealte Brauchfest einer schwäbischen Kleinstadt analysiert. Konkret gesprochen: Teilnehmende Beobachtung und gezielte Befragung bei der Dinkelsbühler Kinderzeche, dem Waldmünchener Heimatfest, der Vierether Kirchweih, der Raistinger 1200-Jahrfeier, dem Memminger Fischertag usw. schufen uns differenzierte Problemzugänge.

Nach dem primär räumlich orientierten, flächigen Beobachtungsansatz und den daraus abgeleiteten Fragekatalogen unternahmen wir eine Vertiefung der Problemeinbindung durch zwei parallele Schritte mit einerseits historischem und andererseits soziologischem Blickwinkel. Historisch konzentrierten wir uns auf die Charakteristik bestimmter Festepochen, soziologisch besonders auf das Vereinswesen, also auf wichtige Festveranstalter. Um bei der Funktionsanalyse der Feste nicht allzu rasch in allgemeine anthropologische Spekulationen zu geraten, haben wir uns vorläufig ganz bewußt auf die Untersuchung öffentlicher Feste - unter Ausschluß der privaten - beschränkt. Methodische Leitlinien also insgesamt: breiter empirischer Ansatz, weder zu rasche noch zu diffuse Stoffbegrenzung, keine zu schnellen abstrahierenden Problemschritte, mehrgleisige Vertiefung und vor allem ständige Reflexion der Bedingtheiten, die durch unsere Wahrnehmungseinstellung, unsere Hypothesenbildung, unsere Materialerhebung und unsere Auswahl des interpretativen Blickwinkels entstehen.

Erste Ergebnisse seien schlagwortartig genannt. Sie sind vor allem beschreibender Natur; ihre Erklärung kann zunächst nur angedeutet werden.

1. Über die Hälfte aller bayerischen Gemeinden besitzt ein regelmäßig, meist jährlich wiederholtes Gemeindefest. Die räumliche Verteilung dieses Festangebots ist jedoch sehr unterschiedlich: besonders dicht - in bis zu 90 % aller Gemeinden - in Mittelfranken, besonders schwach in einem breiten Streifen südlich der Donau, wo weniger als 40 % der Gemeinden ein eigenes Fest feiern. Diese Fakten sind kein Zeugnis regional unterschiedlicher, etwa mentalitätsbedingter Festfreudigkeit, sondern Ausdruck eines anderen Festverhaltens, das im weiten Sinne historisch bedingt ist.

2. Es besteht eine klare Abhängigkeit zwischen Gemeindegröße und Festveranstalter. In Gemeinden unter 1000 Einwohnern z. B. wird das Ortsfest etwa gleich häufig von einem Verein, der Kirche, einem Wirt oder der Gemeindeverwaltung durchgeführt, in Städten über 10.000 Einwohnern zu zwei Dritteln von der Verwaltung, zu einem guten Teil auch von ganz speziellen Vereinen. Aufgrund regionaler Besonderheiten zeigt dieses Übersichtsbild gewisse landschaftliche Akzente.

3. Für die Einführung der Gemeindefeste sind deutliche Innovationsschübe zu erkennen: in unserem Jahrhundert die 1920er Jahre, um 1950 und dann wieder, nur wenig nachlassend, seit Ende der 1960er Jahre. Hier wirken sich u.a., aber nicht allein, wirtschaftliche Faktoren aus.

4. Trotz Vereinheitlichungstendenz läßt sich eine klare regionale Gewichtung verschiedener Festtypen erkennen: in Mittelfranken dominiert die Kirchweih als Gemeindefest, im altbayerischen Raum ein bestimmter Volksfesttyp, in Unterfranken gibt es die Weinfeste, im nördlichen Oberfranken die Schützenfeste und weiter östlich die Wiesenfeste, in Ostbayern viele Heimatfeste und in Schwaben und dem westlichen Mittelfranken häufen sich die Historienfeste.

5. Die Charakterisierung von Festtypen ist nur durch ein umfängliches, wägendes Merkmalgeflecht möglich. Auf die Einzelheiten kann ich hier nicht eingehen. Als sehr wesentliche Komponente seien die epochalen Einflüsse der jeweiligen Festgründungszeit erwähnt: Die Festtypen Kirchweih, Markt, Brauchfest reichen durchweg vor die Aufklärungszeit zurück; die Typen Älteres Volksfest, Historienfest, Wiesenfest erhielten meist im 19. Jahrhundert ihre entscheidende Prägung; die Typen Jüngeres Volksfest, Heimatfest, Weinfest, Festwoche, Bürgerfest stammen fast alle aus der letzten Nachkriegszeit.

6. Die Attraktivität der Feste, ihre Anziehungskraft für auswärtige Besucher ist regional sehr unterschiedlich. Hierfür ist aber keineswegs nur der jeweilige Festtyp verantwortlich, sondern das wird auch von allgemeineren, historisch-politisch und sozialgeographisch faßbaren Raumstrukturen mitbedingt.

Neben solchen - und weiteren - Überblicksergebnissen, solchen Beschreibungsaussagen, deren Determinanten durch neue „Versuchsanordnungen" nun detailliert zu bestimmen sind, ergaben sich aus unseren Materialanalysen auch eine ganze Reihe von Hypothesen zu allgemeineren Problemfeldern, die sich in den Festen widerspiegeln.

Zum Beispiel: In den Festprogrammen läßt sich eine starke Aufschwemmung der Festelemente beobachten und zugleich eine zunehmende Besuchergruppendifferenzierung durch spezielle Unterhaltungsangebote. Hier spiegeln sich vielfältige Auswirkungen unserer modernen Konsum- und Warengesellschaft.

Die Festvorbereitung und die Festausgestaltung werden in diffizilverflochtener Weise durch administrative, kommunal-, partei- und staatspolitische Interessen, personales Geltungs- und Machtstreben, Gruppenrepräsentation usw. beeinflußt.

In der Feste-Innovation und dem Feste-Verlust äußern sich Vorgänge der Gebietsreform durch Eingemeindung, der Bevölkerungsabwanderung mit der Folge der Unrentabilität von Gaststätten, Interessen der lokalen Wirtschaft und des Fremdenverkehrs.

Freilich gewinnen alle diese Bemerkungen erst in konkreten und detaillierten Untersuchungen hinreichende Aussagekraft.

Als ein Zwischenergebnis unserer Arbeit betrachten wir auch die Erprobung eines genau reflektierten Dokumentationskonzeptes. In unserer Ausstellung „So feiern die Bayern" ging es darum, eine Reihe sachbezogener Dokumentationsprinzipien anhand unseres Fest-Materials konkret umzusetzen und zugleich auch direktere Probleme der Vermittlung, der zielgruppenbezogenen Rezeption zu lösen. Wir wollten die zeitweise Polarisierung der Diskussion um Museumskonzepte - hier sog. Anschauungs- und dort sog. Lernausstellungen - aufbrechen und zeigen, wie sich solche Auffassungen miteinander vereinbaren lassen. Wir wollten auch zu bedenken geben, daß die Überschaubarkeit einer Ausstellung und die Handlichkeit ihres Begleitheftes wohl in der Regel ein Durchschnittspublikum eher erreichen als Monsterschauen und pfundschwere Kataloge.

Mit Ausstellung und Begleitheft haben wir - wie gesagt - eine erste Stufe unseres Forschungsprogramms abgeschlossen: eine Material- und Problemstrukturierung zum öffentlichen Festwesen und eine leitlinienartige Demonstration unserer Frage- und Vorgehensweise an verschiedenen Beispielen. Jetzt machen wir eine Atempause, treten ein Stück zurück und beginnen eine zweite empirische Phase, die auf dem Bisherigen zwar aufbauen wird, aber doch mit etwas anderem Blickwinkel und einem von Einzelfall zu Einzelfall verstärkten Fundament. Die neu angesetzten vertieften Detailstudien sind z. T. stärker historisch, z. T. stärker sozialwissenschaftlich ausgerichtet, sollen aber stets beide Betrachtungsweisen im Auge behalten.

Bei der Charakterisierung der Einzelvorhaben kann ich mich kurz fassen. Unsere Arbeitsgruppe hat Ihnen ein Papier vorbereitet, in dem 7 Untersuchungen von den jeweiligen Bearbeitern knapp skizziert werden. Die Themen beleuchten Probleme des Festwesens von sehr unterschiedlichen Seiten; sie decken auch alle zusammen kein geschlossenes Problemfeld ab, sondern sind eher als getrennte Tiefenlotungen anzusehen. Ihre Gemeinsamkeit liegt in einem gewissen methodischen Grundkonsens. Alle Arbeiten bemühen sich z. B. in besonderem Maße um die Reflexion ihrer Quellenbasis, die ja die Gültigkeit der Ergebnisse nach Genauigkeit und Verallgemeinerungsfähigkeit wesentlich beeinflußt. In einem größeren, phänomenologisch abgesteckten Rahmen gehen die Untersuchungen in der Regel problemzentriert und mit exemplarischer Zielsetzung vor.

Am Festwesen der Aufklärungszeit in Bayern sollen v. a. die Intentionen theoretischer Festkonzepte und deren reale Auswirkungen untersucht werden; am Münchner Festwesen der Jahrhundertwende dagegen mehr die Differenzierung der Festäußerungen nach ihrer zeitgebundenen Erscheinung und Einschätzung. Beide Arbeiten sollen zugleich Arbeitsmodelle bereitstellen für eine spätere epochenübergreifende Analyse der Festfunktionen und für allgemeinere Typisierungsversuche des Festwesens.

Eine andere Studie befaßt sich mit den Objekten zur Volksbelustigung (Karussell, Riesenrad etc.) und will an ihnen den Einfluß ökonomisch-soziokultureller Entwicklungen auf die öffentlichen Feste erfassen; wieder eine andere Studie untersucht die Struktur spezifischer Fest-Vereine, die sich seit dem Ende des 19. Jahrhunderts aus unterschiedlichen Antrieben gebildet haben. Von beiden Arbeiten erhoffen wir uns präzise Einblicke in wesentliche soziale Beziehungsfelder, die den Festäußerungen zugrundeliegen und sie prägen: bei den Schaustellern auf überregionaler, bei den Fest-Vereinen auf lokaler Ebene.

Zwei Falluntersuchungen in Oberbayern sind wesentlich synchron angelegt. Die eine geht regionalen Identitätsproblemen nach und fragt, wieweit und in welcher Form entsprechende Identifikationsangebote über Feste vermittelt werden; die andere Untersuchung bemüht sich, das Besucherverhalten, die Festrezeption in Bierzelt und Vergnügungspark präzis zu beschreiben. Beide Arbeiten müssen methodische Schwierigkeiten, die sich aus den verkoppelten Funktionssystemen von Intention und Rezeption ergeben, exemplarisch zu lösen versuchen.

Schließlich ist noch eine Studie der Festdokumentation gewidmet. Mit dem Wissen um die Vielfalt volkskundlicher Festproblematik will sie Möglichkeiten und Grenzen wissenschaftlicher Filmdokumentation an unserem Thema ausloten.

Das also sind die aktuellen Arbeitsperspektiven unseres Projekts. Wenn hier befriedigende Ergebnisse vorliegen werden, dann können vielleicht auch die Fernziele: eine monographische Darstellung des öffentlichen Festwesens in Bayern und schließlich Studien zur Theorie des Festes näher ins Auge gefaßt werden.

Zum Schluß möchte ich noch einmal auf den Anfang dieses Berichts zurücklenken. Unser Festprojekt soll Erkenntnisse bringen und zugleich der Studentenausbildung dienen; eine Doppelaufgabe, die für dieses Vorhaben letztlich unteilbar ist. Forschen und Lernen gehören zusammen. Es geht immer darum, Realitäten wahrzunehmen, Möglichkeiten zu denken und Lösungswege zu suchen. Der Weg ist uns dabei genauso wichtig wie das Ziel; denn was wir überhaupt erreichen können, wird von dem Weg, den wir wählen, entscheidend bestimmt. Diese Maxime leitet unsere Arbeit - auch und gerade im Bewußtsein jener alten Weisheit, die da lehrt: Es gibt keinen Weg; der Weg entsteht beim Gehen.

Literaturhinweise

So feiern die Bayern. Bilder, Texte und Untersuchungen zum öffentlichen Festwesen der Gegenwart. Ausstellungsbegleitheft. München 1978.

Helge Gerndt: Münchner Forschungsprojekt „Bayerische Gemeindefeste". In: Bayer. Blätter für Volkskunde 4 (1977), S. 7-19 (mit Abdruck des Fragebogens). Ders.: Gedanken zum Festwesen der Gegenwart. In: Traditiones 5/6 (Ljubljana 1976/77), S. 153-161. Ders.: Ansprache zur Eröffnung der Ausstellung „So feiern die Bayern". In: Bayer. Blätter für Volkskunde 5 (1978), S. 219-222. Ders.: Versuch einer Dokumentation zur „Festkultur" (Vortragsms. 1978). Erscheint in: 4. Tagungsbericht der Arbeitsgemeinschaft „Kulturhistorische Museen", Berlin 1980.

Arbeitsberichte

1. Feste der Aufklärungszeit in Bayern

Das öffentliche Festwesen der Aufklärungszeit in Bayern ist in der Forschung, von einzelnen Studien über kirchlich-religiöse Veranstaltungen abgesehen, bisher völlig unberücksichtigt geblieben. Dies ist wohl v.a. darauf zurückzuführen, daß die Aufklärungszeit meist als eine besonders „volks-", „brauchtums-", bzw. „festfeindliche" Epoche betrachtet wird. Eine nähere Beschäftigung mit diesem Thema und die Betrachtung eines bisher im Vergleich zur umfangreichen Verbotsliteratur weniger berücksichtigten Quellenmaterials zeigt aber die Einseitigkeit dieser Meinung. So könnte mit der Bearbeitung des Themas dieses oft recht unzutreffende Bild von der Aufklärungszeit eine Korrektur erfahren und zugleich eine Forschungslücke innerhalb der Festgeschichte Bayerns gefüllt werden.

In der Arbeit soll ein Überblick über das öffentliche Festwesen der Aufklärungszeit (ca. 1775-1830) im bayerischen Raum gegeben werden. Zunächst wird hierbei die traditionelle bayerische Festlandschaft mit ihren mehr „volksbarocken" Festen zu beschreiben sein. Das Hauptinteresse der Arbeit liegt dann in der Darstellung und Analyse aufklärerischer Festvorstellungen und Festprogramme. Dabei ist v. a. zu zeigen, inwieweit das Fest von den Aufklärern im Rahmen volkspädagogischer und anthropologisch-philanthropischer Bestrebungen als Erziehungs- und Bildungsmittel bzw. als „natürliches Bedürfnis" des Menschen erkannt und wie es dementsprechend konzipiert worden ist. Daraufhin soll auch die Frage nach den tatsächlichen Auswirkungen dieser aufklärerischen Festvorstellungen und -programme auf die damalige bayerische Festlandschaft eingehend betrachtet werden.

Als Quellenmaterial können z. B. volkspädagogische und seelsorgerliche Schriften, wissenschaftliche Arbeiten (statistische Abhandlungen, landeskundliche Beschreibungen), literarische Werke (Romane, Erbauungsstücke etc.), auch Archivmaterial (weltliche und geistliche Erlasse, Verbote etc.) sowie v. a. Zeitungen und Zeitschriften herangezogen werden. Voraussichtlich wird die Untersuchung im wesentlichen auf letztgenannter Quellengruppe basieren, die umfangreich ist und den Vorteil leichterer Überschaubarkeit als auch den großer Vielfältigkeit (Berichte, Bekanntmachungen, Leserbriefe, Erzählungen, populärwissenschaftliche Abhandlungen, Reiseschilderungen usw.) bietet.

Beate Partheymüller

2. Münchener Festwesen um die Jahrhundertwende.
   Kulturhistorische und typologische Untersuchungen anhand der „Münchener Neuesten Nachrichten"

Die Arbeit ist als eine kulturhistorische Untersuchung zur Münchener Stadtkultur zu verstehen. Der Schwerpunkt soll auf überlieferten soziokulturellen Erscheinungen liegen, die sich mit dem Sammelbegriff „Festivitäten" bezeichnen lassen.

Die Materialien darüber wie auch die allgemeinen Untersuchungen zur Münchener Stadtkultur um die Jahrhundertwende sind für die Volkskunde noch nicht ausreichend erschlossen und ausgewertet.

Im Mittelpunkt dieser Arbeit stehen die Berichterstattungen über die Festivitäten in München im Jahr 1900, welche in den „Münchener Neuesten Nachrichten" dieses Jahres veröffentlicht wurden. Die Zeitung „MNN" wurde ausgewählt, weil sie auf Grund des publizistisch-redaktionellen Informationsniveaus, der relativen editorischen Kontinuität (1848-1945), der hohen Auflage und des großen Meinungskreises (Leserschaft und Abonnement innerhalb und außerhalb Bayern) ein beachtenswertes Zeitdokument ist und einen großen kulturhistorischen Quellenwert besitzt.

Der Jahrgang 1900 scheint für eine exemplarische Analyse geeignet, da dieser Zeitraum für Bayern und München durch die relativ lange Regentschaft des Prinzregenten Luitpold eine Zeit der Konsolidierung bedeutet (politisch-wirtschaftlich; Frieden), und zudem dieser Zeitabschnitt eine Fülle von soziokulturellen Strömungen bietet (vollzogene Industrialisierung, Technisierung, Belle Epoque, Jugendstil etc.).

Die Informationen über die Festivitäten in den „MNN" 1900 geben aufschlußreiche Auskünfte über die Erscheinungen der regionalen Volkskultur - der Münchener Stadtkultur - um die Jahrhundertwende. Die Pressemeldungen vermitteln speziell einen Einblick in die Interessenverflechtung der Feste mit z. B. Berufsinteressen, Freizeitinteressen, kulturpolitischen Interessen etc.

Die Arbeit will eine Erfassung der Münchener Festivitäten um 1900 liefern unter Berücksichtigung der damaligen Sprachregelung (Parade, Zeremonial, Kommers, Kult, Ritual, Soiree, Redoute etc.).

Die bestehenden Typologiemuster werden überprüft und eine eigene Arbeitstypologie erstellt, die als Modell gelten soll für die möglichst vollständige Erfassung dieser Festivitäten (wie Radlerfest, Gauturntag, Bismarckkommers, Sedantag, Greiffeier etc.). Die Bereiche der gesellschaftlichen Aktivitäten in der regionalen Kultur der Stadt München sollen verdeutlicht und deren Bedeutung als Indikatoren für die Sicherung der Zielsetzungen verschiedenster gesellschaftlicher Schichten und Interessengruppen im täglichen Leben geklärt werden.

Valdek Bonard

3. Objekte zur Volksbelustigung auf öffentlichen Plätzen vom 18. Jahrhundert bis zur Gegenwart.
   Soziokulturelle und ökonomische Faktoren für die Entwicklung der Fahr-, Belustigungs- und Schießgeschäfte der Schausteller

Die Geschäfte der Schausteller lassen sich in zwei Gruppen teilen, die eine von einander weitgehend unabhängige historische Entwicklung haben. Das eine sind die Schaustellungen, bei denen Personen ihre Darbietungen vorführen (z. B. Steilwandfahrer), Tiere oder menschliche Abnormitäten zur Schau gestellt werden oder Gegenstände zu besichtigen sind (z. B. Wachsfigurenkabinett). Das Publikum nimmt hier die Rolle des Betrachters ein. Die andere Gruppe umfaßt die Geschäfte, die vom Schausteller dem Besucher zur Benützung, zum Fahren und zum Erproben der Geschicklichkeit und Kraft aufgestellt werden.

Die Schaustellungen, deren Zahl in den letzten Jahrzehnten stark zurückgegangen ist, werden in älterer und neuerer Literatur relativ breit behandelt. Über die Entwicklung der Geschäfte der zweiten Gruppe, die von den Schaustellern Fahr-, Belustigungs- und Schießgeschäfte genannt werden, gibt es in der deutschsprachigen Literatur bisher keine Abhandlung.

Die Arbeit soll die Geschichte dieser Objekte vom Beginn des 18. Jh. bis zur Gegenwart aufzeigen. Für den Zeitraum bis ca. 1860 werden Belege aus den mitteleuropäischen Ländern verwendet, in der zweiten Hälfte des 19. Jh. und im 20. Jh. beschränkt sich die Darstellung auf die Entwicklung im deutschsprachigen Raum.

Unter besonderer Berücksichtigung von Wirtschafts- und Technikgeschichte sollen die soziokulturellen Faktoren aufgezeigt werden, die die formale Ausformung und Typenvielfalt dieser Objekte zur Volksbelustigung bestimmen.

Der phänomenologische Teil der Arbeit stützt sich auf Bildbelege (Photographien, Abbildungen aus der populären Druckgraphik und aus Unterhaltungszeitschriften) und Beschreibungen (Enzyklopädien, Fachlexika, Festmonographien, Zeitungsberichte, Firmengeschichten, literarische Belege). Eine systematische Auswertung der im 96. Jahrgang erscheinenden Fachzeitschrift „Der Komet" ist vorgesehen.

Für den gegenwärtigen Bereich ist eine empirische Materialerhebung im Raum München geplant.

Schausteller, Festveranstalter, Hersteller und Angestellte von städtischen Behörden (z. B. Platzmeister) und anderen Institutionen (z. B. Technischer Überwachungsverein) werden teils in offener Befragung, teils mit Hilfe von Fragebogen zur Materialsammlung herangezogen.

Florian Dering

4. Fest-Vereine.
Ihre Geschichte, ihre Feste, ihre Bedeutung für das Gemeindeleben

Die Frage der Organisation öffentlicher Feste ist trotz neuerer Untersuchungen nur am Rande thematisiert, selbst in ihrer Bedeutung, wie es nun das Münchner Forschungsprojekt offengelegt hat, nicht hinreichend erkannt. Eine empirische Analyse, die über Organisationsstrukturen, kultur- und sozialgeschichtliche Hintergründe öffentlicher Festgestaltung Einsicht gibt, fehlt bislang. Dabei läßt eine solche Untersuchung durch die Verbindung historischer und soziologischer Fragestellungen nicht nur neue Aspekte der Festforschung, sondern auch Erkenntnisse über Formen des Gemeindelebens erwarten.

Neben Gemeinde, Kirche, Verein mit unterschiedlicher Zweckbestimmung übernehmen auch eigene Fest-Vereine die Durchführung öffentlicher Feste. Sie sollen Gegenstand der Untersuchung sein, da sie im Gegensatz zu anderen, oben genannten Organisatoren gezielt für die Funktion des Festveranstalters ausgerichtet sind und somit einen direkten Zugang ermöglichen.

Fest-Vereine sind seit Ende des vorigen Jahrhunderts für Bayern nachweisbar. Aus drei Gründungswellen sind sie in Verbindung mit jeweils einem bestimmten Festtypus hervorgegangen:

— Ende des 19. Jh's. - heimatbewußte, historische Feste (Landshuter Hochzeit)
— Weimarer Zeit - Brauchfeste (Leonhardi-, Georgiritte)
— Nach 1945 - neubegründete, großangelegte Volksfeste (Chamer Volksfest).

Die Aufgabe der Arbeit ist, den entwicklungsgeschichtlichen Lebensbereich bayerischer Fest-Vereine als Veranstalter von öffentlichen Festen, das jeweilige Festverständnis und seine Umsetzung, Struktur und gesellschaftliche Funktion zu untersuchen.

Das Quellenmaterial der Arbeit wird sich einerseits aus einer schriftlichen Befragung sämtlicher Fest-Vereine in Bayern gewinnen lassen, andererseits aus exemplarischen Analysen von Vereinsunterlagen der verschiedenen Gründungszeiten und zu unterschiedlichen Festtypen.

Irene Rauschek

5. Das Jubiläumsfest „75 Jahre Landkreis Starnberg".
Probleme der Selbstdarstellung eines Verwaltungsgebiets

Im Jahre 1977 bestand der südlich von München gelegene Landkreis Starnberg als Verwaltungseinheit 75 Jahre. Aus diesem Anlaß veranstaltete die Kreisbehörde ein Jubiläumsjahr mit zahlreichen Einzelaktionen. Höhepunkt des Jubiläums war ein Volksfest und eine Leistungsschau des Gewerbevereins in der Kreisstadt.

Auch bei Festen für größere Regionen interessieren die Hintergründe, warum, von wem und für wen ein solches Fest eingerichtet wird. Abgesehen von eher heimatkundlichen Schriften ist in der Volkskunde der Landkreis als Lebensraum bisher wenig behandelt worden, obwohl man Kulturanalysen innerhalb von Kreisgrenzen schon gefordert hat.

Für die Untersuchung werden vor allem drei Festveranstaltungen herangezogen: die Feierlichkeiten zur Landkreisgründung 1902, zur 50-Jahr-Feier sowie das 75-Jahr-Jubiläum. Vor allem am jüngsten Fest soll gezeigt werden, wie sich die Entstehung eines Festes vom Konzept bis hin zur Verwirklichung vollzieht. Das Konzept, das vom Landratsamt erarbeitet wurde, wird von der Idee durchzogen, bei allen Aktivitäten des Jubiläums im Bürger eine positive Einstellung zum Landkreis hervorzurufen. Die einzelnen Punkte des Konzepts sollen bei ihrer Verwirklichung durch Vereine, Institutionen, Behörden und Parteien ein Landkreisbewußtsein wecken oder verstärken. Auf vielfältige Weise soll es dem einzelnen oder Gruppen ermöglicht werden, sich mit dem Landkreis zu identifizieren. Es muß diskutiert werden, welche Gründe das Landratsamt bewogen haben, gerade diese Absicht im Konzept wie in der Realisation so stark zu betonen. Darüber hinaus läßt sich aus den Veranstaltungen ablesen, welche Besonderheiten die Eigentümlichkeit des Landkreises ausmachen, welche landschaftliche oder historische Schönheiten, soziale Einrichtungen oder wirtschaftlich-politische Bestrebungen vom Landratsamt als Heimatsymbole vorgeschlagen werden. Diese Werte ermöglichen oder bekunden aus der Sicht der Kreisbehörde erst die „richtige Einstellung" zum Landkreis.

Die Ansprüche des Landratsamtes sind auf ihre Erfüllbarkeit hin zu untersuchen. Dazu ist es notwendig, in einem kurzen historischen Abriß die politischen, wirtschaftlichen und sozialen Veränderungen aufzuzeigen, die im Kreis wirkten und seine gegenwärtige Struktur prägen. Hier soll besonders die Beziehung zur unmittelbar angrenzenden Stadt München beachtet werden, die das Leben in diesem Gebiet maßgeblich beeinflußt.

Die Arbeit gründet sich auf Zeitungsberichte, amtliche Verordnungen, Veröffentlichungen des bayerischen statistischen Landesamtes und eigene Erhebungen während des Jubiläums.

Ziel ist es, über die Beschreibung eines Jubiläumsfestes hinaus die Probleme der Selbstdarstellung und der Darstellbarkeit eines Raumes unter volkskundlicher Fragestellung zu erörtern.

Matthias Holzapfel

6. Der Festbesucher.
    Eine empirische Untersuchung zur Festrezeption im oberbayerischen Bierzelt und Vergnügungspark der Gegenwart

„Feste sind zum Feiern da" - ein Leitgedanke, den die volkskundliche Festforschung bis vor wenigen Jahren zugunsten der Konservierung traditioneller Festformen vollkommen vernachlässigt hat; der Rezipient war Begleiterscheinung. Jüngere Festveröffentlichungen (Hessentag, Mainzer Fastnacht) holen den Festbesucher aus der Grauzone der Selbstverständlichkeit.

Die neueste Festforschung (Frankfurter Feste) greift schließlich die Veranstaltungen an, die dem Besucher keine „Chance zur Mitgestaltung geben und ihn ... zum Konsumenten machen, bei dem seine Beteiligung auf das Anschauen eines historischen Festzugs, Karussellfahren und Würstchenessen reduziert wird".

Das Münchener Festforschungsprojekt hat ergeben, daß in Bayern immer mehr Feste eingeführt werden, und daß das Angebot dieser (genauso wie das vieler traditioneller) Feste überwiegend in Bierzelt und Vergnügungspark besteht. Teilnehmende Beobachtung auf vielen Festen dieser Art bestätigt das Gesetz von Angebot und Nachfrage: Die Feste werden immer zahlreicher, und dort tut der Festbesucher gerade das, was nicht nur in der Frankfurter Untersuchung kritisiert wird: er ißt und trinkt und fährt Karussell.

Nachdem der Festbesucher offenbar ein bereitwilliger Konsument ist, wird das Konsumverhalten des einzelnen untersucht (Abhängigkeit des Festbesuchs von Alter, Geschlecht, Ausbildung und Einkommen, Wetter, Festangebot, Festdauer usw.).

Außerdem soll überprüft werden, ob und wieweit die verschiedenen Fest-Theorien (z.B. Pieper: „Zustimmung zur Welt", Wawrzyn: „Zerstörung der Zumutungen des Alltags", Huizinga: Verwandtschaft von Spiel und Fest, Callois: Fest als Exzeß) mit der Fest-Realität übereinstimmen.

Das Festverhalten der einzelnen Besucher wird mit einer empirischen Untersuchung auf oberbayerischen Festen mit volksfestartigem Charakter (Elemente Bierzelt und Vergnügungspark) erfaßt. Zur Illustration der statistischen Datenerhebung dienen Einzelinterviews. Zusätzlich soll die vorhandene Festliteratur in Bezug auf den Festbesucher ausgewertet, sollen „festtheoretische" Abhandlungen auf ihre Anwendbarkeit hin untersucht werden.

Sibylle Spiegel

7. Brauch und Fest im Dokumentarfilm.
   Überlegungen zu Möglichkeiten und Grenzen des wissenschaftlichen Films in der Volkskunde

Es soll untersucht werden, inwiefern ein Dokumentarfilm über Brauch und Fest für die Wissenschaft sinnvoll war, ist und sein wird. Da das Ziel der wissenschaftlichen Forschungen einem fortwährenden Wandel unterliegt, bedeuten neue Fragen der Brauch- und Festforschung andere Ansprüche an eine Quelle bzw. ein Medium wie den Dokumentarfilm. Dieser bietet - wie jede Dokumentation - eine selektierte und verfremdete Wirklichkeit. Die Prinzipien der Selektion und der Grad der Verfremdung, also die das Endprodukt beeinflussenden Faktoren unterschiedlicher Art und Größe sollen durchleuchtet werden. Es gilt, Kriterien für eine Beurteilung zu finden, welche an die vorhandenen Filme zum Thema Brauch und Fest angelegt werden können. Als wissenschaftliche Filme in der Volkskunde sind all die Produkte aufgefaßt, welche unter der Mitarbeit von qualifizierten Volkskundlern hergestellt worden sind.

Es wird eine Übersicht über die Verwendung des Dokumentarfilms von den ersten Versuchen vor dem Zweiten Weltkrieg bis zur Situation des gegenwärtigen Einsatzes gegeben; die verschiedenen Institutionen als Träger dieser Projekte werden vorgestellt.

Hauptimpulse für die Herstellung filmischer Dokumente geben die Erkenntnisinteressen der Brauch- und Festforschung. Die historische Entwicklung dieser Fragestellungen, besonders aber die gegenwärtigen Tendenzen sollen erfaßt werden.

Die jeweiligen Bräuche und Feste haben im Moment ihrer Dokumentierung ganz spezifische Ausprägungen. Für die Beurteilung der Filme ist es m.E.

wesentlich, auf die möglichen Varianten von Form, Durchführung und Aussagefähigkeit dieser Handlungen gesondert einzugehen. Die Herstellung der Filme wird von unterschiedlichen Institutionen getragen, neben dem Institut für wissenschaftlichen Film (IWF) in Göttingen sind dies verschiedene Fernsehanstalten, aber auch Landesbildstellen u.a. Die verschiedenen Interessen, die unterschiedlichen finanziellen und technischen Möglichkeiten, welche die spezifische Form der Ausführung bedingen, haben wesentlichen Einfluß auf den Dokumentarfilm der jeweiligen Produzenten. Art und Umfang dieser Einflüsse werden deshalb gesondert abgehandelt. Eine kritische Analyse - an Hand exemplarischer Filme - soll die Erkenntnisse liefern über Sinn und Zweck wissenschaftlicher Dokumentarfilme über Brauch und Fest. Die so gewonnenen Ergebnisse sind vielleicht geeignet, neue Konzepte für solche Filme in der Volkskunde zu formulieren.

Quellenmaterial bilden neben den Filmen auch die vielfach vorhandenen Filmkommentare (Begleithefte). Zur Klärung der Produktionsverhältnisse wird eine Umfrage bei Herstellern und Mitarbeitern der Filme ausgearbeitet.

Otto Grokenberger

Diskussion:

Das Referat von Andreas Bimmer und die Arbeitsberichte aus Frankfurt und München wurden wegen ihrer thematischen Zusammengehörigkeit gemeinsam diskutiert, wobei ergänzend zur Fest-Intention und -Rezeption auch mehrfach auf die Tatsache hingewiesen wurde, daß es Nicht-Integrierte - bei denen möglicherweise „ein Leiden am Fest" (Wolf-Dieter Könenkamp) festzustellen sei - und Nicht-Besucher gebe: eben „die, die man nicht will, und die, die bewußt nicht hingehen", wie Arnold Niederer mittels schweizerischer Beispiele (allerdings des 19. Jahrhunderts) verdeutlichte. Zum integrierenden Charakter der Feste sei auch jeweils ihre desintegrierende Wirkung mit zu bedenken. Martin Scharfe und Dieter Kramer erinnerten außerdem an die Existenz von Gegen-Festen: Scharfe, indem er davor warnte, dem Ablauf nach etwa gleiche Sommerfeste bürgerlicher und proletarischer Vereine vor 1933 für identisch zu halten, und Kramer, indem er auf die Feste von Bürgerinitiativen in den letzten Jahren hinwies und hier einen neuen Fest-Typ ausmachte, dem die Integration von Randgruppen (Gastarbeiter) teilweise gelungen sei. Kramer verband damit die Forderung nach umfassenderer Dokumentation. Bestimmte Feste - als Beispiel wurde das jährliche DKP-Volksfest auf den Marburger Lahnwiesen genannt - würden in der Öffentlichkeit systematisch verschwiegen, und entsprechend seien die früheren Feste der Arbeiterbewegung aus dem historischen Bewußtsein getilgt: Dokumentationslücken, die sich als Fehlerquellen dann bei der Fest-Forschung bemerkbar machen müßten.

Einen Schwerpunkt der Diskussion bildeten die Zweifel an der methodischen Tragweite der von Bimmer skizzierten Besucherforschung. Dietz-Rüdiger Moser betonte, daß die Zuschauerforschung schon immer im Rahmen der Brauchforschung eine Rolle gespielt habe, ob aber Fragebogenmaterial schlüssige Aussagen zur Motivation heutiger Festbesucher zulasse, erscheine ihm fragwürdig. Bimmer stimmte zu, daß die Motivationsstruktur schwer zu fassen sei, distanzierte sich noch einmal von vordergründigen sozialstatistischen Erhebungen und sprach von der Kombination mehrerer methodischer Möglichkeiten, denen er Beobachtungsverfahren und Verfahren der Gruppendiskussion hinzurechnete. Hermann Bausinger empfahl pointiert, die zu kurz greifenden schriftlichen und mündlichen Befragungen um hermeneutische Verfahrensweisen zu vervollständigen, und kritisierte, daß viele Motivationsbefragungen, übrigens auch innerhalb der Psychologie, von einem Menschenbild ausgingen, das „viel zu rund" sei. Es sei aber mit einem ganzen Motivationsgeflecht und mit Motivationsverschiebungen zu rechnen, außerdem mit der Tatsache, daß wesentliche Motive und Motivationen von den Befragten nicht benannt werden könnten, weil sie unbewußt seien.

Einen anderen Kritikpunkt arbeitete Martin Scharfe heraus, indem ihm eine Besucherforschung außerhalb eines kulturkritischen Gesamtkonzeptes zu sehr auf eine bloß formale Ebene verschoben erschien. Da die Reaktion der Besucher stark von dem abhängig sei, was in den Festen selbst angeboten werde, müsse von der Intention dieser Feste ausgegangen und daran die Funktion der Besucher gemessen werden. Als entsprechend bedeutsam wertete er das Frankfurter Forschungsprojekt, das von der Integrationshypothese der Festveranstalter ausgegangen sei und diese kritisch untersucht habe. Im übrigen begrüßte Scharfe die Frankfurter Teamforschungen als Verwirklichung einer neuartigen Forschungsstrategie, die ihre Produktivität aus der Gruppenarbeit beziehe.

Hermann Bausinger stellte mit Niederer noch einmal die Frage nach der Bezugsgröße, wenn von der integrierenden Funktion von Festen gesprochen werde, und nahm das Problem der desintegrativen Wirkung zum Anlaß, auch vor zu enger synchroner Festforschung zu warnen. Da ein Fest vorbereitet werde und später in der Erinnerung weiterlebe, sei der zeitliche Forschungsrahmen weiter zu spannen und auch die Verarbeitung eines Festes in der Erinnerung zu berücksichtigen. Das „Leiden am Fest" werde möglicherweise durch die Erinnerung kompensiert, doch seien Bewertungsfragen sehr schwierig. Denn während aus verklärender Erinnerung allein noch kein schadhaftes Leben zu rekonstruieren sei, gebe es auch die Erinnerung, die als Lüge existiere. Auf Probleme, die sich der Fest- und Brauchforschung in Rumänien stellen, wies dann abschließend A. Popescu hin. In einem kurzen Ergänzungsreferat stellte er die funktionale Äquivalenz traditioneller Bräuche und heutiger Feste hinsichtlich der integrierenden und kommunikativen Wirkung heraus, machte aber auch gesellschaftlich bedingte Unterschiede deutlich, mit denen er dann den folkloristischen Rückgriff auf die ältere Brauchüberlieferung erklärte. Diese sollte heute leisten, was aktuelle Kommunikationsformen noch nicht vermöchten, doch führe die Übermittlung neuer Ideen mit alten Mitteln zur Pseudo-Kommunikation.

Peter Assion

Bernd Jürgen Warneken

KOMMUNALE KULTURPOLITIK - AM BEISPIEL OFFENES STADTFEST

Die volkskundliche Festforschung der letzten Jahre hat sich immer mehr zu einer teilweise vehementen Festkritik entwickelt. Ihre Leitsätze, die sich als Generalbaß durch die meisten neueren Festuntersuchungen ziehen, lauten zusammengefaßt etwa so:

Erstens:
Die traditionellen Heimatfeste und Volksfeste haben die Verbindung zur Alltagswirklichkeit der Festteilnehmer allzusehr verloren. Zum einen Teil sind sie nurmehr der Ort einer kompensativen Freizeitverbringung, sind mit einem Wort zum Rummel degeneriert. Zum andern Teil bieten sie ein gleichermaßen von Alltagsproblemen gereinigtes Heimat-Gemeinschaft-Tradition-Syndrom, wie Roland Narr das einmal nannte [1], das sich ästhetisch in einer zum leeren Ritual erstarrten Folkloredarstellung ausdrückt.

Zweitens:
Bürokratisierung und Kommerzialisierung machen die Festteilnehmer meist zum passiven Zuschauer oder Konsumenten. Das Fest ist wesentlich „Konsumschauspiel". Das für die Gegenwart bezeichnende Defizit an lokaler Kommunikation und an Eigenaktivität der Bürger wird dadurch nur unzureichend konterkariert.

Fazit:
Lokale Lebensqualität und lokale Identität werden von solchen Festen eher in illusionären Symbolen zelebriert als praktisch gefördert [2].

Nun verbreitet sich seit einiger Zeit in der Bundesrepublik ein neuer Typus des Stadtfests, auf den sich diese inzwischen fast formelhaft gewordenen Kritikansätze gar nicht mehr oder nur sehr bedingt anwenden lassen. Man könnte diesen Typus das offene oder das partizipatorische Stadtfest nennen. Die volkskundliche Forschung hat, soviel ich sehe, den Eigencharakter dieser Art von Stadtfesten bisher nicht gesondert herausgearbeitet. Vertreten ist er, in mehr oder weniger idealtypischer Ausformung, durch Feste wie urbs 71 in Wuppertal, durch „München Kultur" oder den Bonner Sommer, durch Stadtteilfeste wie die 1977 begonnenen Münchner Stadtteilwochen oder die Bürgerwoche Bochum-Ost, die seit 1976 stattfindet.

Auch die Spiellinie an der Kiellinie, das Kind und Kegel der Kieler Woche zugleich, läßt sich diesem Festtypus zurechnen.

Von der traditionellen Festkultur unterscheidet ihn zunächst seine Organisationsform. Sie ist zum einen offener als die herkömmlicher Stadtfeste, indem sie den Kreis der Festträger - unterhalb der Ebene des städtischen Veranstalters - qualitativ erweitert: Er umfaßt unter anderem Vereine, Songgruppen, Straßentheater, einzelne Künstler, lokale Kulturinstitutionen, Sozialarbeiter, Bürgerinitiativen. Zum andern sind diese Feste der Handlungsform nach partizipativ. Zitat aus dem Programm dieser Kieler Woche: „Die Spiellinie fordert alle heraus, ob Jung oder Alt, durch ein breites Mitmachangebot spielerisch die eigene Kreativität zu entdecken oder weiterzuentwickeln. Hier werden nicht fix und fertige Produkte, sondern Ideen angeboten und in Materialstationen Hilfen zu deren Realisierung bereitgestellt. Der Fertigware Kunst oder Kultur wird weniger Wert beigemessen als ... der Möglichkeit zur Improvisation" [3].

Zugleich mit den traditionellen Festformen suchen die neuen Stadtfeste die traditionellen Festfunktionen hinter sich zu lassen: Überwunden werden soll die Entfremdung von Fest und Alltag. Das geschieht zum Beispiel thematisch: Die Bürgerwoche Bochum-Ost des Jahres 1978 stand unter dem Motto: „Jugend - Schule, Arbeit und Freizeit." Es geschieht aber auch praktisch-organisatorisch. Im Programm dieser Kieler Woche heißt es: „Um die Qualität des Alltags in der Stadt zu verbessern, um nicht 'Abgehobenes' auf der Spiellinie zu produzieren, sind dort zuerst einmal Kieler Künstler, Gruppen, Initiativen und Vereine aus dem professionellen und amateurhaften Bereich mit der Verwirklichung von Konzepten und Projekten beteiligt" [4]. Die neuen Stadtfeste sind also auch insofern offen zu nennen, als sie die Verlängerung der Festkommunikation in die alltägliche Kommunikation der Stadt, das Weiterwirken einmal geknüpfter Kontakte zu befördern suchen.

Mit den skizzierten Charakteristika erfüllt das offene Stadtfest also zwei zentrale Wünsche, welche die Volkskunde in der Kritik der bisher herrschenden Heimatfeste entwickelt hat: nämlich Alltagsverbindung des Fests und Partizipation der Festteilnehmer. Da man ja aber immer drei Wünsche frei hat, will dies Referat nun einen Schritt weitergehen und, über den Vergleich der genannten Festtypen hinausgehend, die Frage stellen:

Was trägt nun eigentlich die entschiedenere Alltagsverbindung der offenen Stadtfeste zur Konstitution lokaler Lebensqualität und Identität bei?

Und, als damit zusammenhängende Frage:

Was sind die Partizipationsmöglichkeiten, die das offene Stadtfest anbietet, oder genauer formuliert: Wie weit erfüllen sie die damit verbundenen Hoffnungen und Versprechungen, eine Demokratisierung von Kultur und Kommunikation mit sich zu bringen?

Die Art dieser Fragestellung läßt bereits erkennen, daß hier nicht nur die Chancen, sondern auch die Grenzen der bisherigen stadtoffiziellen offenen Stadtfeste aufgezeigt werden sollen. Das gewiß nicht unberechtigte Lob dieser Festform wird jedoch in Festprogrammen wie dem schon zitierten, in Presseberichten und in kulturpolitischen Diskussionen ausgiebig gesungen, so daß die Wissenschaft den Akzent ohne schlechtes Gewissen auf das kritische Weiterfragen legen kann.

Zuerst also der Komplex, den man mit „Über das Fest hinaus" überschreiben könnte, die Frage nach den Alltagsfolgen der offenen Stadtfeste. Natürlich können in diesem Rahmen keine umfassenden Deutungen, sondern nur einige Andeutungen gegeben werden.

In der Schriftenreihe des Bundesministeriums für Jugend, Familie und Gesundheit über „Modelle im Freizeitbereich" findet sich auch eine Expertise über das Altstadtfest Hannover. Darin werden als Ziele dieses Fests genannt:

„Förderung der Kommunikation zwischen den Bürgern und der Verwaltung, Belebung der Innenstadt, Kunst dem Bürger näherbringen, Identifikation des Bürgers mit der Stadt" [5].

Konzentrieren wir uns im folgenden auf zwei dieser Punkte: auf die Kommunikation Bürger-Verwaltung und auf das Programm erweiterter Kulturteilhabe.

Verbesserung des Kontaktes zwischen Stadtbürgern und Stadtverwaltung ist für sich genommen sicherlich eine höchst vieldeutige Programmatik. Die Praxis der offenen Stadtfeste macht jedoch deutlich, daß hier nicht bloß eine solche Bürgernähe von Lokalpolitikern gemeint ist, die durch gekonntes Faßanstechen wettzumachen sucht, was eine weniger gekonnte Sanierungspolitik an Sympathien gekostet hat. Zur Bochumer Bürgerwoche z. B. gehörte vielmehr eine Bürgerversammlung, die einen Bebauungsplan diskutierte, sowie eine öffentliche Sitzung der Bezirksvertretung, die in eine Hauptschule verlegt wurde und der eine offene Gesprächsrunde folgte. Auch hier ist freilich Sympathiewerbung im Spiel, aber nicht abgehoben von möglichem Kompetenzgewinn der Bürger in kommunalen Angelegenheiten und mit der Chance einer inhaltlichen Auseinandersetzung zwischen Regierten und Regierenden. Der Blick auf solche Innovationen darf nun aber nicht ausblenden, daß zur selben Zeit die Kompetenzen der Bochumer Stadtteilverwaltung rapide abgenommen haben. Sie haben sich auf die höhere Ebene der Gesamtstadt verlagert; deren Entscheidungsautonomie wiederum wird zunehmend durch vorgängige Landes- und Bundespolitik eingeengt. Parallel dazu verlagert sich fast allenthalben die kommunalpolitische Entscheidungsfindung vom öffentlich tagenden Ratsplenum in nichtöffentliche Verwaltungsausschüsse; die gleichzeitige Verwissenschaftlichung der Politik stärkt unter den gegenwärtigen Bedingungen das Gewicht der Planungsbürokratie gegenüber den Gemeindeparlamenten; damit wird auch die Tendenz zur Laisierung der Bürger verstärkt. Kurzum, der Erweiterung der Kommunikation zwischen Bürgern und Verwaltung, wie sie Bürgerwochen und ähnliche Einrichtungen mit sich bringen, stehen gleichzeitige Erschwerungen dieser Kommunikation von weit einschneidenderem Ausmaß gegenüber.

Die demonstrative Kommunikation auf Stadtfesten kann dazu verleiten, die schleichende Erschwerung und Entwertung kommunaler Partizipation zu gering zu veranschlagen.

Nun zum zweiten, zentraleren der hier betrachteten Festziele: der Mithilfe dabei, die vielgeforderte „Kultur für alle" zu schaffen. Die hier gemeinte Kultur - Kultur im engeren Sinn genommen - setzt sich anders zusammen als bei den traditionellen Stadtfesten: Es dominieren nicht die Baldachinkultur, z. B. das Weihespiel, und auch nicht die Zerstreuungskultur, also das Kufsteinlied. Die offenen Stadtfeste suchen vielmehr dem gestiegenen Bedürfnis und dem gestiegenen Angebot nach einer qualifizierenden Kultur Raum zu geben: Sie inserieren sich, wie die Kieler Spiellinie, als „Lernort". Die Absicht dabei ist - aus dem Spiellinie-Programm zitiert - „ein Publikum ... (zu) erreichen, das sonst kommunalen und staatlichen Freizeitangeboten skeptisch bis verweigernd gegenübersteht" [6]. Die Kultur auf der Straße, die Kultur vor Ort umgeht die Schwellenangst vor den etablierten Kulturinstitutionen; und indem sie sich in handlichen Kleinformen präsentiert, vermag sie auch die Angst vor der Kultur dieser Institutionen selbst zu mildern.

Allzugroße Hoffnungen, von denen die ersten Versuche solcher Kulturarbeit begleitet waren, stießen sich freilich alsbald mit der Realität. Kommentar in der Frankfurter Rundschau zu den Münchner Stadtteilwochen von 1977: „Auch (Kulturdezernent, B. J. W.) Kolbe hat gelernt, daß die Ermunterung zur Eigeninitiative ein ungemein mühsames Geschäft ist. Am leichtesten fällt es noch in Vierteln, wo es sowieso eine 'aktive Kulturstruktur' gibt, etwa in Schwabing mit seiner Mischung aus Bürgern, Studenten und Ausländern. Am schwierigsten ist es in Stadtteilen mit einer diffusen Bau- und Bevölkerungsstruktur. So war die erste der dezentralen Veranstaltungsreihen in einem Arbeitnehmerviertel ohne Gesicht und Geschichte eine 'ziemliche Pleite' " [7].

Zur Relativierung der Erwartung, durch die neuen Methoden der Präsentation auf offenen Festen der Kultur ganz neue Interessentenschichten zuführen zu können, muß freilich auch die realistische Einschätzung dessen kommen, was solche Lernorte den hier Lernenden, also denen, die „zu allen Schandtaten bereit sind", vermitteln können. „(E)s gibt auch ermutigende Beispiele", setzt die Frankfurter Rundschau die eben zitierte Passage fort. „Hinter dem Rathaus zum Beispiel malen Bürger aller Altersklassen und Schichten gegenwärtig am 'längsten Bild' Münchens: um 40 bis 50 Meter wächst jeden Tag die ausgelegte Papierrolle" [8]. Nun soll eine solche Malaktion hier keineswegs als Allotria abgetan werden; problematisch ist jedoch die verbreitete Tendenz, solche Einzelaktionen ganz transitorischer und rudimentärer Art zur gelungenen „kreativen Selbstverwirklichung" aufzublasen. Die Rede, daß das spontane Mitspiel in einer Spielstraße schöpferischer sei als das, wie es gerne heißt, „passive Konsumieren" einer Oper; die Behauptung, daß nicht das Ergebnis der künstlerischen Betätigung interessiere, sondern die Tatsache des Selbermachens - all dies sind Halbwahrheiten, die auch dazu dienen können, die weiterhin fehlenden Zugangschancen zum gesamten Potential der kulturellen Produktivkräfte auch noch scheinfortschrittlich zu einer Tugend umzufälschen: da heißt Behelfsmäßigkeit dann Spontaneität und das bloß Vorbeischauen bei einer Straßenaufführung „mobile Rezeption".

Doch natürlich sind solche Kunstgriffe nicht nötig, um eine positive Bedeutung des offenen Fests für die Kulturverbreitung behaupten zu können. „Für Kolbe", schreibt die Frankfurter Rundschau abschließend, „bedeutet Aktivierung sowieso nicht nur mitmachen. Für ihn ist es schon ein Fortschritt, wenn die Leute stehenbleiben, sich interessiert zeigen und vielleicht nur überlegen, ob sie so etwas auch mal selbst machen oder wenigstens öfter sehen möchten" [9]. Solche Fortschritte haben die Münchner Stadtfeste offensichtlich auch erreicht: Die Theater und Konzertsäle z. B. meldeten danach verstärkten Publikumsandrang. Wie aber steht es mit der alltäglichen Weiterführung der auf dem Fest angeregten kulturellen Eigeninitiative? Das Programm der Spiellinie antwortet darauf: „Das Kulturangebot, zum Nulltarif, auf der Spiellinie für neun Tage, ist nicht länger ein Feigenblatt ... Mit der Eröffnung des Kultur- und Kommunikationszentrums 'Pumpe', einem Zentrum zum Mitmachen für alle Bürger, in Selbstverwaltung, ist nunmehr ganzjährig ein Tatort geschaffen, in dem der Geist der Spiellinie behaust sein kann" [10]. Die Frage bleibt: Sind dort auch die Kulturarbeiter, die Videogeräte, die Bastelmaterialien behaust, die diesem Geist Arme und Beine geben können? Und: Wieviel solcher Pumpen gibt es in Kiel, die den Kreislauf einer partizipativen Kultur in Bewegung halten? Ich beantworte diese Frage hier nicht: der Grund ist nicht Höflichkeit, sondern Unwissenheit. Von einer Großzahl von Städten, auch denen, die offene Stadtfeste veranstalten, ist jedoch bekannt, daß es ihnen an einer Infrastruktur für die Kommunikation und kulturelle Eigenarbeit der Bürger fehlt. Die Trefforte, wie sie früher zur Verfügung standen, werden von der städtebaulichen Entwicklung weiter vermindert und bislang oft nur unzulänglich ersetzt. Dem festlichen Nulltarif für Kulturangebote hinwieder stehen weithin steigende Benutzergebühren für Bibliotheken, Museen, Volkshochschulen, Theater gegenüber. Dennoch vermögen diese Institutionen oft die Nachfrage nicht zu bewältigen: In Hamburg z. B. konnten 1977 nicht weniger als etwa 15.000 Interessenten keinen Kursplatz an der Volkshochschule mehr erhalten.

Das alles bedeutet, daß die Zunahme offener Stadtfeste gegenwärtig eher Ausdruck einer kulturpolitischen Krise ist als der Ansatzpunkt zu ihrer Überwindung. Die Feste der „offenen Kultur", anfangs der 70er Jahre als Tüpfelchen aufs i einer umfassenden Reform der Kulturarbeit konzipiert, sind durch Etatkrise und Tendenzwende weithin zum bloßen Tüpfelchen verkommen. Ihre gegenwärtig steigende Beliebtheit bei den Kulturämtern ist nicht zuletzt damit zu erklären, daß städtische Kulturarbeit auch dort, wo sie Mangelware ist, auf einem Festplatz zusammengetragen doch noch den Eindruck von Fülle erwecken kann. "Daß München eine Stadt mit Kultur ist, braucht nicht mehr bewiesen zu werden" [11] - dieser Satz, nach "München Kultur 1977" gesprochen, beruht auf einer solchen trügerischen demonstratio ad oculos, aber auch nur ad oculos. Diese Beliebtheit hängt aber auch mit einer anderen Festfunktion zusammen. "Durch die Feste wird der Altstadtbereich für den größten Teil der Bevölkerung wieder attraktiv", heißt es in der schon genannten Expertise zum Altstadtfest Hannover. "Die Erfolge zeigen sich im Laufe der Jahre durch eine zunehmende Frequentierung der Altstadt zum Einkaufen, Bummeln, also auch als Ort der Freizeitverbringung" [12]. Das Problem ist hierbei wohlgemerkt nicht, daß solche gewerbesteuernden und gewerbesteuerlichen Hintergedanken die Festkultur beschädigen würden; es besteht vielmehr darin, daß in der gegenwärtigen Situation der Kulturpolitik fast nur solche Reformen mit einem Aufwind rechnen können, die auch andere als kulturelle Zinsen tragen.

Doch nun von der Frage nach dem Stellenwert des gegenwärtigen offenen Stadtfests zur Frage danach, was dieses funktional kompensative Fest an realen Fortschritten gegenüber auch immanent kompensativen Festen enthält, wie sie in der Vergangenheit und, die Volkskunde weiß es, auch in der Gegenwart zu finden sind. Also, wie eingangs begründet, zur Frage nach dem Wert der partizipativen Form dieser Feste.

Ein erster Blick auf die Vielfalt dieser partizipativen Formen und vor allem auf die Vielfalt ihrer Funktionen entmutigt fast, sie angesichts der fortgeschrittenen Zeit hier noch behandeln zu wollen. Gerade diese Vielfalt macht die Behandlung aber dringlich, da sie zeigt, wie wenig mit der bloßen Forderung nach aktivierenden, interaktiven, eben nicht mehr "konsumorientierten" Festangeboten geleistet ist.

Unterschieden seien - nicht kategorisch, aber auch nicht willkürlich - drei Modi partizipativer Teilnahme. Einmal, im ästhetischen Bereich vor allem, Formen des involvement, des Mitspielens, Mitsingens, Mitmalens, die an die Stelle nur rezeptiven Verhaltens treten. Zum anderen das Selbstspiel oder die Selbstaktion von Festteilnehmern, die zu einem vorgegebenen Thema eigene Ideen entwickeln und auf dem Fest vorstellen: Hierher gehören zum Beispiel Fotoausstellungen "Wie ich meine Stadt sehe" oder die Arbeit von Videogruppen während des Festes selbst. Zum dritten geht es um das Heranziehen von Bürgergruppen als Träger ganzer Veranstaltungen im Festrahmen; so viel sich überblicken läßt, ist dies eine jüngere Tendenz in der kurzen Geschichte des offenen Stadtfests, welche die Dominanz von Kulturinstitutionen als Mitträger des Festablaufs teilweise zurückgedrängt hat.

Der erste Modus der Partizipation, das involvement, ist gewiß der formalste; daß nicht nur Isolation und Sitzenbleiben vom Übel sein können, sondern auch die „gemeinsame Interaktion", hat der Rattenfänger von Hameln ausreichend demonstriert. Die Mitmachaktionen der offenen Stadtfeste freilich sind kaum derart gefährlich, im Gegenteil: der Weg von der künstlerischen Vorführung zu künstlerischem Selbsttun auf den Spielstraßen geht oft mit einer starken Reduktion von Komplexität zusammen. Die Beliebtheit unterhaltender, inhaltlich aber recht irrelevanter Mitmachaktionen antwortet dabei auch auf Erfahrungen, die etliche Kulturdezernenten mit Künstlergruppen machten, die mit ihrem Programm etwas Farbe ins Festbild bringen sollten, dann aber vor allem rote Farbe lieferten. Der Agitation wird Animation vorgezogen. Zitat aus dem Münchner Merkur vom Juli 1977: „Man kann ... dem Kultur-Referenten ... und den Münchnern nur Glück wünschen, wenn bei der Straßengaudi so viel Gutes herauskommt, wie diesesmal. Festzustellen war bei diesem herzhaften Kulturgenuß, wie sehr die auf Gesellschaftsveränderung versessenen Kulturverabreicher der letzten Jahrzehnte daneben lagen mit ihren Versuchen, auf dem Weg über Kunst und Kultur politische Indoktrination zu betreiben. Straßentheater beispielsweise war unerbittlich verknüpft mit schwerlastigen politischen Anliegen. ... Nur Einverstandene fühlten sich angesprochen. Die anderen blieben weg. Ganz anders bei diesem rein der Zuschauerfreude gewidmeten Münchner Angebot. Kaum wurde das zum Mitmalen auffordernde Rollbild entdeckt, griffen Kinder und Erwachsene auch schon zum Pinsel" [13]. Auch dies, wohlgemerkt, ist ein Loblied auf Partizipation.

Doch muß nun freilich die Aktionsfreude der Festteilnehmer nicht in den Bahnen bleiben, die dem zitierten Kommentator Freude bereiten.

Dies kann insbesondere dort geschehen, wo den Festakteuren aus der Bürgerschaft die Wahl ihres Themas und ihrer Aktionsweise überlassen bleibt. Ein Beispiel hierzu, das ebenfalls aus München stammt, ist die Filmaktion „Schwabing filmt Schwabing" auf der dortigen Stadtteilwoche von 1977. Dabei wurden Schwabinger Bürger dazu motiviert, Super-8-Filme über ihr Stadtviertel zu produzieren. Das Ergebnis waren keinesfalls Werbefilme, welche die Schwabinger Amateurfilmer quasi als verlängerter Arm des Verkehrsamts gedreht hätten; ein Schwabinger Seniorenzentrum z.B. machte einen Film gegen zu hohe Verkehrstarife für alte Leute, ein anderer Film widmete sich den Schönheiten eines Parks, dies freilich unter dem Titel „Öffnen wir den Leopoldpark" und also zu dem Zweck, diese Schönheiten der Bevölkerung zugänglich zu machen. Hier taucht, in der Exotik der festlichen Ausnahmesituation, immerhin eine Ahnung davon auf, welche öffentliche Macht die in den Händen der Bevölkerung befindlichen Medien wie Foto- und Filmapparate darstellen könnten, wenn sie dem Alltag nicht mehr, wie heute meistens, den

Rücken zukehrten und ihre Motivsuche und ihr Verbreitungsfeld nicht mehr auf den privaten Verkehrskreis beschränkt bliebe.

Den vollen Wortsinn von Partizipation erfüllt das offene Stadtfest freilich erst da, wo nicht das Festpublikum zu Mitmachaktionen animiert wird, sondern wo Elemente der Festplanung und der Programmgestaltung selbst in die Hand von Bürgergruppen gegeben werden. Gemeint sind mit solchem Appell zur Beteiligung zunächst und vor allem die lokalen Vereine: Sportveranstaltungen, Platzkonzerte, Festzeltprogramme machen denn auch einen großen Teil der bürgerschaftlichen Partizipation aus. Die Vereine gelten der Verwaltung dabei - zumal in der gegenwärtigen, oder besser: permanent gegenwärtigen Krise der kommunalen Haushalte - als Vorbilder bürgerschaftlicher Kulturarbeit: versuchen sie doch meist den Defiziten lokaler Lebens- und Kulturqualität durch die Selbsthilfe der Kleingruppe zu begegnen, ohne die Rahmenbedingungen ihrer Tätigkeit infragezustellen. Doch in der letzten Zeit findet der Aufruf zur Festbeteiligung zunehmend auch eine andere Art von Kulturgruppen vor: freie Theater, Kindertheater, Laienmusiker; zugleich verbreitete sich die Bürgerinitiativen-Bewegung und verstärkten die Gewerkschaften ihre Kulturarbeit vor Ort; die zahlreichen Gruppen von Laienkünstlern haben in solchen Organisationen oft ihre Basis. Damit ist eine Kultur von unten entstanden, die alles Zeug zu einer populären und doch alternativen Festkultur mit sich bringt: die Volkstümlichkeit mit Realismus verbindet, sich nicht in den lokalen Umkreis flüchtet, sondern Konterbande von draußen mitbringt, nicht auf Dialekt regrediert, sondern auch dies Reservat durch neue Formen, Inhalte, Funktionen in die Jetztzeit einbringt. Die Förderung solcher Gruppen wird bis heute in vielen Städten nur zögernd oder überhaupt nicht betrieben; politische Gründe, nicht nur die Beharrungstendenz tradierter Etatverteilung, sind dabei leider ganz wesentlich beteiligt. Schwierig aber ist es, diese Kulturgruppen ohne unliebsames öffentliches Aufsehen von einem Forum wie dem Stadtfest auszuschließen, das doch lokale Zugehörigkeit zum prinzipiell einzigen Konstitutionsprinzip des Teilnehmerkreises hat. Dennoch sind hier ängstliche Beaufsichtigung, einengende Auflagen und mehr oder weniger elegantes Übergehen bei der Festplanung noch häufig an der Tagesordnung. Es scheint mir jedoch geradezu die Probe auf das Partizipationsversprechen des neuen Festtypus zu sein, ob dieser neuen "Kultur von unten" nicht nur in kulturellen Einzeldarbietungen, sondern auch in ihrer Form als gesellschaftliche Bewegung der Zugang zu den offiziellen Stadtfesten offensteht. Das ist zugleich einer der Prüfsteine dafür, ob die Reform der traditionellen Heimatfeste auf halbem Weg stehenbleibt oder ob die offenen Stadtfeste eine integrale Verbindung von Fest und Alltag erreichen: genauer gesagt, ob sie nur die Trennung von Fest und privatem Alltag aufheben, die Trennung von privatem und politischem Alltag aber ungeschoren lassen.

Die zu lösende Aufgabe, zu der sich die Volkskunde nicht nur akademisch verhalten sollte, sind öffentliche Feste, welche die Demokratisierung der Kultur mit einer Kultur der Demokratie zu verbinden wissen.

1 Vgl. Roland Narr: Kinderfest. Eine pädagogische und gemeindesoziologische Studie. Neuwied und Darmstadt 1974.
2 Vgl. zu dieser Argumentationsfigur etwa: Andreas C. Bimmer, Hrsg.: Hessentag: Ein Fest der Hessen? Marburg 1973; oder auch: Frankfurter Feste - von wem? für wen? In: Notizen, Hrsg. Institut für Kulturanthropologie und Europäische Ethnologie der Universität Frankfurt; H. 8, Februar 1979.
3 Kieler Woche 1979, Programm. Hrsg. vom Presseamt der Landeshauptstadt Kiel. Kiel 1979, S. 76.
4 Wie Anm. 3, S. 77.
5 Auszug aus der Schriftenreihe des Bundesministeriums für Jugend, Familie und Gesundheit, Bd. 112, „Modelle im Freizeitbereich": Altstadtfest Hannover, S. 1.
6 Kieler Woche 1979, Programm (wie Anm. 3), S. 76.
7 Rudolf Großkopf: Malen, Tanzen, Poesie. München brachte die Kultur auf die Straße. Frankfurter Rundschau vom 18.7.1977.
8 Wie Anm. 7.
9 Ebd., wie Anm. 7.
10 Kieler Woche 1979, Programm (wie Anm. 3), S. 76 f.
11 Bericht „München Kultur". Hrsg. Kulturreferat der Landeshauptstadt München. Bearb. und zusammengestellt von Klaus Bieringer. München 1977, S. 5.
12 Altstadtfest Hannover (wie Anm. 5), S. 3.
13 Effi Horn: Kultur populär. Münchner Merkur vom 19.7.1977.

Diskussion:

Dieter Kramer leitete die Diskussion mit der Feststellung ein, das Referat habe sich gegenüber der kommunalen Kulturpolitik „merkwürdig zurückhaltend" gezeigt und nicht deutlich genug die Versuche herausgestellt, Partizipation so zu kanalisieren, daß sie dennoch den Interessen der Planungsbürokratie entspreche. Einer „Animation" dieses Geistes stellte Kramer den Animationsbegriff entgegen, der in Frankreich entwickelt wurde, dort noch heute von Künstlern bei der Arbeit in benachteiligten Stadtvierteln in die Tat umgesetzt wird und auch in der BRD von praktischer Bedeutung sei: Animation als z.T. jahrelange kulturelle Basisarbeit zu dem Zweck, Menschen zu animieren, einen Teil ihres Schicksals „selbst in die Hand zu nehmen". Positive Beispiele seien bereits vorhanden, z.B. die Theaterarbeit mit Lehrlingsgruppen, und sie seien höher zu bewerten als die direktere, meist wirkungslose Agitation, etwa von Straßentheater-Gruppen.

Deutliche Fragezeichen setzte auch Thomas Gesinn hinter die kommunale Kulturpolitik. Er kritisierte das konfektionierte Angebot bei sogenannten „Mitmachfesten" wie dem Göttinger Kunstmarkt, wo Partizipation inzwischen zur bloßen Pflichtübung degradiert sei. Es reiche nicht aus, „Mitmachaktionen" anzubieten, wenn nicht zugleich Formen gefunden würden, die Menschen aus allen Schichten und Gruppen der Gesellschaft miteinander ins Gespräch brächten. Dem Göttinger Kultur-Konsum wurde als entsprechendes Gegenbeispiel die Kulturwoche „Summertime" gegenübergestellt, die in Unna veranstaltet worden war. Bernd Jürgen Warneken bestätigte, daß der Göttinger Kunstmarkt für eine sehr typische Entwicklung stehe, und verwies darauf, daß bereits Realisationsfirmen angemietet würden, die ohne Rücksicht auf die beschworene lokale Identität das „Kulturgeschäft" an beliebigen Orten zu besorgen hätten. Trotzdem seien die emanzipatorischen Chancen zu betonen, die auch schon in heutigen Formen der Kulturarbeit angelegt seien. Im übrigen sei die Umschau in den Nachbarländern in der Tat lehrreich, und Alternativen, die aus bloßer Kritik der veralteten Form der Feste entspringen würden, seien sehr vage und noch keine Handhabe für alternative Praxis.

Helmut Fielhauer brachte die Frage nach der praktischen Kulturarbeit des Volkskundlers in die Diskussion ein. Für die meisten Fachkollegen sei das „Volk" immer noch lediglich ein Beobachtungsobjekt, wenn man sich aber zu praktischer Kulturarbeit bekenne, dann könne man selbst nicht abseits stehen, auch wenn dies selbstverständlich bedeute, einen politischen Standpunkt einzunehmen. Peter Assion sprach die grundsätzliche Problematik an, daß Kultur einerseits „von unten" kommen solle, dies offenbar aber nur vorstellbar sei, wenn dazu andererseits durch einzelne die Vorleistungen erbracht würden. Fielhauer sah sich dadurch zu der Forderung veranlaßt, daß stärker, als bisher geschehen, Bedürfnisforschung zu betreiben sei. „Was die Leute, nicht was wir als Volkskundler wollen", sei mit neuen Methoden städtischer Feldforschung zu ermitteln und praktisch umzusetzen. Damit könne auf das erschreckend phantasielose Angebot der gängigen Kulturpolitik reagiert werden. Utz Jeggle empfahl dazu der herkömmlichen Feldforschung, die Ziele und Zwecke der veranstalteten Feste nicht aus den Augen zu verlieren, um die derzeit wirksame „Ideologie des Selbermachens" durchschauen und den „Fetisch Kommunikation" entlarven zu können.

Peter Assion

Arnold Lühning

MUSEUM UND ANTIKSHOP - LIEFERANTEN FÜR HEIMAT?

Das Thema dieses Referates, - die Frage nämlich, ob Museen und Antikshop als Lieferanten von Heimat zu betrachten seien, - will gesehen werden vor dem Hintergrund von drei Entwicklungstendenzen, die ich im folgenden kurz umreiße:

1. Eine ungewöhnlich starke Zunahme der Besucherzahlen in allen deutschen Museen: 1971 waren es noch 16 Millionen, bis 1977, in 6 Jahren, hatte sich die Zahl auf 32 Millionen verdoppelt.
2. Parallel zu dieser Entwicklung verläuft seit den 1960er Jahren die Gründung zahlreicher neuer Museen und Sammlungen. Beträchtlich größer aber als die Zahl musealer Neugründungen ist die kaum noch übersehbare Menge nicht institutionalisierter Privatsammlungen, Firmenmuseen, Schulsammlungen, Hobbymuseen, oder wie immer sie sich nennen, auch diese zum größten Teil erst in den letzten 15 Jahren entstanden, - und schließlich werden
3. alle diese Zahlen bei weitem übertroffen von der Zunahme der Antiquitätenläden, die seit den 60er Jahren in Städten und auch auf dem flachen Lande entlang der Hauptferienreiserouten wie Pilze nach dem Regen aus dem Boden geschossen sind.

Es liegt nahe, solche Trends mit anderen Erscheinungen in Beziehung zu setzen, die ebenfalls seit 10-15 Jahren eine ungeahnte Aufwertung im Bewußtsein der Öffentlichkeit erfahren haben, und von denen ich hier nur ein paar aufzählen will:
Denkmalpflege und Stadtsanierung, Natur- und Umweltschutz, Förderung des Geschichtsbewußtseins, Heimattage, Stadtfeste und Jubiläumsfeiern, das Aufkommen eines neuen Regionalbewußtseins, das sich z.B. in zahlreichen Veröffentlichungen niederschlägt: regionale Kochbücher, Bücher mit alten Ansichtspostkarten, eine ganze Flut heimatkundlicher Jahrbücher (hier in Schleswig-Holstein allein rund ein Dutzend), ferner die Neubelebung oder Neuschöpfung von Volkstrachten, -tänzen und -liedern und vieles andere mehr, bis hin zu Romantik-Hotels, Handarbeitsanweisungen für Biedermeier-Stickmustertücher und Wagenrädern an Bungalows. Kein Tag vergeht, an dem nicht Fernsehen, Rundfunk oder Zeitungen über das eine oder andere Ereignis auf diesem weiten Feld berichten können, ein Feld, das natürlich längst vom Kommerz und auch von den Parteien - rechten und linken gleichermaßen - entdeckt worden ist. Was vor einer

halben Generation noch blankem Desinteresse begegnet oder der Lächerlichkeit preisgegeben worden wäre, ist heute wert, bewahrt, gepflegt und mit öffentlichen Mitteln gefördert zu werden.

Was steht hinter solchen Erscheinungen, die man unter dem Schlagwort „Hochkonjunktur für Heimat" zusammenfassen könnte? Spielen Museen und in ihrem Gefolge der Antiquitätenhandel eine Rolle in dieser Bewegung und wenn ja, welche? Leisten sie den oben skizzierten Tendenzen einen Vorschub, prägen sie sie mit durch ihr da-Sein und so-Sein, oder kommt in den eingangs genannten Fakten nur etwas zum Ausdruck, was ohnehin bereits im Schwange ist; sind Museen und der Antikhandel nur Requisitenkammern für Versatzstücke, in denen sich der neue Heimattrend manifestiert? Solche Fragen müssen jeden Museumsmann bedrängen, weil es sein könnte, daß die Arbeit, die heute an Museen geleistet wird, neue Dimensionen öffentlicher Wirksamkeit erreicht hat, über deren Konsequenzen rechtzeitig nachgedacht werden sollte. Wenn der ehemalige Kultusminister unseres Landes auf dem großen Schleswig-Holstein-Tag 1975 das Kieler Freilichtmuseum als „unser schleswig-holsteinisches Heimatdorf" apostrophierte, so unterstreicht das nur die Dringlichkeit solcher Fragen, weil die Museen sich selbst möglicherweise in einer anderen Rolle sehen als diejenigen, die für unsere Kulturpolitik und damit auch für das Wohl und Wehe der Museen verantwortlich sind.

Ich will darum im folgenden versuchen, diese drei Trends: Steigende Besucherzahlen, Neugründungen von Museen und Privatsammlungen und Boom des Antikhandels, im Hinblick auf die Fragestellung des Themas zu analysieren. Als Arbeitsgrundlage dienen mir dabei - leider nicht sehr zahlreiche und im Hinblick auf unsere Frage auch nicht sehr aussagekräftige - Statistiken und Besucherprofile verschiedener deutscher Museen und meine eigenen Beobachtungen hier in Schleswig-Holstein, deren Gültigkeit über die Landesgrenzen hinaus ich nicht verallgemeinern kann, obwohl ich den Eindruck habe, daß der Trend auch in anderen Bundesländern in dieselbe Richtung geht.

Ich beginne mit den Besucherzahlen. Im vergangenen Jahr sind in den Museen der Bundesrepublik 32 Millionen Besuche gezählt worden. Ein erheblicher Teil der Besucher sind „Mehrfachtäter" gewesen, das läßt die Zahl auf etwa 16 Millionen tatsächlicher Besucher zusammenschrumpfen, d. h., daß gegenwärtig etwa jeder vierte Bundesbürger mindestens einmal pro Jahr ins Museum geht. Jedermann weiß, daß die Voraussetzungen für einen Museumsbesuch von Jahr zu Jahr günstiger geworden sind: Mehr Freizeit und Urlaub, größere Mobilität der Bevölkerung, mehr Museen - auch in Urlaubsgebieten, erweiterte Öffnungszeiten, gelegentlich sogar Abschaffung der Eintrittsgebühren. Mit anderen Worten: Es geht sich heute leichter ins Museum als noch vor einem Jahrzehnt. Mit dieser Feststellung ist freilich zunächst nur etwas über die Voraussetzungen gesagt, nicht aber über die Motivation der Besucher, warum heute ganz offensichtlich auch solche Menschen ins Museum gehen, die früher nie daran gedacht hätten. Wir besitzen bisher noch keine Untersuchungen darüber, warum welche Menschen in welche Museen gehen - oder auch nicht gehen. Möglicherweise kann man einer solchen Frage auch gar nicht mit statistisch auswertbaren Besucherbefragungen zu Leibe rücken. In dieses Museum geht man vielleicht, weil dort eine kräftig propagierte Sonderausstellung stattfindet (Stichwort: „Die Staufer"), - in jenes Museum geht man, weil es im Urlaub regnet, und in ein drittes gerät man im Zuge eines Sightseeing-Programms irgendeines Reiseunternehmens.

Ganz eindeutig zeichnen sich aber zwei Fakten ab:
1. daß die größte Zahl der Besucher das Museum positiv animiert verläßt, d. h., daß die latente Bereitschaft, mal wieder ins Museum zu gehen, größer wird, - und
2. daß neben den großen Museen von überregionalem und nationalem Rang in Großstädten vor allem die kulturgeschichtlichen Regionalmuseen prozentual die höchsten Besucherzuwachsraten zu verzeichnen haben. Diese kulturgeschichtlichen Regionalmuseen, die Landesmuseen, Stadtmuseen, Heimatmuseen und Freilichtmuseen, sind aber gerade diejenigen, denen die kritische Frage, ob sie Lieferanten von Heimat seien und ob sie darum so gut besucht werden, in erster Linie zu gelten hat.

Natürlich ist das nicht in dem unreflektierten Sinne zu verstehen, daß ein Mensch ins Museum geht, weil er dort das zu finden hofft, wonach er Heimweh hat. Wenn dem so wäre, würden die von Vertriebenenverbänden gegründeten Heimatstuben und Patenschaftsräume, deren es ja auch hier in Schleswig-Holstein eine erhebliche Zahl gibt, nicht so geringe Besucherzahlen haben, wie es tatsächlich der Fall ist. Und erwiesenermaßen gehen ja auch Einheimische öfter in fremde Museen als in ihr eigenes Museum. Ins eigene Museum gehen die meisten Leute eigentlich nur dann, wenn es dort etwas Besonderes zu sehen gibt - Stichwort: „Sonderausstellung" - oder wenn man Besuch hat. Aber gerade diese Feststellung deutet bereits an, daß Museen doch etwas von Heimat oder das, was man dafür hält, vermitteln und repräsentieren können, wenn auch nicht auf direkte, sondern eher auf eine indirekte Weise, denn die Wirkung von Museumsobjekten besteht ja ganz wesentlich darin, daß sie den Betrachter zur Stellungnahme und zum Vergleich mit dem, was er aus eigener Erfahrung und eigenem Wissen kennt, auffordern oder geradezu herausfordern. Ein Einheimischer wird sich dabei in seinem Wissen bestätigt und versichert finden, vielleicht empfindet er sogar Genugtuung oder Stolz dabei, wenn er sich mit besonders eindrucksvollen Dingen identifizieren kann, die Beziehungen zu seinem eigenen Herkommen besitzen. Der Fremde wird dagegen in der Konfrontation mit dem Neuen, Unbekannten zu ständigen Vergleichen mit dem aus dem eigenen Lebensbereich Vertrauten veranlaßt. - Beide aber, der Einheimische und der Fremde kommen zu dem Fazit: „Bei uns ist das aber so und so", - und eben dies „bei uns" ist wohl die einfachste Formel für einen - oft kaum recht bewußt gemachten - Vorgang heimatlicher Identitätsfindung, dem man sich kaum entziehen kann.

D. h. aber, daß Museen - und vor allem die kulturgeschichtlich-volkskundlichen unter ihnen - sehr wohl zu einer Bewußtmachung dessen, was den heimatlichen Lebensraum gegenüber anderen auszeichnet, beitragen, und je besser und eindrucksvoller die Museen sind, desto stärker tun sie das. Und da positiv animierte Besucher - und das sind, wie schon gesagt, die meisten - gern wieder mal ins Museum gehen, - es muß gar nicht dasselbe, sondern kann und wird sehr oft ein anderes Museum sein -, wird sich dieser Prozeß der Bewußtseinsbildung zukünftig zweifellos noch vertiefen. Das ist aber ein Vorgang, der zunächst einmal völlig wertneutral ist und bei dem die Museen nicht als Vorreiter oder Schrittmacher, sondern eher als Katalysatoren für latent vorhandene Tendenzen wirken. Die gewaltigen Besucherzahlen einer Dürer- oder einer Caspar-David-Friedrich-Ausstellung, mit denen nicht einmal die Initiatoren der Ausstellungen selbst gerechnet hatten, sind Paradebeispiele für das Zutagetreten solcher Bedürfnisse einer Bewußtseinsbildung, die vorher offenbar gar nicht erkannt oder zumindest nicht richtig eingeschätzt worden waren. Auf die Konsequenzen, die das für Museen und museale Arbeit haben muß, werde ich am Schluß meines Referates eingehen.

Damit komme ich zu Punkt zwei, der starken Zunahme von Museen und Privatsammlungen in den letzten zwanzig Jahren. Auch dazu ein paar Zahlen, bei denen ich mich auf Schleswig-Holstein beschränke, weil mir Vergleichsmaterial aus andern Bundesländern fehlt.

Schleswig-Holstein besitzt heute 94 der Öffentlichkeit zugängliche Museen. Von diesen sind 24, d. h. mehr als ein Viertel, seit 1960 eröffnet worden. Vier dieser Neugründungen sind naturwissenschaftliche Sammlungen, weitere vier sind personalgeschichtliche Sammlungen mit kulturgeschichtlicher Ausrichtung, weitere vier sind technik-geschichtliche Museen, und der Rest, die Hälfte, sind Museen rein kulturgeschichtlich-volkskundlicher Observanz, angefangen mit einem großen Freilichtmuseum bis hin zu kleinen heimatkundlichen Ortssammlungen. Etwa die Hälfte der 24 neugegründeten Museen sind institutionalisierte Privatsammlungen, bei denen die Trägerschaft vom ursprünglichen Initiator und Besitzer der Sammlung auf irgendeine öffentliche Institution, Verein, Gemeinde, Kreis oder Stiftung, übergegangen ist. Bei der andern Hälfte ist es umgekehrt, indem irgendwelche Institutionen, Vereine, Gemeinden oder auch Firmen, meistens durch die Initiative eines besonders museumsbeflissenen Mannes, sich die Gründung und den Aufbau eines Museums zum Ziel gesetzt hatten.

Leider kann ich für die Gründung neuer Privatsammlungen in demselben Zeitraum keine exakten Zahlen nennen, weil solche Sammlungen schwer einzugrenzen sind und sich statistischen Erhebungen leicht entziehen. Ich glaube aber, daß es nicht zu hoch gegriffen ist, wenn man auf jede Museumsneugründung zwei Gründungen von Privatsammlungen rechnet, wobei ich jetzt nicht an Bierdeckel- und Streichholzschachtelsammlungen denke, sondern nur an solche, die bereits museale Tendenzen verfolgen, d. h. nach Art und Umfang der Bestände den Kern eines zukünftigen Museums bilden könnten - wenn auch nicht müssen. Denn es ist eine altbekannte Tatsache, daß Privatsammlungen, wenn sie sich nicht institutionalisieren, selten die zweite und kaum jemals die dritte Generation erreichen. Auch bei diesen Privatsammlungen überwiegt thematisch ganz eindeutig Sammlungsgut orts- oder heimatkundlicher und kulturgeschichtlicher Art, wobei die Qualität der Sammlungen und die Qualifikation der Sammler von naivem Dilettantismus bis hin zu fast schon Professionellem reichen kann.

Da also die Übergänge zwischen Museum und Privatsammlung fließend sind, erscheint es berechtigt, die Frage nach den Triebkräften, die zu solchen Gründungen geführt haben, für beide - Museen und Privatsammlungen - gemeinsam zu behandeln. Ich muß dazu vorausschicken, daß weder das Überwiegen kulturgeschichtlich-volkskundlicher Tendenzen noch die Art der Entstehung - von vornherein als Museum oder auf dem Vorwege über eine Privatsammlung - neu und ungewöhnlich sind; im Gegenteil, diese Erscheinungen liegen durchaus im Rahmen der allgemeinen Entstehungsverhältnisse deutscher Museen. Das einzige, was aus diesem Rahmen herausfällt, ist das Anschwellen der Gesamtzahlen, das sogar die erste große Museumsgründerzeit nach 1871 erheblich übertrifft. Zwischen 1872 und 1914, also in 43 Jahren, entstanden in Schleswig-Holstein rund 35 neue Museen, also pro Jahr im Schnitt 0,8 Museum, von denen allerdings nur rund 30 die Zeitläufte überstanden haben. Über die Zahl und Art von Privatsammlungen dieser Zeit wissen wir leider nur sehr wenig. Demgegenüber sind zwischen 1960 und 1978 in 19 Jahren 24 Museen gegründet worden, also 1,3 Museum pro Jahr, und etwa doppelt soviele Privatsammlungen.

Für die überwiegende Mehrzahl dieser Museen und Sammlungen gilt, daß sie nicht aus Gründen der Repräsentation oder als Kapitalanlagen und Spekulationsobjekte entstanden sind. Die wenigen Fälle, bei denen das tatsächlich so ist, sind bekannter als die vielen Fälle, bei denen es nicht so ist, insofern könnte da leicht ein falscher Eindruck entstehen. Auch spezifische Fachinteressen oder fachliche Qualifikationen der Initiatoren haben nur bei etwa der Hälfte der neuen Museen und bei einem noch kleineren Teil der privaten Sammlungen eine gewisse Rolle gespielt.

Thematik und Sammlungsgut der Mehrzahl aller Fälle lassen dagegen deutlich erkennen, daß der Gründung ein mehr oder weniger allgemeines Interesse an der vergangenen heimischen Lebens- und Arbeitswelt zugrunde gelegen hat, oder vielleicht besser noch: Ein Interesse an den Relikten, in denen sich diese Lebens- und Arbeitswelt manifestiert. Insofern bestehen also durchaus Parallelen zu den alten Heimatmuseen der ersten Museumsgründerzeit, nur daß heute

- nicht nur aus Mangel an noch vorhandener Masse - der Schwerpunkt des Sammelns sich von den Erscheinungen der bürgerlichen Lebenswelt und der Volkskunst, die damals durchaus im Vordergrund standen, häufig auf das einfachste Gut der alltäglichen Lebens- und Arbeitswelt verschoben hat, ein Bereich übrigens, der in den alt-etablierten Museen auch heute nur ausnahmsweise Berücksichtigung findet.

Parallelen zu der ersten Museumsgründerzeit bestehen aber auch insofern, als sich die rasche Zunahme der Museen und Sammlungen damals wie heute vor dem Hintergrund eines ungeahnten wirtschaftlichen Aufschwungs abspielte, der eine rasche Verdrängung vieler altgewohnter und bis dahin selbstverständlicher Lebenserscheinungen zur Folge hatte. Und es liegt wohl in der Natur der Sache, daß in Zeiten rascher Veränderungen das Bewußtsein für das, was in Verlust zu geraten droht oder bereits in Verlust geraten ist, besonders leicht geweckt und geschärft wird.

Der Widerhall und auch die öffentliche Unterstützung, die gerade diese jungen Gründungen in ihrer näheren und weiteren Umgebung finden, läßt erkennen, daß sie zu Kristallisationspunkten einer Bewußtmachung von Gefährdetem und bereits Entschwundenem geworden sind. Dabei scheint ein ganz selbstverständlicher und kaum in Frage gestellter Konsensus darüber zu bestehen, daß es sich um positive Werte handelt, die in Verlust geraten sind, - Werte, die man mit den Komparativa „einfacher, solider, schöner, menschlicher" umschreiben könnte, bei denen allerdings die dazugehörigen Begriffe „ärmlicher, mühsamer und härter" meistens übersehen werden. Das aber ist eine Feststellung, die uns in ähnlicher Form bei der Frage nach der Kaufmotivation im Antikhandel wiederbegegnen wird, dem ich mich nun als der dritten Erscheinung zuwende.

Auch hier zunächst ein Zahlenbeispiel: In Flensburg, einer Stadt mit jetzt 93.000 Einwohnern, gab es in den 30er Jahren 3 Antiquitätenhändler, seit den 1960er Jahren ein knappes Dutzend, und heute sind es fast 50, die dort ihre Geschäfte treiben.

Ich habe im Thema meines Referates ganz bewußt die Bezeichnung „Antikshop" gewählt, um keine Zweifel daran zu lassen, daß ich hier nicht so sehr von dem alt-etablierten und hochkarätigen Kunst- und Antiquitätenhandel spreche, sondern vielmehr von der großen Zahl jener fachlich meistens kaum qualifizierten, aber geschäftlich durchaus tüchtigen Händler, die unter Bezeichnungen wie „Antikshop, Opa- und Omaladen, Antikflohmarkt" usw. mit Sachen handeln, die man noch vor zwanzig Jahren bei Haushaltsauflösungen zum größten Teil ohne Bedauern dem Sperrmüll oder der Schuttkuhle anvertraut hätte, die aber heute eine ähnliche Aufwertung im Bewußtsein - wenigstens eines Teiles unserer Bevölkerung - erfahren haben, wie es vergleichsweise wohl nur noch bei der Arbeitskleidung armer Cowboys, den Blue Jeans, der Fall ist. Es läge nahe, den modernen Antikhändler mit dem Altwarenhändler vergangener Zeiten gleichzusetzen, aber das gilt höchstens - und auch nur in beschränktem Umfang-

hinsichtlich seiner Ware, nicht dagegen hinsichtlich der Motivation der Kunden: Beim Trödler kaufte man second-hand-Ware billig ein, weil man sich die first-hand-Ware nicht leisten konnte, und man kaufte natürlich nur das, was man wirklich brauchte. Beim Antikhändler kauft man second-hand-Ware teuer ein, weil man die billigere first-hand-Ware nicht leiden mag, und man kauft Dinge, die man eigentlich nicht unbedingt braucht. Der Trödler war eine Erscheinung einer Mangelsituation, der Antikshop ist eine Erscheinung einer Überflußsituation. Ich bin mir durchaus bewußt, daß das, was ich hier so pointiert zu definieren versuche, in Wirklichkeit nicht so scharf zu umreißen ist, denn die Skala der Möglichkeiten reicht in diesem Gewerbe vom respektablen Ladengeschäft bis zur obskuren Hinterhofgarage, aber die große Zahl der Männer und Frauen, die in den letzten zwanzig Jahren in dies Metier eingestiegen sind, dürfte hinlänglich beweisen, daß es sich - wenigstens gegenwärtig noch - um ein lohnendes Geschäft handelt.

Uns sollen hier aber weniger die Händler interessieren, obwohl auch das ein reizvolles Kapitel wäre, sondern vielmehr die Käufer und die Frage, warum sie was kaufen. Was ich Ihnen dazu sagen kann, ist das Resultat aus zahlreichen Gesprächen, die ich sowohl mit Antiquitätenhändlern aller Schattierungen als auch mit Käufern von Antiquitäten geführt habe, und ich muß dazu gleich bemerken, daß das Bild, das ich auf diese Weise gewonnen habe, anders aussieht, als ich es mir vorgestellt hatte.

Fast alle Händler legen Wert darauf zu betonen, daß ihre Käufer „besseren" Schichten angehören: Ärzte, Juristen, Offiziersfrauen(!), Lehrer, - vor allem aber Leute, die sich ein altes Bauernhaus oder eine Kate als Zweit- oder Erstwohnung auf dem Lande gekauft haben (und die dann wohl wieder identisch mit den „besseren" Schichten sind), und Feriengäste hier im Lande, die offenbar geradezu einen Sport daraus machen, Antikshop für Antikshop in der Hoffnung auf Trouvaillen zu durchstöbern. Natürlich ist nicht auszuschließen, daß der hohe Anteil des „besseren" Publikums darum so hervorgehoben wird, weil sich damit zugleich auch das Renommee des Geschäftes hebt, trotzdem scheint der Anteil dieser Käuferschicht zumindest im Hinblick auf den Gesamtumsatz tatsächlich groß zu sein. Jüngere Leute - damit sind Käufer gemeint, die noch kein festes Einkommen haben, - spielen dagegen eine ganz untergeordnete Rolle, was bei den heutigen Preisen im Antiquitätenhandel nicht weiter zu verwundern braucht. Was sie kaufen, gehört denn auch meistens zu den gegenwärtig noch weniger gefragten und darum billigeren Objekten der 20er und 30er Jahre.

Wenn ich jetzt sage, daß die weitaus größte Nachfrage nach solchen Objekten besteht, mit denen man seiner Wohnung oder seinem Haus den Anstrich einer gelungenen Mischung von „Ererbtem" und Modernem geben kann, dann erlaubt das bereits Rückschlüsse auf die Motivation der Käufer. Denn, ganz unabhängig davon, ob die neuerworbenen Stücke ihre ursprüngliche Funktion behalten - z.B. ein altes Sofa - oder ob sie ihren praktischen Funktionswert verloren haben und nur noch dekorative Zwecke erfüllen sollen - z. B. die Petroleumlampe im Bücherregal -, gilt für alle diese Dinge, daß sie in den Augen ihrer Besitzer zusätzliche Qualitäten gewonnen haben, die wichtiger als der reine Gebrauchswert sind: Manchmal genügt es schon, daß die Sachen alt sind, weil „alt" ganz unreflektiert mit „schöner" oder „wertvoll" gleichgesetzt wird. Es können aber auch Qualitäten ästhetischer oder herstellungstechnischer Art sein, die einem alten Stück neuen Wert verleihen; allzugern wird jeder Schnörkel, jedes Ornament als ein Stück handwerklicher Individualität gegenüber dem perfektionierten Serienprodukt der Industrie empfunden. Und schließlich beweist man mit dem Besitz solcher Dinge nicht nur einen unkonventionellen Geschmack - „man hat, was nicht jeder hat" -, sondern zugleich regt sich auch eine neue Art von Denkmalschützerbewußtsein: Man hat ein Stück Möbel oder vielleicht sogar ein ganzes Haus, das schon verworfen war, in seinem wahren Wert erkannt und wiederentdeckt - so wie der Prinz das Aschenputtel, und damit obendrein natürlich auch noch einen guten Kauf getan. Und ein letztes: Da sich ein überraschend großer Teil der Käufer als Hobby-Restauratoren betätigt, eröffnet sich die Möglichkeit, sich das gute Stück durch eigener Hände Arbeit sozusagen zum zweiten Male anzueignen. Dadurch aber entstehen emotionale Bindungen, die mit den Gefühlswerten von „echten Erbstücken" durchaus vergleichbar sind, die sich bei moderner Konfektionsware dagegen ganz gewiß nicht in gleicher Weise entwickeln könnten.

Was ich hier zur Motivation der Käufer sage, ist verständlich nur vor dem Hintergrund unserer gegenwärtigen geistigen und gesellschaftlichen Situation, die sich am besten wohl mit den Worten: Ernüchterung und Suche nach Ersatz für Verlorengegangenes umschreiben läßt. Ob das, was der Antikhandel dazu liefert, vollgültiger Ersatz sein kann im Sinne einer neuen geistigen oder auch materiellen Heimat, muß mit Fug und Recht bezweifelt werden - dafür reicht der qualitative Gehalt der Ware im allgemeinen wohl kaum aus. Insofern ist der Antikhandel nur Symptom, aber nicht Heilmittel für ein Defizit, das, nachdem es erst einmal artikuliert worden war - denken Sie an das Schlagwort von der „Unwirtlichkeit unserer Städte" -, rasch in das allgemeine Bewußtsein eingegangen und fast schon eine Modesache geworden ist.

Ich glaube, daß das Material, das ich hier vor Ihnen ausgebreitet habe, ausreicht, um - zusammenfassend - fünf Thesen zu formulieren:

1. Die steigenden Besucherzahlen sind ein Zeichen dafür, daß Museen in einem früher nicht gekannten Maße neuen geistigen Bedürfnissen weiter Bevölkerungskreise entgegenkommen.

2. Mit diesen Bedürfnissen sind anschauliche Erlebnisse, Erfahrungen und Erkenntnisse gemeint, die dazu beitragen können, sich

mit den Besonderheiten des heimatlichen Lebensraumes zu identifizieren - als Standortbestimmung auch im Hinblick auf die Gestaltung der eigenen Umwelt.

3. Die Museen sind nicht Urheber solcher Bedürfnisse, aber sie wirken als Katalysatoren und Multiplikatoren im Sinne einer Bewußtmachung von Werten, die früher scheinbar reichlicher vorhanden waren, die man aber heute nur noch im behüteten Raum des Museums oder eines vergleichbaren Reservates glaubt finden zu können.

4. Die große Zahl von Museums- und Privatsammlungsgründungen der jüngsten Zeit ist sozusagen die Kehrseite derselben Erscheinung. Denn was in den meisten dieser jungen Gründungen gesammelt wird, verkörpert - zumindest in den Augen ihrer Initiatoren - einen Teil eben jener Werte einer vergangenen Lebens- und Arbeitswelt, deren Fehlen heute als Mangel und als Verlust empfunden wird.

5. Symptom dieser neuen Bewußtseinshaltung ist aber der Boom des Antikhandels, der, Nutznießer und Helfer zugleich, seinen Teil dazu beiträgt, daß der Privatmann sich im häuslichen Bereich mit Dingen der Vergangenheit umgeben kann, denen er jene Qualitäten beimißt, die er bei den Gegenwartsprodukten entbehrt.

Das alles bedeutet aber im Hinblick auf die Fragestellung dieses Referates, daß Museen sehr wohl etwas liefern können, was verstandes- und gefühlsmäßige Bindungen zwischen Mensch und Objekt, zwischen Mensch und Umwelt - geschichtlicher und gegenwärtiger - herstellt. Museen können Materialien liefern, Maßstäbe setzen und die Augen öffnen für Werte, mit denen zu identifizieren sich lohnt, kurz sie können dazu verhelfen, ein Stück geistiger Heimat in unserer Zeit zu finden. Und die Antikshops können ganz harmlos ihren Teil dazu beitragen, daß sich dieser Prozeß nicht nur im Gedanklichen abzuspielen braucht, sondern zugleich auch an käuflich-handgreiflichen Objekten konkretisieren kann.

Aber - mit dieser positiven Einschätzung allein darf es nicht sein Bewenden haben: Museen können auch stumm bleiben, sie können - schlimmer noch - falsche Eindrücke und Halbwahrheiten vermitteln, sie können verzerrte Maßstäbe setzen und die Augen blenden mit Scheinwerten, je glänzender desto effektiver. Und die Antikshops wären dann nur die Nutznießer irregeleiteter Bedürfnisse, die aus solchen fahrlässig herbeigeführten Wunschträumen klingende Münze schlagen.

In dieser - absichtlich schwarz-weiß gehaltenen - Gegenüberstellung kommt zum Ausdruck, wo die Aufgaben und die Verantwortung gegenwärtiger Museumsarbeit liegen: Wenn es den Museen gelingt - und ich zitiere jetzt aus der Empfehlung des Deutschen Städtetages: "dem Bürger sein Selbstverständnis zu erleichtern, d.h. Kenntnisse und Fähigkeiten zur kritischen Auseinandersetzung mit den Problemen der Gegenwart und ihren historischen Zusammenhängen zu vermitteln", - nur wenn das gelingt, werden die Museen den ihnen auferlegten Beitrag zum Thema Heimat in unserer Zeit liefern können.

Einige Literatur- und Quellenhinweise

Zum Thema „Heimat":

Joachim Kruse: Hochkonjunktur für Heimat? In: Heimat. Referate und Ergebnisse einer Tagung in der Evangelischen Akademie Nordelbien, Bad Segeberg, vom 25. bis 27. November 1977. Hrsg. v. Joachim Kruse und Klaus Juhl, Schleswig 1978. S. 9 ff.

Martin Greiffenhagen (Hg.): Der neue Konservativismus der siebziger Jahre. Rowohlt, Reinbek b. Hamburg 1974.

Zum Thema Museumsbesucher:

Günter Gall: 1977 Neuer Besucherrekord in den Museen. In: Museumskunde, Bd. 43, 1978, S. 113.

Günther Gottmann: Bericht über ein Besucherprofil des Deutschen Museums. In: Museumskunde, Bd. 42, 1977, S. 29 ff.

G. Behrmann: Werbung für das Nordseemuseum Bremerhaven. In: Museumskunde, Bd. 43, 1978, S. 33.

Rundschreiben der Arbeitsgemeinschaft schleswig-holsteinischer Museen, Besucherstatistiken 1976-1978.

Besucherstatistiken des Schleswig-Holsteinischen Landesmuseums, Schleswig, Schloß Gottorf, 1965-1978.

Zum Thema Museumsgründungen:

Museumskunde, Bd. 42, 1977, S. 48 f.
Museumskunde, Bd. 43, 1978, S. 47 f., S. 104 f.
Ferner zahlreiche Notizen in der regionalen und überregionalen Presse über Museumsneugründungen.

Zum Thema Antiquitätenhandel:

Statistische Untersuchungen über das Ausmaß des Antiquitätenhandels sind mir nicht bekannt. Gewisse Anhaltspunkte für den Umfang der Interessen und der Nachfrage können Sammlerzeitschriften, z.B. das Sammlerjournal, geben. Vgl. dazu auch eine Notiz in den Schleswiger Nachrichten v. Febr. 1979, derzufolge allein in Nordrhein-Westfalen und Niedersachsen 1977 „Bauernmöbel und sonstige Antiquitäten (Zinn, Kupfer, Familienschmuck, Jagdwaffen) im Werte von 30 Millionen Mark gestohlen wurden, was gegenüber 1976 eine Steigerung um 50 % ausmacht".

Zur Empfehlung des Deutschen Städtetages v. 10. 7. 1973 vgl. : „Das Museum und sein Publikum". Zusammenfassung der Referate, Statements und Informationen des XIV. Deutschen Kunsthistorikertages, Hamburg, 1974.

Willi Stubenvoll

ALLTAGSKULTUR IM MUSEUM?
- Ein Beispiel - [1]

Es ist nicht sonderlich schwer, den Bogen vom Thema „Heimat und Identität" zum Stichwort Alltagskultur zu spannen. Vom Begriff Alltagskultur zur Darstellung im Museum zu kommen, ist demgegenüber weitaus schwieriger, weil trotz der permanenten Forderungen, dies zu tun, in den letzten 20 Jahren die Realisierung nur sehr bruchstückhaft vonstatten geht. Erste Ansätze fanden wir in Spezialmuseen, von der Ambition her in Freilichtmuseen, ebenso wie im Historischen Museum Frankfurt, um nur ein Beispiel zu nennen [2].
Darstellung von Alltagskultur im Museum heißt immer die Darstellung einer historischen Alltagskultur [3]. Hier nun setzt das generelle Problem der kulturhistorischen Museen ein, die sich eine solche Darstellung heute auf die Fahnen geschrieben haben, während noch vor wenigen Jahren oder Jahrzehnten besonders das Außergewöhnliche gesammelt wurde und also folgerichtig genau das, was nicht der Alltagskultur im weitesten Sinne entspricht. Es ist ein altes Lied, das ich singe: Man hätte eben nicht der traditionellen Rolle des Museums entsprechend das Außergewöhnliche sammeln müssen und damit, einzeln besehen, ein jeweiliges besonders qualitätvolles Relikt. Daniel Spoerri ist es jüngst gelungen, in einer Anhäufung von Relikten ein Spektrum von Alltagskultur aufzuzeigen, dessen einziger Nachteil der geforderte hohe Reflexionsquotient beim Rezipienten ist [4]. Ähnliches haben die Tübinger Kollegen mit ihren Lernausstellungen betrieben. Ich darf in diesem Zusammenhang auf den heute noch zu vertretenden Beitrag von Martin Scharfe anläßlich der Frankfurter Tagung der dgv 1973 verweisen [5].
Aber ist Alltag mit weniger als einem breiten Spektrum zu verdeutlichen? Spielen nicht alle die verschiedenen Implikationen von Alltag ununterbrochen zusammen, um Alltagskultur schließlich zu bilden?
Es müßte also, um Alltagskultur überhaupt für das Museum erfassen zu können, zunächst jeder Aspekt des Alltags in seinen Objekten und Objektivationen getreu dem alten Prinzip des Sammelns zusammengetragen und forschend interpretiert werden, um dann im Zusammenhang schließlich plausibel, vielleicht in der Art der Lernausstellung, präsentiert werden zu können. ·
Wie angedeutet, scheitert die Darstellung historischer Alltagskultur am Vorhandensein der entsprechenden Sammlungsstücke. Sehen

wir beispielsweise die Freilichtmuseen an, in denen Gebäude einer bestimmten Epoche gezeigt werden, die allerdings mit Einrichtungsgegenständen ganz anderer Zeiten und ganz anderer sozialer Zusammenhänge ausgefüllt sind. Der Problematik des Anachronismus ist man sich bewußt, hat jedoch die passende Ausrede parat und, dies ist hypothetisch gemeint, täuscht damit den Besucher in seiner Erwartungshaltung.

Aus bestimmten Epochen ist eben nichts Alltägliches zu finden und damit Alltagskultur auch praktisch nicht reflektierend darzustellen. Wo nichts ist, scheint nichts zu holen. Es geht ja um den historischen Alltag in jedem Fall - und Relikte einer Epoche sind regional nicht beliebig austauschbar, aber eben genau so regional nicht immer vorhanden. Ersatz als bewußte Verfremdung wäre didaktisch nicht unbedingt immer haltbar.

So selten also Objekte der Alltagskultur verfügbar sind, um so besser läßt sich Alltagskultur in aller Vielfalt archivalisch erfassen. Hier nun die Forderung, die im allgemeinen den Tendenzen der Arbeit zur Vorbereitung einer Lernausstellung entspricht: Abkehr vom Ausgehen vom Objekt und dafür inhaltlich korrekte Archivforschung, die in der Schilderung einer Zeit ohnehin das „Primat der Exponate" (Scharfe) verneint. Maßstab für die museale Präsentation wäre demnach die historisch fundierte Zielrichtung, die es anschaulich mit den Mitteln, die eben nur das Museum zur Verfügung hat, zu füllen gilt. Das bedeutet:

1) Abkehr vom Objekt;
2) Sammeln historischer Fakten und deren Interpretation;
3) Zielbestimmung der Aussage des Museums;
4) Visualisierung mit allen dem Museum innewohnenden Möglichkeiten.

Damit sind dann auch wieder die Objekte in dem ihnen gebührenden dreidimensionalen Argumentationsfeld vertreten, aber eben nur auch vertreten, denn inzwischen dürfte sich die Meinung durchgesetzt haben, daß es ein belangloser und gefährlicher Topos ist, von der Autonomie des Einzelobjekts zu sprechen. Das Einzelobjekt ist nicht in der Lage, historische Zusammenhänge zu zeigen, und schon gar nicht geschaffen, die Umsetzung dieser Zusammenhänge zu ermöglichen. Alltagskultur und Volkskultur sind a priori historische Zusammenhänge, eben kulturelle Zusammenhänge, die nicht durch die Darstellung eines als paradigmatisch bezeichneten Objekts oder durch eine Anhäufung verschiedener einzelner Objekte dargestellt und plausibel gemacht werden können. In jedem Falle bedürfen Einzelobjekte der parallelen Darstellung und Erläuterung von jeweiligen auf die Objekte bezogenen Interaktionen und nicht dreidimensional präsentierbaren Objektivationen. Um es noch einmal zu betonen: Es geht nicht mehr um die dienende Funktion des einzelnen und isolierten Ausstellungsstücks, sondern um die Funktion des Museums.

Ein Museum, das sich Spezialaspekten widmet, Pferdekutschen oder Automobilen beispielsweise, hat es in seinen Darstellungsmöglichkeiten ungleich leichter als ein Museum, das von einer abstrakteren Zielsetzung ausgeht, die aber durchaus konkret sein kann, also beispielsweise von der Forderung, historische Phänomene zur Anwendung heute aufzubereiten und Orientierungsmaßstäbe für das eigene Verhalten zu schaffen. Im derart bildungsbezogenen Bereich herrscht kein Mangel an Wertmaßstäben, aber die „Unfähigkeit, sie zu handhaben" [6]. Ich denke dabei an die allerorts wuchernden Prestigeausstellungen und positivistischen Shows, wie Staufer-, Giambologna- oder sogar Parlerausstellung. Um aber eine verwertbare Aussage zu erzielen, ist zunächst harte Arbeit notwendig. Damit meine ich in diesem Fall harte Archivarbeit. Der rapide Historisierungsprozeß in der Öffentlichkeit kommt dieser Ambition entgegen. Das wiederum war der Nutzeffekt von Tut-ench-Amun und Staufern. Es war leider häufig der einzige Nutzeffekt. Wieviel ein guter Griff in die Archive bedeutet, sehen wir eher in anderen Medien wie dem Fernsehen oder der Literatur als in den Museen, die eigentlich die kulturhistorischen Pulsschläge und damit eben auch Alltag aufgrund ihrer Aufgabenstellungen leichter und authentischer diagnostizieren können sollten, als dies in populäreren, aber auch vergänglicheren Medien geschieht.

Ein Vorteil des Museums ist seine Unmittelbarkeit und seine Permanenz. Die Sprache des Museums aber ist die Dreidimensionalität, die räumliche Erfaßbarkeit, die es von anderen Medien unterscheidet.

Heimat und Identität waren nicht nur recht gängige Schlagworte der kommunalpolitischen Diskussionen, sondern auch regelrecht Verkaufsargumente, unter deren Vorbedingungen ein ganzes Seminar des Instituts für Kulturanthropologie und Europäische Ethnologie der Universität Frankfurt im Sommersemester 1977 antrat, um ein Museum „zu machen", womit wir gleich bei den Problemen regionaler Kultur sind:

Für die in einem Zimmer zusammengepferchte Heimatsammlung der Stadt Neu-Isenburg, einem Industriestädtchen direkt südlich angrenzend an Frankfurt, wurde unter Abriß eines denkmalgeschützten Gasthauses mit hohen Investitionen ein Neubau in gleicher Form errichtet. Eine überaus aufgeschlossene lokale Kulturpolitik versuchte in dieser Stadt zu dieser Zeit in eigentlich einmaliger Weise, die Faktoren Arbeit, Bildung, Freizeit in einer Konkurrenzsituation zur Großstadt in den Vordergrund zu stellen und miteinander zu vereinbaren. Um es vorweg zu sagen, die Konzeption hatte Erfolg, abgesehen vom bis heute in seiner Rolle noch nicht integrierten Heimatmuseum. Für dieses Museum aber wurde gerade der Bildungsaspekt in einem komplementären Verhältnis zu den anderen kulturellen Aktivitäten besonders gefordert und von der Öffentlichkeit in entsprechenden Resolutionen unterstützt. Dies entspricht einer allgemeinen Tendenz im Museumswesen, und zwar nicht so sehr im Sinne einer

Allgemeinbildung, die sich ohnehin nie zwischen humanistischen Inhalten und sozialer Verpflichtung entscheiden kann, als vielmehr im Dienste politischer Inhalte, im speziellen besonders kommunalpolitischer Inhalte, die ganz bewußt in die Aufgabenstellung, die zum Teil vorgefunden wurde, eingeplant waren.

Der Bildungsaspekt geht von vornherein einher mit der Suche nach Identität, in diesem Fall über kommunale und regionale Identität sogar nach ethnischer und religiöser Identität. Bekanntlich hat gerade in Hessen die Gebietsreform zu ausgesprochen inhomogenen kommunalen Gebilden geführt, die oft mehrere kleine Orte zu größeren Gemeindeeinheiten zusammenfassen und dabei zu oft mit einem Federstrich historische Eigenheiten auszutilgen versuchte. Gerade in kleineren Ortseinheiten aber ist nach dieser Gebietsreform das Streben zu beobachten, mit Hilfe kultureller Bemühungen, man möchte fast sagen kultureller Zwangsmaßnahmen, eine gemeinsame historische Basis, eine Legitimation für die neue Kommune herzustellen. Ausgesprochen beliebtes Ziel, abgesehen von der ökonomischen Grundhaltung, nicht mehrere Museen betreiben zu müssen, war neben der obligatorischen Einführung gemeinsamer Bürgerhäuser und Veranstaltungszentren auch die Einrichtung gemeinsamer Museen. In der Folge hat sich, zumindest in Hessen, diese Haltung zu einer Inflation der Museen ausgeweitet, wobei sich die Innovatoren häufig nicht darüber im klaren waren, daß zu einer Darstellung innerhalb eines Museums nicht nur finanzielle Mittel in erheblichem Umfange gehören, sondern vor allen Dingen auch eine langjährige Forschungsarbeit und ganz besonders ein halbwegs akzeptabler Bestand an Objekten, um mediengerecht, also museumsgerecht, ein Museum im Dienste von Bildungs- und Integrationsfunktionen einzurichten. Gegenläufig ist die Tendenz ebenso zu beobachten. Kleinere Ortsteile und ältere Ortskerne beharren, über die politischen Möglichkeiten von Ortsbeiräten, auf ihren Heimatstuben und versuchen so, historische Eigenheiten im Ortsteilbereich zu erhalten. Die Qualität der kleinsten Museen läßt aber meist zu wünschen übrig. Zu sehr blieb man beim alten Heimatmuseum der Heimatstube hängen, dem Sammelsurium von Objekten, die in mehr oder minder nostalgischem Verständnis aneinandergereiht, allein durch die Fülle imponierten, nicht so sehr aber durch Aufeinanderbezogenheit und argumentative Darstellung.

Über eigene Erfahrungen darf ich kurz berichten: Im Sommersemester 1977 bekam eine Arbeitsgruppe des Instituts für Kulturanthropologie und Europäische Ethnologie der Universität Frankfurt den Auftrag, im Rahmen eines Praktikums die ausgelagerten Museumsbestände der Stadt Neu-Isenburg zu inventarisieren und, nachdem dies geschehen war, eine Konzeption für ein neues Museum zu entwickeln. Der Ausgangspunkt war die Auflage, eine gemeinsame historische Identität für alle Bürger der Stadt Neu-Isenburg zu finden und die historische Alltagskultur der Gründerzeit darzustellen. Wie Arnold Lühning es formuliert, war man sich darüber klar, daß

Museen „Bedürfnissen weiter Bevölkerungskreise nach Identifikationsmöglichkeiten mit dem heimatlichen Lebensraum im Sinne einer Standortbestimmung entgegenkommen" [7]. Ausgehend von überkommener Geschichtsschreibung hoffte man auf „die Bewußtbarmachung von Werten, deren Fehlen heute allgemein als Mangel empfunden wird" [8].

Kurz zur historischen Entwicklung der Stadt, wie sie von der bisherigen lokalen Geschichtsschreibung gesehen wurde: Ein gottesfürchtiger Landesherr ruft aus Mitleid hugenottische Glaubensflüchtlinge in seinen Kleinstaat, um ihnen nach Entbehrungen und religiöser Verfolgung eine neue Heimat zu gewähren. Im Jahre 1699 werden sie auf einem typisch hugenottischen Stadtgrundriß angesiedelt und leisten als „Hugenotten" ein Jahr später dem Grafen Jean Philipp, sein Name, den Huldigungseid. In ungebrochener Tradition, wie aus den Familiennamen ablesbar, beseelt von der Liebe zu Gott und der neuen Heimat, existiert die Kommune bis heute, und zwar mit allen hugenottischen Tugenden ausgestattet, die man sich nur vorstellen kann.

Ich muß ehrlich gestehen, daß auch die Mitglieder der Arbeitsgruppe sowie auch ich von diesen Prämissen ebenso wie frühere Heimatforscher ausgingen und ganz im Sinne Lühnings hierin eine Identifikationsebene für ursprünglich ansässige wie zugezogene Bürger der 40.000-Einwohner-Stadt erblickten. Entsprechend sah die Museumskonzeption anfangs aus, die einhellig in der Stadt begrüßt wurde. Folgerichtig bekam die Arbeitsgruppe den Auftrag, die erste Abteilung, nämlich die Geschichte der Hugenotten in Neu-Isenburg, darzustellen. Da, wie die Arbeitsgruppe während der Inventarisierungsarbeiten erkannt hatte, keinerlei Objekte aus der Gründerzeit im Museumsbestand vorhanden waren, suchte man zunächst nach Relikten aus hugenottischer Vergangenheit. Was bei der Bevölkerung zu Tage gefördert wurde, waren einige Bibeln in französischer Sprache, die heute kaum einer der Bewohner Neu-Isenburgs, auch nicht die sogenannten Chronisten, zu lesen in der Lage sind, ebensowenig wie die Dokumente, die in verschiedenen Archiven lagern. Was aber vor allen Dingen zu Tage trat, war eine ganze Menge von Fehlzuschreibungen, die sichtbar hundert oder zweihundert Jahre später das Geschichtsbild unserer Tage prägten: Darstellungen, wie es damals gewesen sei, eben Belege für das Geschichtsbild nach 1870/71, das den Hugenotten als den guten Teil des bösen Erbfeindes zeichnete [9].

Soweit ganz grob als Beschreibung des von der Arbeitsgruppe vorgefundenen Hintergrunds. Es blieb einfach kein anderer Weg, als entsprechend dem vorhin Gesagten die Hoffnung aufzugeben, von Objekten ausgehen zu können, und sich zunächst einmal vom Stand der Geschichtsschreibung zu lösen und eigene Archivforschungen zu betreiben. Dies bereits stieß auf Widerstände der Heimatforscher, die der Meinung waren, daß eigene Arbeiten, veröffentlicht in den Tageszeitungen, bei weitem genügten, um das historische Bild zu komplettieren. Meterweise wurden dagegen unbearbeitete Akten entdeckt, ständig wurden von Mitgliedern der Arbeitsgruppe grobe Übersetzungsfehler gefunden in den wenigen Auszügen, die existierten. Bei umfangreicher und fast ein Jahr dauernder Archivarbeit, an der 12 Studierende des Instituts beteiligt waren, stellte sich das historische Bild der Zuwanderungsepoche plötzlich ganz anders dar:

Angeregt von den wirtschaftlichen, geistigen und militärischen Erfolgen, die seit der Aufhebung des Edikts von Nantes durch die Ansiedlung von Hugenotten in verschiedenen deutschen Staaten nach 1685 - vorzugsweise in Hessen-Kassel und Preußen - erzielt wurden, beschloß auch ein kleiner Duodezfürst im wirtschaftlichen Interesse seines Landes, seine Steuereinkünfte zu mehren, und ließ sich eine Rentabilitätsrechnung erstellen, die die Ansiedlung von Fremden in seinem Staatsgebiet legitimierte. Diese Fremden wurden vorzugsweise in den vom pfälzischen und später spanischen Erbfolgekrieg umbrandeten Regionen entsprechend dem Kriegsfrontenverlauf angeworben. Händler und Fabrikbesitzer ließen sich in der Hauptstadt Offenbach nieder. Die Bauern und kleinsten Manufakturarbeiter wurden in einer Neugründung angesiedelt. Diese Neugründung war Neu-Isenburg. Auf einem der typischen Idealstadtgrundrisse, die im Barock und absolutistischen Zeitalter soviel Resonanz fanden, wurden in ärmlichsten Verhältnissen, 200 x 200 Meter etwa maß das Geviert des Ortes, die Neusiedler in einfachen Häuschen untergebracht. Zwar war der Grundriß des Ortes originell, aber in keiner Weise originär. Eine ständige Fluktuation der Ansiedler beweist die Bevölkerungsaufnahme in den Kirchenbüchern der neuen Kommune. Bereits nach wenigen Jahrzehnten war die ursprünglich savoyisch-französische Kommune von Deutschen überwandert. Im Laufe der Jahrzehnte, nicht etwa der Jahrhunderte, verschwand die französische Sprache, während die calvinistisch-reformierte Religion beibehalten wurde. Der religiösen Selbstverwaltung in der Kommune kommt erhebliche Bedeutung zu. Dennoch lassen sich, um zum Alltagsaspekt zurückzukommen, hier Kuriosa nachvollziehen, die dem Bild des edlen Hugenotten bei weitem widersprechen und hauptsächlich Kunde geben von der Relativität der Zeiten und der Menschlichkeit des Alltags.

Die Arbeitsgruppe legte einen 375 Seiten DIN-A 4 Band vor, einschließlich Dokumententeil, der Seite für Seite das bestehende Geschichtsbild wenn nicht auf den Kopf stellte, so doch stark relativierte. Dieser Recherchenband war intern und sollte nach Beratungen mit der Kulturverwaltung in der Kommune museal umgesetzt werden. Doch besonders Heimatforscher empörten sich, die Presse bekam Wind in der Angelegenheit, und plötzlich brach der sogenannte „Hugenottenkrieg" aus. Prägnantester Aufschrei: „Was sollen wir mit einem Museum, daß unsere ganze Tradition über den Haufen wirft?" [10].

Politische Rücksichtnahme, besonders, da die Schreihälse politische Mandate bekleiden, führte dazu, daß die geschilderten Alltagsphänomene als politisches Ärgernis empfunden wurden und das Museum für unbestimmte Zeit auf Eis gelegt wurde. Die ursprüngliche Intention, Identität mit integrierender Zielrichtung zu schaffen, sah man nunmehr in politischen Kreisen als gefährdet und die bestehenden Wertvorstellungen als empfindlich gestört. In der Zwischenzeit wurden verschiedene Versuche unternommen, die alten Werte wieder geradezurücken, doch ohne jeden Erfolg. Die Vorwürfe gegen die Mitglieder der Arbeitsgruppe gipfeln jetzt in der Forderung nach Wertfreiheit und zeihen die Bearbeiter der mangelnden Objektivität. Die historischen Fakten aber bleiben beständig.

Hier muß ich nochmals ganz kurz den historischen Hintergrund dieser Stadt andeuten: Neu-Isenburg wurde 1699 mit sogenannten Hugenotten besiedelt. Die Stadt ist eine Neugründung aus der Zeit des Absolutismus. Mit der durchaus akzeptabel erscheinenden heroisierenden lokalen Geschichtsschreibung ließ sich hier von der Stadtgründung her ein wesentlicher Identitätsfaktor für die Bürger der modernen Industrie- und Schlafstadt erstellen, und so zögerten wir in einer ursprünglichen Konzeption im Einvernehmen mit der Stadt nicht, das historische Interesse auf den Begriff der Hugenotten zu reduzieren und allgemeinverbindlich zu machen zu versuchen, obwohl nur ca. 20 % der Gesamtbevölkerung jemals etwas mit Hugenotten oder deren Erbe zu tun hatten. Die lokale Werbung hatte ja bereits den Stadtgrundriß zum Markenzeichen erkoren, das neu erbaute Kommunikationszentrum nannte sich Hugenottenhalle, das Rathaus befindet sich an der Hugenottenallee, die Stadt nennt sich beiläufig oft Hugenottenstadt.

Es waren also Faktoren in Hülle und Fülle vorhanden, um einem vorhanden geglaubten Bedürfnis entgegenkommen zu können und mit dem Argument der gemeinsamen Identitätsfindung dem Museum eine integrative Funktion im Dienste der gebietsreformerischen Bestrebungen und einer Bürgersolidarität einzuräumen. In krassem Mißverhältnis aber zu der in dieser Stadt seit dem Ende des letzten Jahrhunderts propagierten Hugenottenverehrung stand der Bestand an Sammlungsgegenständen im Museum, auf gut Deutsch: Es war praktisch nichts aus der Gründerzeit vorhanden. Da aber aus Gründen der auf Identität bezogenen Grundkonzeption nicht der leichte Weg vollzogen werden konnte, den heute viele kulturhistorische Museen beschreiten, nämlich von der Gegenwart her die Geschichte aufzurollen und abteilungsweise immer neue Abteilungen zu eröffnen, die in die Vergangenheit weisen, blieb nichts anderes übrig, als zum einen bei der Gründung einzusetzen und dann vor allen Dingen die üblichen Museumskonzeptionen umzukehren, also schlichtweg:

Die museumsübliche Stereotype des Ausgehens vom Objekt mußte überwunden werden. Im Sinne der Lernausstellung mußte als maßgeblich nicht das zufällig vorhandene oder nicht vorhandene Objekt angesehen werden, sondern historische Dokumente, die im Vergleich mit Erkenntnissen verschiedener Disziplinen ein konkretes und korrektes Bild ergeben konnten.

Den Verantwortlichen konnte plausibel gemacht werden, daß es ein Irrtum sei anzunehmen, ein Museum lebe aus der Zurschaustellung von Objekten. Daß aufgrund des mangelnden Materials auch die Wahrhaftigkeit der bisherigen historischen Interpretation in Zweifel zu ziehen sei, veranlaßte die in der Stadt Verantwortlichen zur Vergabe des erwähnten Forschungsauftrages an eine aus Studenten des Instituts bestehende Arbeitsgruppe. Die fast ein Jahr dauernden Archivforschungen brachten zu Tage, was bisher immer, auch im ehemaligen Heimatmuseum, verschleiert werden konnte: Die ersten Siedler waren keineswegs die edlen Hugenotten, sondern die Ärmsten der Armen, denn gerade aus den Dokumenten in den Archiven trat die beklemmende Alltagskultur einer bestimmten historischen Epoche zu Tage. Wenn Leopold von Ranke schreibt, "die Historie wird immer umgeschrieben" [11], so war das für die Arbeitsgruppe Anlaß, die Gründe der Umschreibung zu überprüfen. Norbert Elias geht ebenso auf dieses Phänomen ein und zieht das Fazit, daß "jede Generation sich Trümmer aus der Vergangenheit wählt und sie entsprechend den eigenen Idealen und Wertungen zu Häusern eigner Art zusammenbaut" [12].

Ich darf aus dem Vorwort zur Vorlage der studentischen Arbeitsgruppe zitieren, dem die Zitate von Ranke und Elias vorangestellt sind: "Zum einen trägt die Zitierung eine Kritik des bisher Betriebenen in sich, damit aber auch gleichzeitig eine Entschuldigung und ein Alibi für die Forscher, die bisher tätig waren und als Kinder ihrer Zeit und in ihrer Bildungssituation kaum anders handeln konnten; zum anderen sind diese Zitate eine Verpflichtung für die neue, diesmal wissenschaftliche Tendenz, die eine Verquickung von kulturanthropologischen, soziologischen und historischen Forschungen, Analysen und Interpretationen darstellt. Eine Krisenwissenschaft (Greverus) bedient sich stets der Synthese wissenschaftlicher Methodik interdisziplinärer Interpretationspraxis und steht unter dem Zwang, vom nur historisch positivistischen oder vom nur soziologischen abzuweichen und das breitere Spektrum kulturanthropologischer Ansätze nutzbar zu machen. Im speziellen Fall ist dies in der Aufarbeitung historischen Materials und historischer Dokumente gelungen. Der Mangel an kulturellen Objektivationen der Bevölkerung in der untersuchten historischen Phase war dabei weniger ein Hindernis als vielmehr ein Ansatzpunkt. Daß im Untersuchungszeitraum lediglich Dokumente und Literatur zur Verfügung standen, ließ die Forschungsarbeit nicht an unüberprüfbarer Schwerpunktbildung zu Gunsten einzelner Objekte scheitern. Die bisher - schlichtweg gesagt - unaufgearbeiteten, teilweise unentdeckten und in jedem Fall unverstandenen vorgefundenen Dokumente konnten in einen objektiv neutralen sinnvollen Zusammenhang gebracht werden, um ein geschlossenes Bild historisch belegbarer Wahrheit der Gründungszeit der Stadt zu schaffen. Nach wie vor bleibt die Identifikation des Bürgers mit seiner Stadt, den Menschen, die darin wohnen und wohnten, eines der wesentlichen Ziele des neuen Museums. Gegenüber der ursprünglichen Konzeption haben sich allerdings entgegen den Erwartungen die Schwerpunkte verschoben.

Gerade in der ersten Abteilung „Hugenottische Geschichte" war ursprünglich geplant, die Identifikation über die gemeinsamen Wurzeln, d. h. über die Herkunft der ersten Stadtbewohner zu erzielen und als Schlüsselwort den Begriff Hugenotten zu verwenden. Aufgrund der Forschungsarbeit, die manche vorgefaßte historisch unbegründete Lehrmeinung zu Fall bringt, muß der Topos hugenottische Glaubensflüchtlinge didaktisch ersetzt werden durch den neuen Wert des Flüchtlings, des Fremden, der in der Gemeinschaft gesellschaftspolitisch wesentliche Aufbauarbeit leistet. Lernziel ist die Erkenntnis eines demokratischen Gefüges (hier als eines modernen kommunalen Gefüges) im Gegensatz zum absolutistischen (- Klein -) Staat, umgesetzt auf die Toleranz gegenüber Mitbürgern unterschiedlicher Herkunft. Die Lernschritte umfassen die Erfahrung historischer Einzelphänomene in der Abhängigkeit historischer politischer Vorbedingungen, wobei die Einzelaspekte sich auf Erscheinungsformen der Gegenwart reproduzieren lassen ... Wesentliche Eigenart des neuen Museums ist so gegenüber der bisherigen statischen Darstellung von Einzelphänomenen, Anekdoten oder zusammenhanglosen Objekten die Präsentation der Kontinuität der historischen Prozesse im permanenten Vergleich zur kulturellen Tradition. Verfahrenstechnisch heißt das für uns, den Einsatz und die Berücksichtigung des kulturellen Pluralismus im Dienste der Suche nach Identität" [14].

Die einmal fixierte Identität aber von maßgeblichen Teilen der Bevölkerung, nämlich der sogenannten Kulturmacher der Stadt, in der gängigen preußisch orientierten Geschichtsschreibung ist bereits derart stark, daß eine erneute Identitätsbildung kaum möglich erscheint. Eine derartige Identität, wenn auch nur bei einem verschwindend kleinen Teil der Bevölkerung, präjudiziert die Gleichsetzung von Identität mit dem Begriff des Vorurteils. Die Verantwortung des Forschers und Wissenschaftlers ist unter diesem Gesichtspunkt eine doppelte:

1) Darf er dem bereits in einer Identität Befangenen diese Identität zugunsten eines Ersatzes nehmen, eines Ersatzes, der die bisherigen Wertigkeiten eliminiert?
2) Darf der Wissenschaftler das Vorurteil, das der bestehenden Identität entspringt, bestehen lassen und sich in den Dienst neuer Identitätsbildung stellen unter der Gefahr, erneute Vorurteilsbildung zu fördern?

Ein Beispiel von Vorurteil darf ich hier noch abschließend zitieren: Nachdem ich verbal die Rolle des damaligen Ansiedlers im Verhältnis zu seinen bodenständigeren Nachbarn als der Situation des isolierten Gastarbeiters heute vergleichbar angedeutet hatte, erhob

sich ein Sturm der Entrüstung, den nur Vorurteilsforschung in seinen Tiefen klären könnte: „Wie können sie uns das antun, auf einmal sind wir alle Gastarbeiter".
Der Begriff des Gastarbeiters wurde komplementär gesetzt zum Begriff des Hugenotten, in der Presse kolportiert und als Schimpfwort verstanden. In einer vermuteten Gleichsetzung sah man nun auch in der lokalen Presse die Aufgabe historischer Werte. Dieter Kramer schrieb dazu: „Der von einheimischer Presse, Parteivertretern und Heimatforschern artikulierte Unwille darüber, mit modernen Arbeitsemigranten auf eine Stufe gestellt zu werden, enthüllt in verräterischer Weise die Diskriminierung, die es heute bedeutet, Gastarbeiter zu sein. In der Lokalzeitung ist von der Spezies Mensch, die man heutzutage Gastarbeiter nennt, die Rede. Dank Holocaust wissen inzwischen wieder mehr Bundesbürger, wohin solche Diskriminierung von Minderheiten führen kann" [15].
Die inzwischen politisch veränderte Führung der Stadt übte politische Rücksicht und legte vorläufig das Projekt Museum auf Eis. Man ließ ein Gutachten über die Vorlage der Arbeitsgruppe erstellen. Über dieses Gutachten gab es wieder ein Gutachten, doch das Museum bleibt vorläufig geschlossen. Der Trost ist der, daß sich in der hektischen öffentlichen Auseinandersetzung ein höherer Prozentsatz der Bevölkerung mit den Inhaltskriterien des Museums beschäftigt hat als jemals vorher und auch mehr Menschen, als wahrscheinlich das Museum inzwischen besucht hätten. Was aber geblieben ist, ist der Eindruck, als ließe sich über historische Wahrheit abstimmen und das einmal fixierte Vorurteil gegenüber der eigenen Geschichte nicht mehr abbauen. Einmal angeeignete und akzeptierte Geschichte wird erfahrungsgemäß als bestehender Wert gesehen, den es zu verteidigen gilt, den wir als „historische Identität" beschreiben können. In diesem Vorurteil liegt die Gefahr der Identitätsfindung, sobald sie wertend moralischen Inhalts ist. Insofern muß ich Arnold Lühning widersprechen, daß das Museum den geistigen Bedürfnissen im Sinne der Standortbestimmung entgegenkommen solle. Dies gilt in jedem Fall, falls er mit der „Bewußtmachung von Werten" die Fixierung eines neuen Vorurteils oder die Bestätigung eines alten Vorurteils angesprochen haben sollte. Aufgabe des Museums ist (meiner Meinung nach) nicht die Weitergabe von neuen „Werten" und damit nicht primär das Schaffen von Identität, sondern die kritische Haltung gegenüber dem überkommenen Wert und damit der Abbau der vorhandenen Vorurteile. Das Verhältnis von Vorurteil und Identität zu überprüfen, sollte eine der wichtigsten Aufgaben bei der Vorbereitung medialer Umsetzungen sein, besonders, da definitionsgemäß das Vorurteil als kognitives Problem zu sehen ist und eine Konfrontation des Rezipienten mit dem zu beurteilenden Phänomen häufig sogar bewußt vermieden wird. Setzen wir Erikson's Identitätsdefinition in Verbindung mit den Ergebnissen der Vorurteilsforschung, so ist beiden Tendenzen eigen, daß durch Generalisierung der eigengruppeninternen Verständigungskategorien der Binnenbezugserhalt

einer Gruppe gestärkt und gleichzeitig durch Diskriminierung von Fremdgruppen das Selbstwertgefühl innerhalb der eigenen Gruppe verstärkt wird. Damit wird auch das Gefühl des persönlichen oder gruppenspezifischen Ungenügens in einer Weise kompensiert, daß man es auf die zu Feinden hochstilisierten Fremdgruppen projiziert. Insofern entsprechen sich die Diskriminierungsversuche gegenüber Gastarbeitern und die Bestrebungen der Erbfeindthesen des späten 19. Jahrhunderts.

Wie breit die Diskriminierung wuchert, wie weit Vorurteil Selbstverständlichkeit geworden ist, belegt ein Artikel in der „Bild"-Zeitung, der allem die Krone aufsetzt [16]: „Hugenotten im Krieg": „Das kleine Städtchen Neu-Isenburg südlich von Frankfurt fürchtet um seinen guten Ruf. Eine Gruppe von Frankfurter Studenten hat nach wochenlangen Recherchen festgestellt, daß die Hugenottenstadt Neu-Isenburg gar nicht von Hugenotten (...) im Jahre 1699 gegründet wurde. Vielmehr seien es Gastarbeiter aus der Türkei und Jugoslawien gewesen, die von dem damaligen Fürsten Jean Philipp hierhergeholt und ausgebeutet worden seien".

1 Bei diesem Beitrag handelt es sich um die Fassung eines zunächst für ein Referat gekürzten und dann für die Veröffentlichung wieder erweiterten Vortrages.
2 Vgl. A. Junker (Hg.): Frankfurt um 1600 - Alltagsleben in der Stadt. Frankfurt am Main 1976.
3 Vgl. G. Korff: Didaktik des Alltags. In: A. Kuhn/ G. Schneider (Hg.): Geschichte lernen im Museum. Düsseldorf 1978, S. 32 ff.
4 D. Spoerri: Le musée sentimental de Cologne. Ausstellungskatalog. Köln 1979.
5 M. Scharfe: Zum Konzept der Lernausstellung. In: W. Brückner/ B. Deneke (Hg.), Volkskunde im Museum. Würzburg 1976.
6 K. Reumann: Unser Goethe. In: FAZ, 16.1.1979.
7 A. Lühning: Museum und Antikshop - Lieferanten für Heimat. In: dgv-informationen Nr. 2/88, 1979.
8 Ebd.
9 Vgl. z.B. Gründung und Schriften des Deutschen Hugenotten-Vereines 1890 ff.
10 Dreieich-Spiegel vom 8.12.1978.
11 L. v. Ranke: Tagebuchblätter 1831-1849. In: Das politische Gespräch und andere Schriften zur Wissenschaftslehre. Halle 1925, S. 52.
12 N. Elias: Die höfische Gesellschaft. 3. Aufl. Darmstadt und Neuwied 1977, S. 17.
13 Arbeitsgruppe Museum am Institut für Kulturanthropologie und Europ. Ethnologie der Universität Frankfurt: Konzeption für das Museum der Stadt Neu-Isenburg, Frankfurt am Main 1978, S. 8.
14 Ebd., S. 9.
15 D. Kramer: Die Wahrheit ist unerwünscht. In: Vorwärts Nr. 14, 29.3.1979, S. 24.
16 D. Beermann: Hugenotten im Krieg. In: Bild vom 24.1.1979 (Ausg. Ffm).

Diskussion:

Chr. Küster konstatiert den Besucherrückgang in den Hamburger Museen, der möglicherweise in einer Überforderung des Publikums durch das Angebot an Sonderausstellungen begründet liege. A. Lühning dagegen möchte angesichts der Entwicklung in den letzten Jahren noch nicht von Rückgang, sondern eher von einer „gesunden Stagnation" sprechen. Anschließend gibt T. Hoffmann einen ausführlichen Überblick über die gegenwärtige Situation und das Ausbauprogramm der volkskundlichen Museen Ungarns, besonders des Ethnographischen Museums in Budapest. Ziel dieses Programms sei es, die Komplexität, die Totalität des Lebens in vorindustrieller Zeit darzustellen. Dabei erwiesen sich die Privatsammler aus dem In- und Ausland als der potentielle Feind der Museen. Der Konflikt resultiere aus dem Verlust an unerläßlichen Informationen, den das Objekt in privater Hand erleide, wo es, wie einst in der Kunst- und Raritätenkammer, eine Fetischfunktion erfülle. Demgegenüber betont A. Lühning die Zweckmäßigkeit der Zusammenarbeit, wie sie in Schleswig-Holstein praktiziert werde, damit das wissenschaftliche Potential der Privatsammlungen nicht verlorengehe. Die Rolle der Freilichtmuseen als „Lieferanten für Heimat" beleuchtet W.-D. Könenkamp. Der Besucher finde dort jene seltsame Heimat bestätigt, die er durch Versatzstücke (etwa Leihgaben als Kaufhausdekoration) kennengelernt habe. Am Beispiel Hessenpark demonstriert Könenkamp die Tendenz, mittels freizeitparkartiger Freilichtmuseen einen „netten Beitrag zur Sozialhygiene" leisten zu wollen; daraus resultiere z. T. der gegenwärtige „Freilichtmuseumsboom".

Gefragt, wie er die Darstellung der heutigen Alltagswelt realisieren wolle, entgegnet W. Stubenvoll, es sei ein grundlegender Fehler, die Frage nach der Visualisierung vor die Frage „Was soll es bezwecken?" zu stellen; die Frage nach dem Wie sei verfrüht. Martin Scharfe regt an, Konfliktfälle wie den von Stubenvoll geschilderten zu sammeln. So sei man auch mit der Tübinger Wanderausstellung über Arbeiterkultur in Konflikt mit der „Identität der Firma Bosch" einerseits und der des DGB andererseits geraten; diese überkommenen Identitäten erwiesen sich als reine Interessenvertretungen.

Zu W. Stubenvolls Kritik an der Sammlung von nur Außergewöhnlichem gibt A. Lühning zu bedenken, daß das Außergewöhnliche die „überhöhte Summe alles Gewöhnlichen" sein könne, und daß das Einzelobjekt bei richtiger Interpretation doch etwas über historische Zusammenhänge auszusagen in der Lage sei. Das heute vermeintlich Gewöhnliche der Alltagskultur werde durch Aufnahme ins Museum wiederum außergewöhnlich. Dieser Auffassung widerspricht W. Stubenvoll. Er führt als Beispiel die von ihm geleiteten Schloßmuseen an, deren ausschließlich hochwertige Güter dort zu Alltag würden.

Edgar Harvolk

Arnold Niederer

BESTIMMUNGSGRÜNDE REGIONALER IDENTIFIKATIONS-
PROZESSE
Zur Problematik der Identität kleiner Gemeinden

Das Problem der lokalen und der regionalen kollektiven Identitäten kann weder allein aufgrund kulturaler noch schichtspezifischer Kriterien abgehandelt werden. Es ist zunächst Gegenstand der Wissenschaft von den Ethnien als sozialen Gebilden, bei denen sich das soziale Handeln primär ableitet von einer tatsächlichen oder von den einzelnen nur geglaubten gemeinsamen Herkunft und dem daraus abgeleiteten Zusammengehörigkeitsethos. Lokalgesellschaften sind sich durch soziale Kohäsion, häufige Binnenkontakte und territoriale Selbstabgrenzung auszeichnende Gruppen [1], die man als ethnosoziale Gruppen bezeichnen kann - im Unterschied zu administrativ, betriebstechnisch, gewerkschaftlich oder militärisch organisierten Gruppen. Der Begriff der Ethnizität als der ethnischen Zugehörigkeit und des daraus abgeleiteten Verhaltens ist bis heute vorwiegend im Zusammenhang mit größeren kulturellen und sprachlichen Minderheiten verwendet worden. Es besteht jedoch kein Grund, nicht auch Ortsgesellschaften als ethnische oder ethnosoziale Gruppen beziehungsweise als Subethnien innerhalb größerer ethnischer Ganzheiten zu betrachten, an denen jedes Individuum teilhat. Man käme dann - von ego aus gesehen - zu einem System von konzentrischen Kreisen mit der Familie im Mittelpunkt über die Verwandtschaft (als älteste Form der Gruppenbildung) und die Gemeinde zur Provinz, zur Nation und zum Kontinent [2].

Das an sich selbstverständliche latente Selbstbewußtsein einer ethnosozialen Gruppe wie zum Beispiel einer Gemeinde kann leicht durch von außen kommende und als Gefährdung der eigenen Gruppenautonomie empfundene Einwirkungen aktualisiert, gesteigert und politisiert werden, wobei dann die kaum je fehlenden inneren Konflikte vorübergehend zurücktreten. So entwickelt sich etwa im Fall von Verwaltungsreformen „von oben herab", von verordneten Gemeindezusammenlegungen oder von Unterwanderung durch Ortsfremde ein starkes Bewußtsein von Gruppengerechtigkeit, in dem man einen Refeudalisierungsprozeß sehen kann, weil hier nicht Leistungskriterien, sondern vielmehr zugeschriebene Statuskriterien wie Herkommen und lange Ortsansässigkeit kollektive Ansprüche legitimieren. Dieses Bewußtsein von Gruppengerechtigkeit wird um so stärker ausgeprägt sein, je zentralere Werte der Gruppe gefährdet sind; einer der zentralsten ist die territoriale und politische Abgrenzung von der jeweiligen Umwelt, ungeachtet der zahlreichen Interaktionen mit dieser Umwelt. Es soll demnach Ethnizität auf allen Ebenen territorialer Einheiten verstanden werden als Wille zur Selbstabgrenzung und als Mobilisierungsprinzip für die Verteidigung von kollektiven Interessen gegenüber Nachbargruppen oder gegenüber jeder Form von Autonomieschmälerung, weniger als Ausdruck und Verteidigung der jeweils eigenen kulturellen Spezifität, wie oft behauptet wird. Diese unterscheidet sich nämlich aufgrund der Verbreitung urbaner Verhaltensmuster auf dem Lande weniger von der einen territorialen Gruppe zur andern als innerhalb der lokalen Gruppen selbst aufgrund von unterschiedlichem sozialen Status, erworbener Bildung und unterschiedlichem Alter. Der Bildungsunterschied hindert aber nicht, daß sich auch der Dorfpfarrer, der eine nahezu universelle Institution repräsentiert, mit der ethnischen Gruppe identifiziert, falls er vom Orte selbst stammt; genau so, wie er sich mit seiner Verwandtschaft identifizieren und allenfalls solidarisieren würde. Verwandtschaft einerseits und ethnosoziale Gruppen andererseits sind sich insofern ähnlich, als man in beide hineingeboren wird und aus beiden Identität gewinnt.

Nun sind Gemeinden freilich schon lange keine in jeder Beziehung autonomen ethnosozialen Gebilde mehr; sie sind längst Gegenstand der staatlichen Verwaltungstätigkeit geworden, doch ist dies nicht überall in gleichem Maße der Fall. In der Schweiz ist die Gemeindeautonomie an der Basis des Staatsaufbaus ein wesentlicher Bestandteil des nationalen Selbstverständnisses [3]. Die rund 3000 Gemeinden der Schweiz erheben beträchtliche Gemeindesteuern, verwenden sie für gemeindeeigene Aufgaben und setzen den jeweiligen Steuerfuß aufgrund des Gemeinde-Voranschlages fest; es fallen ihnen viele Aufgaben zu, die die Gemeindeangehörigen unmittelbar und in ihrem Alltag betreffen, wie zum Beispiel das Schulwesen, das Waisen- und Armenwesen. Die meisten Schweizer Gemeinden kennen noch die Gemeindeversammlung, also die direkte Form der Entscheidung über Gemeindeangelegenheiten. Die am Orte Ansässigen, aufgrund ihrer Abstammung oder durch Erwerb des Bürgerrechtes dort Heimatberechtigten, haben Weiden, Wälder und Alpweiden zu gemeinsamem Eigentum; diese spielen für die Identität der Gemeinde als Kollektiv eine ähnliche Rolle wie der Haus- und Hofbesitz für die Familien [4]. Die Gemeindeversammlung bestimmt über die Nutzung und allfällige Veräußerung von Gemeindeland sowie über die Ortsplanung (Zonenplan). Die Gesamtheit der Gemeindebürger hat allein das Recht zur Verleihung des Gemeindebürgerrechtes, dessen Erwerb die unabdingbare Grundlage für den Erwerb des Schweizerbürgerrechtes ist. Sie wählen nicht nur ihren Präsidenten und die übrigen Mitglieder des Gemeinderates, sondern auch die Volksschullehrer, die Kindergärtnerinnen und den Friedensrichter. So hat die Gemeinde als Kollektiv stets „Kompetenz", d. h. sie ist „Ursache von etwas", worin das Wesen der Identität (der individuellen wie der kollektiven) vor allem besteht. Neben diesen kollektiven Pflichten und Rechten der Bürger sind die spezifischen Gratifikationen, welche die Gemeinde bietet, nicht zu übersehen. Wo man - wie in kleinen Gemeinden - auf Schritt und Tritt Behördenmitglieder trifft, mit denen man oft sogar verwandt ist, lassen sich verhältnismäßig leicht allerlei Gefälligkeiten wie Empfehlungen, Gutachten und Zeugnisse - die für das Fortkommen der einzelnen entscheidend sein können - erlangen, was über den Weg einer entfernten, abstrakt funktionierenden Verwaltung nicht so leicht möglich ist. Auf der Ebene der ländlichen Gemeinde verbindet sich Privates mit Öffentlichem und Amtlichem wie kaum irgendwo.

Wenn auch die Gemeinden politisch, geographisch und psychisch voneinander abgegrenzt sind, so bewegen sich doch die Menschen, die ihren Wohnsitz und viele ihrer Interessen innerhalb einer politischen Gemeinde haben, in einem weit über diese hinausreichenden Netzwerk von Personen und Institutionen, wenn sie sich mit Bezug auf Nahrung, Kleidung, Bildung, Arzt- und Spitalpflege, Rekreation und andere Bedürfnisse versorgen. Ein großer Teil der Bevölkerung geht als Tages- oder Wochenpendler einer Berufsarbeit außerhalb der Wohngemeinde nach. Hier ist jedoch zu vermerken, daß bei Tages- und Wochenpendlern, die im Dorfe noch über einen kleinen Landwirtschaftsbetrieb verfügen oder irgendwie an einem solchen beteiligt sind, der Vorrang im Denken und Fühlen vielfach noch der landwirtschaftlichen Tätigkeit gilt. Es hat sich gezeigt, daß Arbeiterbauern [5] manchmal zu den sozial aktiven Persönlichkeiten im Dorf- und Vereinsleben gehören und sich mit diesem - und nicht mit dem Fabrikbetrieb - identifizieren, doch bringen sie laufend bewußt und unbewußt überlokale Verhaltensmuster in die dörfliche Gesellschaft ein. Andererseits unterwerfen sie sich der Kontrolle durch das Kollektiv, wofür ihnen dieses Reputation beziehungsweise Leumund verleiht, ohne die es keine persönliche Identität gibt.

Ein besonderes staatspolitisches Problem bieten die sehr kleinen Gemeinden, denen es aus Mangel an Einwohnern nicht mehr gelingt, ihre Behörde selbst zu stellen, und wo aus dem gleichen Grunde wenige Steuerzahler für die Aufrechterhaltung von Gemeindeeinrichtungen aufkommen müssen, die früher von vielen getragen wurden. Solche Gemeinden schließen sich - ohne zunächst ihre politische Autonomie aufzugeben - immer mehr mit anderen Gemeinden in ähnlicher Lage zu gemeindeübergreifenden Zweckverbänden zusammen, um Probleme der Schule, der Altersfürsorge, der Abwasserreinigung, der Kehrichtbeseitigung usw. zu lösen. Die geringe Bevölkerungszahl und die starke Überalterung sind auch der Grund dafür, daß solche Gemeinden kein politisches Gewicht in den übergeordneten Behörden des Kantons haben, also zum Beispiel nie zu einer Vertretung in der kantonalen Legislative kommen. Zwerggemeinden nehmen oft allerlei staatliche Hilfsaktionen und Subventionen in Anspruch und erhalten Zuwendungen von gemeinnützigen Stiftungen sowie wohlhabenden Partnerschaftsgemeinden. Auf diese Weise ent-

stehen dann sogenannte assistierte Gemeinden, deren kollektive
Identität durch die Abhängigkeiten beeinträchtigt wird. Autonomie
ist ein leeres Wort, wenn sie nicht auf einigermaßen sicherer wirtschaftlicher Grundlage ruht, und dasselbe gilt für die Identität, die
individuelle und die kommunale. Die Autonomie der kleinen Gemeinden war sinnvoll während der Jahrhunderte ihrer wirtschaftlichen
Autarkie; sie wurde zunehmend dysfunktional mit der Integration der
Gemeinden in die nationale Wirtschaft und ihrem Anschluß an das
moderne Verkehrsnetz.

Diesen kleinen und kleinsten Gemeinden wird nun von übergeordneten Instanzen nahegelegt, einer Zusammenlegung mit anderen etwa
gleichgroßen Gemeinden zuzustimmen, weil sie finanziell und personell allein nicht mehr in der Lage sind, die an sie gestellten Aufgaben zu erfüllen. Diese letzte Stufe der regionalen Integration bedeutet den Verlust der kommunalen Identität (zu der auch der Name gehört) der von der Fusion betroffenen Gemeinden mit Ausnahme derjenigen, der innerhalb der neuen Großgemeinde eine Dominanzfunktion
zukommt, indem sie zum Standort der entscheidenden zentralen Einrichtungen wird.

Am 20. Mai 1979 hatten 27 kleine Gemeinden des schweizerischen
Kantons Tessin über ihre Fusion zu 4 Großgemeinden abzustimmen
[6]. Die Befürworter der Fusion wiesen darauf hin, daß eine Großgemeinde mit viel mehr Nachdruck bei den Regierungsstellen auftreten könne als Zwerggemeinden von je ein paar Dutzend Einwohnern;
auch seien das wünschbare politische Spiel zwischen Majorität und
Opposition sowie wechselnde kontroverse Mehrheiten nur bei einer
Gemeinde von mindestens einigen hundert Einwohnern möglich. Für
den Fall einer Annahme der Fusion wurden von der Regierung Finanzhilfen und bedeutende Beiträge an infrastrukturelle Arbeiten und
damit auch neue Arbeitsgelegenheiten in Aussicht gestellt. Dadurch
sollte nicht zuletzt der Abwanderung der jungen Generation aus den
betreffenden Gemeinden Einhalt geboten werden.

Es ging bei dem Abstimmungskampf nicht mehr so sehr um Rivalitäten zwischen den einzelnen Gemeinden, wie sie früher häufig gewesen waren; zu sehr hatte sich schon die gemeinsame Lösung von
bestimmten Aufgaben auf überkommunaler Ebene durchgesetzt. Die
Gegner stellten vielmehr die effektive Mitsprachemöglichkeit ihrer
bisherigen Gemeinde innerhalb der neuen Großgemeinde wie auch die
Erfüllung der von der Regierung gemachten finanziellen Versprechungen in Frage; das Hauptargument gegen die Fusion war aber
überall die Bewahrung der Autonomie, d.h. der bisherigen, allerdings sehr problematisch gewordenen Handlungskapazität: das „fare
da sè", wie es jeweils hieß. Die vom Fusionsprojekt betroffene Bevölkerung besteht nur zum kleinsten Teil aus Landwirten; der übrige
aktive Teil pendelt täglich zu umliegenden kleinen Industriebetrieben
sowie in Büros und Ladengeschäfte. Es handelt sich im allgemeinen
um eine urbanisierte und durch eine lange Auswanderungstradition
geprägte, politisch wache Einwohnerschaft mit einem hohen Anteil

seit langem ansässiger Familien. Fast alle besitzen Häuser oder Anteile an solchen und etwas eigenen Boden.

Was war nun das Resultat der Volksbefragung, für die alle politischen Parteien die Ja-Parole ausgegeben hatten? In dem einen Tal stimmten alle betroffenen Gemeinden gegen die Fusion, inbegriffen der gegenwärtige Zentralort, der durch die Fusion an Bedeutung gewonnen hätte. Eine der Gemeinden wies nur 8 Ja-Stimmen gegenüber 303 Nein-Stimmen auf. Dort wurde der Abstimmungssieg mit Glockengeläute und dem Schwingen der Gemeindefahne auf dem Dorfplatz gefeiert. In den übrigen Regionen kam es ebenfalls bei der Mehrheit der Gemeinden zur Verwerfung, wobei nur diejenigen Gemeinden eine Ausnahme machten, deren Finanzlage am schlechtesten war. Überhaupt spielten finanzielle Überlegungen eine nicht geringe Rolle. Für einige wohlhabende Gemeinden hätte sich die Fusion als Erhöhung des bisherigen Steuerfußes ausgewirkt; zu so viel regionaler Solidarität waren die Stimmbürger nirgends bereit (wohlhabende Gemeinden sind hier solche, auf deren Territorium sich ein Kreisspital, ein größeres Erholungsheim, eine landwirtschaftliche Schule usw. befinden, deren relativ gutverdienendes Personal in der betreffenden Gemeinde steuerpflichtig ist und keine großen Ansprüche an die Gemeindedienste stellt. Sie zeigten wenig Lust, ihre Steuereinnahmen mit fusionswilligen Gemeinden zu teilen). Besonders stark verwarfen diejenigen Gemeinden die Fusionierung, die in den letzten Jahren - zum Beispiel durch Schaffung von Kindergärten, modernen Feuerwehren, Gemeinschaftsställen, Straßenbeleuchtung, Sportanlagen und Museen - wichtige Probleme aus eigener Kraft gelöst und einen gewissen wirtschaftlichen Aufschwung eingeleitet hatten. Während der ganzen Abstimmungskampagne war kaum die Rede von der Bewahrung lokaler kultureller beziehungsweise sprachlicher Traditionen. In diesem Zusammenhang ist zu vermerken, daß sich das kommunale Selbstbewußtsein weit mehr auf moderne, aus eigener Initiative - wenn auch nicht immer mit eigenen Mitteln - geschaffene Einrichtungen stützt als auf Objekte der Denkmalpflege, mögen sie auch noch so gut restauriert worden sein. Die Distanzierung von überlebten Formen und ihre Ablösung durch neuere, den gegenwärtigen Bedingungen entsprechende ist ein Zeichen kommunaler Vitalität.

Die Einzelresultate und das Verhalten im Abstimmungskampf lassen darauf schließen, daß die Befürworter der Fusion vor allem bei jüngeren Stimmberechtigten zu finden sind, die durch ihr Berufspendeln, ihre Mitgliedschaft in regionalen Sportvereinen und ihre auswärtige Partnersuche weniger gemeindezentriert sind als die zahlenmäßig stärkere ältere Generation. Sie ziehen es dennoch vor, weiterhin in ihrem Dorf zu wohnen, wo sie sich zu Hause und nicht nur „untergebracht" fühlen wie in einer städtischen Mietwohnung. Die jungen Leute können sich dem kommunalen Sozialsystem und seinen Bindungen nur sehr allmählich entziehen. Der wichtigste, in hohem Grade stabilisierende Integrations- und Identifikationsfaktor ist der

Besitz eines eigenen Hauses oder Hausanteils und etwas eigenen Bodens oder doch wenigstens die Anwartschaft auf einen Teil der elterlichen Liegenschaften. Der allfällige Handelswert solcher Liegenschaften hängt von der Bauordnung und dem Zonenplan ab, auf dessen Gestaltung man mehr Einfluß hat, wenn die Gemeinde autonom bleibt. Die mit der Aufgabe der Gemeindeautonomie verbundenen Kosten sind für den einzelnen nicht so gering, wie es zunächst den Anschein hat.

Zur Überwindung dieser gemeindezentrierten Einstellung und zur Erreichung einer notwendigen regionalen Integration stehen der Tessiner Kantonsregierung mindestens zwei Wege offen. Der eine ist der, von dem bereits bestehenden Gemeindevereinigungsgesetz Gebrauch zu machen und eine Zwangszusammenlegung durchzuführen. Im Falle der Tessiner Abstimmung, welche konsultativen Charakter hatte, wird sich die Regierung aus politischen Gründen davor hüten, das Gesetz jetzt unmittelbar nach der Abstimmungsniederlage in Anwendung zu bringen, obwohl sie dazu legitimiert wäre. Der andere Weg führt über die Aufklärung der Bürger, denen bewußt gemacht werden müßte, daß immer mehr Probleme, die sich der Gemeinde stellen, Probleme der Region sind, und daß die Wirkungen der Anstrengung einer Zwerggemeinde gegenüber den Kräften der Gesamtgesellschaft gleich Null sind. Man denkt an Formen des amerikanischen community development, der sogenannten Gemeinwesenarbeit, welche der Bevölkerung hilft, ihre Probleme zu analysieren, was in unserem Falle darauf hinzielen würde, die Notwendigkeit einer Gemeindefusion zur Stabilisierung der eigenen Gruppe einsichtig und emotional akzeptabel zu machen. Diese kapillare Informationsarbeit müßte seitens des Gesetzgebers unterstützt werden durch das Prinzip der Allmählichkeit bei den Modalitäten der Gemeindezusammenlegung. Im Falle der Tessiner Verschmelzungsprojekte war für die neuzuschaffenden Großgemeinden die halbdirekte Form der Demokratie für die gesetzgebende Behörde vorgesehen, d.h. daß die allen Beteiligten vertraute Gemeindeversammlung durch ein Gemeindeparlament am Zentralort hätte ersetzt werden sollen. Dies hätte dazu geführt, daß aus den kleineren Gemeinden nur ein oder zwei Vertreter (wenn überhaupt) in das Gemeindeparlament gewählt worden wären, die vielleicht in der Anonymität untergegangen wären. Es ist wahrscheinlich, daß diese die direkte Form der Entscheidung aufhebende neue Bestimmung die Vorlage auch dort zu Fall gebracht hat, wo sie im übrigen gute Aussicht auf Annahme hatte. Die zweifellos rationalere neue Gemeindeverfassung mit dem gegenüber der herkömmlichen Versammlung effizienteren Gemeindeparlament hätte sich wohl aufgrund der Erfahrung nach wenigen Jahren durchgesetzt. Dem Prinzip der Allmählichkeit hätte es auch entsprochen, wenn einzelne Modalitäten der Fusion den beteiligten Gemeinden zur Regelung überlassen worden wären. Auch eine Zusammenfassung von weiterhin noch selbständigen Gemeinden zu Verbandsgemeinden als neue politische Körperschaften mit eigenen legislativen und exekutiven Kompetenzen hätte in Betracht gezogen werden können.

Ethnosoziale Gruppierungen sind nicht ein für allemal gegeben, weder ihrem soziokulturellen Inhalt noch ihren Grenzen nach. Sie unterliegen vielmehr, wie ihre Geschichte zeigt, eigentlichen ethnischen Prozessen, die sich in der Veränderung des Zugehörigkeitsgefühls, der Loyalitätsverpflichtungen und der Identifikation äußern. Wenn heute die schulischen Oberstufen aus den kleineren Gemeinden herausgenommen und innerhalb der Regionen zentralisiert werden, so kommen da junge Leute, zukünftige Bürger aus verschiedenen politischen Gemeinden zusammen, entwickeln sich gemeinsam und wachsen über ihren Kirchturmhorizont hinaus. Nach absolvierter Schulpflicht treffen sie sich weiterhin auf überkommunaler Basis bei der Freizeitverbringung, vor allem der sportlichen, während sich ihre Väter und Großväter noch in derben Ortsneckereien und in brauchmäßigen Schlägereien mit den Burschen der Nachbargemeinden ergingen. Diese Entwicklung zur Regionalität, die progressive Züge trägt, geht nicht auf allen Sektoren des gesellschaftlichen Lebens mit derselben Geschwindigkeit vor sich; am schwersten fällt jeder Gemeinde die Preisgabe der politischen Selbstverwaltung.

Auf der Mikro-Ebene gewonnene sozialwissenschaftliche (unter anderem volkskundliche) Erkenntnisse können Elemente von politischen Entscheidungen über Gemeindeorganisationen und Gemeindeeinteilungen sein, nicht aber solche Entscheidungen ersetzen.

1 Frederik Barth (Hg.): Ethnic Groups and Boundaries. The Social Organization of Culture Difference. London 1969, S. 15 ff.
2 Géza de Rohan-Csermak: La notion de „complexe ethnique européen". In: Ethnologia Europaea I (1967), S. 45-58.
3 Marcel Bridel (Hg.): Die direkte Gemeindedemokratie in der Schweiz. Zürich 1952.
4 Kurt Buchmann: Die Bürgergemeinde - Idee und Wirklichkeit. St. Gallen 1977 (= Veröffentlichungen des Schweizerischen Instituts für Verwaltungskurse an der Hochschule St. Gallen, Bd. 12).
5 Anton Bellwald: Raumpolitische Gesichtspunkte der industriellen Standortwahl in der Schweiz. Zürich 1963, S. 13 ff.
6 Die folgenden Ausführungen stützen sich u. a. auf Pressemeldungen folgender Tessiner Tageszeitungen: Corriere del Ticino, Giornale del Popolo, Gazzetta Ticinese, Il Dovere, Popolo e Libertà und Südschweiz.

Diskussion:

Pirkko Kovalainen geht in einem ausführlichen Beitrag über empirische Untersuchungen bei einer karelischen Umsiedlergruppe in Finnland auf das Problem von Identifikationskonflikten ein. Wie der Fall zeigt, führen sonst nur latent vorhandene Möglichkeiten erst in konkreter Situation zu Identitätserfahrung und -erlebnis. Dabei sei zwischen positiv oder negativ geprägter, zwischen realistischer oder unrealistischer Identität zu unterscheiden. Neunzig Prozent jener Karelier bevorzugten die karelische Gruppenidentität statt einer auch möglich gewesenen neuen regionalen Identität. Die Untersuchung erfolgte nach räumlichen, zeitlichen und kulturellen Kriterien, welche die Rednerin im einzelnen erläutert. Wichtigste Erkenntnis sei, daß die Erscheinungen, in denen solche situativ gebundenen Identitätserlebnisse sichtbar und faßbar werden, zurückweisen auf tiefer liegende (unbewußte) strukturelle Stabilitäten. Sie stammen aus den Frühphasen der Enkulturation der einzelnen und können von der Gruppe nur verstärkt oder abgeschwächt werden.

Helmut Fielhauer gibt zu bedenken, daß bei ethnischer Identität auch die Stellung im Arbeitsprozeß und das damit verbundene „Prestige" beachtet werden müsse. Wenn Ethnizität durch Selbstabgrenzung charakterisiert sei, dann sei auch auf die schichtenspezifische Ethnizität etwa bei Gastarbeitern hinzuweisen, deren Stellung im Produktionsprozeß nicht nur eine territoriale, sondern auch eine soziale Abgrenzung bewirke.

Hermann Bausinger unterstreicht die Wichtigkeit unbewußter Prozesse, die geradezu „Zwang zur Ethnizität" sein könnten. Daraus ergebe sich möglicherweise wieder ein höherer Stellenwert objektiver Daten vom Stolz auf Errungenschaften bis hin zu Formen des Alltagsverhaltens (Essen, Grüßen, Dialekt etc.).

Auf eine Frage von Klaus F. Geiger nach den Methoden der Zürcher Arbeitsgruppe geht Arnold Niederer zunächst noch einmal auf das Projekt selbst ein, bei welchem es nicht um persönliche Identitätsbildung, sondern um solche von Kollektiven gehe. Diese verhielten sich wie „lockere Verwandtschaften", und ihr Agieren enthalte, wie das von Familien, ein starkes voluntaristisches Element. Hier gehe es darum festzustellen, was es braucht, damit sich Identitätsgefühl in einem Kollektiv entwickelt. Formen täglichen miteinander Umgehens seien nicht Bedingung, sondern erst Ergebnis der für eine ethnische Gruppe typischen Interaktion. Robert Kruker weist auf die Interdisziplinarität des Projekts hin, in dem die Volkskundlergruppe am konkreten Fall die Bedingungen und Möglichkeiten regionaler Identität untersuche. Er stellt den Hintergrund der politischen Regionalplanung dar, in welcher die hier zu erforschenden Wirkungszusammenhänge den eigentlich unbekannten Faktor darstellen.

Dieter Kramer reflektiert über die Verantwortlichkeiten in der politischen und Verwaltungsebene und über die Frage der sog. „objektiven" Kriterien, nach welchen Regionalplanungsentscheidungen gefällt werden. Der rasche Wechsel verschiedener solcher Konzepte zeige, wie sehr dabei Interessenstandpunkte mitwirken, was zum Anlaß genommen werden sollte, die Rechte derer zu stärken, um die es dabei geht, d. h. die Leute selbst in den Diskussionsprozeß einzubeziehen. Arnold Niederer stimmt dem zu, verweist jedoch mit Beispielen darauf, wie schwierig es oft ist, selbst objektiv nicht mehr aktionsfähige Kleingemeinden dazu zu bringen, sich für vernünftige neue Formen zu entscheiden. Rainer Schobeß erinnert an die Frage nach dem methodischen Instrumentarium, und Robert Kruker schildert die konkreten Möglichkeiten, die vorerst indirekte Methoden und teilnehmende Beobachtung nahelegen, während direkte Befragungen, Gruppendiskussionen etc. zwar vorgesehen seien, aber erst in einer späteren Phase wirklich sinnvoll sein könnten.

Christel Köhle-Hezinger gibt zu bedenken, daß zwischen den konkreten Vorgängen und den möglichen Aussagen der Betroffenen die Aufgabe liege, in der historischen Dimension nach den Mustern zu forschen, die ihr Verhalten bestimmen. Dabei schiebe sich noch vor die Frage nach der Ethnizität z.B. die Feststellung, daß Interaktion hier eigentlich zunächst stets als aus dörflicher

Sozialstruktur und Wirtschaftsweise erwachsenes Streben nach Besitzstandswahrung erfahrbar werde. Hans Haid führt den Gedanken weiter und auf die Frage, ob und wie der Wissenschaftler bei seiner Arbeit in der Region zugleich auch helfen müsse, Identitätsprobleme zu bewältigen oder verlorengegangene Identität auf neue Weise (etwa im Kulturellen) wiederzufinden.

Arnold Niederer hebt noch einmal hervor, daß eine ethnische Gruppe zunächst generell durch den Willen zu einer bestimmten Abgrenzung konstituiert sei. Wenn es nach außen so erscheine, als sei es immer etwas anderes, was die Ethnie ausmache, dann resultiere dies aus den unterschiedlichen Vorgängen in ihr und aus deren jeweiligen Richtungen. Hier kann Religion bestimmend sein oder kulturelle Aspekte, Zukunftsgerichtetheit oder auch Überalterung, die sie hemmt, auch das Problem des Nativismus sei in der Schweiz anzutreffen. Die Zürcher Untersuchung etwa beziehe sich auf eine politisch sehr wache Bevölkerung. Die Klärung solcher Fragen sei bei der Erforschung einer Region selbstverständlich und sehr wichtig für das Erkennen der konkreten Möglichkeiten, ethnische Identität im Einzelfall zu verwirklichen.

Gerhard Lutz

Ina-Maria Greverus

LOKALE IDENTITÄT DURCH DORFERNEUERUNG?

„Der Schrecken der Verirrten rührt von der Notwendigkeit des mobilen Organismus her, sich an seiner Umwelt orientieren zu müssen", sagte Kevin Lynch in seinem Buch „Das Bild der Stadt" [1]. Damit ist für mich die allgemeingültige Dialektik des Identitätsprozesses, hier auf die Raum-Mensch-Beziehung, angesprochen, die der Begriff „lokale Identität" umreißt.
Der „Verirrte": das ist der Mensch, dem das Gegenüber für seine Identitätsbestätigung fehlt. Ein Gegenüber, das selbst Identität besitzen muß. Identitätsbestätigung als ein wechselseitiges Geben und Nehmen wird allerdings vorrangig in zwischenmenschlichen Interaktionen herausgearbeitet. Das gilt auch für Arbeiten, die die Gemeinde als Ort der Identifikation - und darauf möchte ich den Begriff des Lokalen begrenzen - in das Zentrum stellen. So hatte bereits Treinen in seiner Analyse der „symbolischen Ortsbezogenheit" als Voraussetzung für die emotionale Ortsbezogenheit die Signifikanz der zwischenmenschlichen Interaktionen aus der Dichte der Verkehrskreise und dem öffentlichen Rollenspiel (berufliches und gemeindepolitisches Prestige) hergeleitet [2]. Damit stand für ihn Ortsbezogenheit als aktive Größe in striktem Gegensatz zu passivem Heimatgefühl. Ähnlich argumentiert Dunckelmann, wenn er bürgerschaftliche Identität vor allem an der gemeindepolitischen Kommunikationsmöglichkeit mißt [3]. Während in diesen soziologischen Arbeiten der Ort nur als soziopolitische Institution Gemeinde zum Identitätsfaktor wird, gerinnt er in städtebaulicher Argumentation oft zur historisch-ästhetizierenden Identität des je baulich Einmaligen, wobei die Dialektik des Identitätsprozesses zwischen dem Ort und den ihn gegenwärtig (also nach seiner „Identitätsbildung") bewohnenden Menschen nicht hinterfragt wird. Denkmalschutz ist weitgehend von diesem Vorverständnis ausgegangen [4]. Vordergründig könnte man auch Lynchs Identität der Umwelt dieser Setzung zuordnen, wenn er sagt, daß Identität die Identifizierung eines Gegenstandes [ist], die es möglich macht, ihn von anderen Gegenständen zu unterscheiden... im Sinne von Individualität oder 'Ganzheit'" [5]. Doch verweisen seine unter Berufung auf anthropologische Erkenntnisse gezogenen Folgerungen auch in der Mensch-Raum-Beziehung auf die Dialektik des Identitätsprozesses, wenn er sagt: „Die Umwelt ist ein integrierter Bestandteil der primitiven Kulturen; die Menschen arbeiten, schaffen und spielen in Übereinstimmung mit ihr.

Meist fühlen sie sich vollständig eins mit ihr" [6]. Diese Übereinstimmung symbolisiert sich in „Merkzeichen" einer „einprägsamen Landschaft". Übertragen auf den Begriff der lokalen Identität hieße dies: erst in der arbeitenden, schaffenden und spielenden Übereinstimmung zwischen dem Ort und den ihn bewohnenden Menschen entsteht lokale Identität, d. h. der Mensch gewinnt Identität in seinem Ort, der ihm Orientierungswerte gibt, und der Ort gewinnt Identität aus den Orientierungswerten, die ihm der Mensch gibt. Wenn wir allerdings das dynamische Konzept des Identitätsprozesses nicht nur in seiner lebenszeitlichen, sondern auch in seiner historischen Perspektive sehen und uns dem etwas gewagten Schritt anschließen können, zwischen dem abstrakten Gebilde „Ort" und den ihn bewohnenden Menschen so etwas wie einen wechselseitigen Identifikationsprozeß anzunehmen, dann kann die in einer historischen Epoche gewordene Identität eines Ortes ebenso ihren Bestätigungscharakter für spätere Bewohner verlieren wie die Identität des heutigen Menschen den Bestätigungscharakter für den Ort. „In Übereinstimmung" zu leben scheint mir das größte Problem zu sein, das sich aus der Frage „Lokale Identität" ergibt. Denn: in Übereinstimmung zu leben bedeutet nicht zuletzt Bedürfnisgerechtigkeit.

Bleiben wir bei unserem Bild inbezug auf einen historischen Ort - und darum handelt es sich bei der Dorferneuerung. Seine Identität - als Einmaligkeit - ist das Werk einer bestimmten historischen Epoche, in der Menschen - in Übereinstimmung oder Abhängigkeit von ihrer Umwelt - diese Einmaligkeit schufen. Für den hier auch zur Diskussion stehenden Ort Wald-Amorbach im Odenwald heißt das: Einfügung in die Topographie als dichte Bebauung in einem engen Tal und Erweiterung an der Wegegabelung in der Talausweitung; Hofraiten in dichter Folge, die der landwirtschaftlichen Nutzung gerecht werden; Konzentration um die Zentren der gemeindlichen Autonomie (Kirche, Rathaus, Schule, Backhaus, Schultheißenhof); traditionelle Bauweise unter Benutzung einheimischer Baumaterialien: Sandstein, Fachwerk und Lehmputz, Biberschwanzziegel, Kopfsteinpflaster.

Unsere Architekturkollegen drücken den Befund so aus: „Das in reizvolle Landschaft eingebettete Dorf Wald-Amorbach ist in seiner dörflichen Struktur ein Kleinod, das seinen individuellen Charakter gut bewahrt hat" [7]. Allerdings schließen sich dann in den Forderungen zur Dorferneuerung an die erhaltenden Maßnahmen für den verfallenden Baubestand, die Entfernung störender Baumaterialien und die Erhaltung der Straßen- und Landschaftsräume, auch diejenigen nach Umnutzung und Modernisierung an. Die gleichen Argumente gelten für den zweiten Ort unserer Modellanalyse.

Haben also diese Orte ihre Bedürfnisgerechtigkeit und damit ihre Identitätsbestätigung für die heutigen Bewohner verloren? Nichtnutzung und Verfall sowohl des öffentlichen als auch privaten alten Baubestands sprächen dafür. Hat andererseits die moderne Neubebauung des Ortes und die Verkleidung des Altbestands mit industriell vorgefertigten „Allerwelts"-Baumaterialien ihre Identität als „Einmaligkeit" oder Individualität zerstört oder über eine neue Bedürfnisgerechtigkeit eine neue Identität gegeben, die auf die Bewohner zurückwirkt? Hat Dorferneuerung diesen Identitätsprozeß im Auge?

Die „Dorferneuerung" ist im Rahmen eines zunächst bis 1980 befristeten Investitionsprogramms des Bundes und der Länder zur wachstums- und umweltpolitischen Vorsorge (Programm für Zukunftsinvestitionen) entstanden [8]. Die Förderung der Dorferneuerung steht im Programmbereich „Verbesserung der Wohnwelt". Voraussetzung dafür ist die wesentliche Prägung der zu fördernden Gemeinden und Ortsteile durch Land- und Forstwirtschaft und die Erstellung eines umfassenden Dorferneuerungsplans. Die förderungsfähigen Vorhaben sind neben Neubau- und Modernisierungsmaßnahmen für landwirtschaftliche Gebäude vor allem Maßnahmen zu Ausbau und Gestaltung des innerörtlichen Verkehrsbereichs, der Gestaltung von Freiräumen und insbesondere zur Erhaltung und Gestaltung der Bausubstanz und kleinerer Details der gebauten Umwelt (Zäune, Brunnen, Torbögen, Bildstöcke usw.) mit ortsbildprägendem Charakter. In einem Empfehlungsschreiben hat der Hessische Minister für Landwirtschaft und Umwelt die zu beachtenden Material- und Gestaltungskriterien für die Restaurierung an folgenden Komplexen präzisiert: 1. Dächer; 2. Außenwände; 3. Sockel; 4. Hauseingänge und Hauseingangstreppen; 5. Fenster, Rolläden, Türen, Tore; 6. Farbgebung; 7. Hofflächen und Gehwege; 8. Einfriedung und Stützmauern; 9. Vorgärten, Zäune und Dunglegen - örtliches Grün [9].

Die Empfehlungen beginnen mit einem allgemeinen Hinweis, der die erhaltende Tendenz deutlich zum Ausdruck bringt: „Im Städtebau und besonders im Dorf haben Einzelinteressen hinter den Bedürfnissen der Allgemeinheit zurückzutreten. Das Einzelgebäude sollte sich im Gesamtbild des Dorfes einfügen. Ortsfremdes Material und schlechte Baugestaltung führen leicht zur Zerstörung der Gebäudestruktur, wodurch ganze Straßenzüge ihre geschlossene und reizvolle Raumwirkung verlieren können. Mit der Restaurierung von Fachwerkhäusern, der Sanierung bedeutsamer Einzelobjekte, der Erhaltung ortsbildprägender Bausubstanz und der Vermeidung von Gebäudeabbrüchen verbleiben dem Dorf charakteristische und unwiederbringliche Merkmale".

Das Dorferneuerungsprogramm ist also weniger eine Nachfolge des sogenannten „Grünen Plans" als vielmehr des zunächst städtisch orientierten Denkmalschutzes. Die „Erneuerung" zielt nicht auf Abrißsanierung, sondern auf die Erhaltung der „Individualität" gebauter Umwelten als Identitätsfaktor für die sie bewohnenden Menschen. Damit wäre sie durchaus im Sinne der Deklaration von Amsterdam im Denkmalschutzjahr 1975 zu verstehen:

„Die Signifikanz des gebauten Erbes und die Berechtigung seiner Erhaltung werden jetzt deutlicher wahrgenommen. Es ist bekannt, daß die historische Kontinuität in der Umwelt geschützt werden muß, wenn wir Umgebungen erhalten oder schaffen wollen, die Individuen befähigen, ihre Identität zu finden und sich sicher gegen einen abrup-

ten sozialen Wandel zu fühlen. Ein neuer Typus von Stadtplanung versucht, die geschlossenen Räume, die menschlichen Dimensionen, die Verschränkung von Funktionen und die soziale und kulturelle Verschiedenheit wiederzuentdecken, die die alten Städte kennzeichneten" [10].
Die Dorferneuerung mußte unter diesem Aspekt zunächst einmal von den technologischen Modernisierungsinstanzen in die Hände der Erhaltungsinstanzen überführt werden. Dabei gewann oft der Denkmalkultus bzw. jene „Sehnsucht nach den alten Tagen", die der Denkmalpfleger Bentmann für den Denkmalschutz geißelt [11], überhand: die Restaurierung eines kultur- bzw. kunsthistorisch wertvollen Gebäudes und, um dem Funktionsanspruch gerecht zu werden, seine Überführung in ein Heimatmuseum. Aber: wird durch die Erhaltung historischer Gebäude, die Präsentation von Objekten der Heimatgeschichte historische Kontinuität erhalten? Entstehen so Umgebungen, die Identität und Sicherheit gegen einen abrupten sozialen Wandel bieten?

Im Bewußtsein dieses Problems haben sich in der hessischen Modellanalyse für die Dorferneuerung Denkmalpfleger, Architekten und Kulturanthropologen zusammengeschlossen und die Unterstützung durch das zuständige Ministerium für Landesentwicklung, Umwelt, Landwirtschaft und Forsten erfahren [12]. Die Aufgabe der Kulturanthropologen war neben den üblichen demographischen und infrastrukturellen Erhebungen vor allem die Analyse des Identifikationspotentials der untersuchten Orte und der Identifikationsbereitschaft ihrer Bevölkerung. Unser Ausgangsproblem war, daß der soziale Wandel in unserer Gesellschaft auch diese Dörfer weitgehend erfaßt hatte, daß sie von Funktionsverlusten im Rahmen der ökonomischen und strukturpolitischen Veränderungen (vom Rückgang der Landwirtschaft bis zur Gemeindezusammenlegung) ebenso betroffen waren wie von den Bewegungen der Landflucht und der Stadtflucht, die ihre soziale und bauliche Homogenität ebenso zerstörten wie die über die primären Kontakte der städtischen Pendler und die sekundären Kontakte der Medien eingebrachten Raumbedürfnisse.

Wenn wir davon ausgehen, daß lokale Identität Bedürfnisgerechtigkeit beinhaltet, dann müssen wir uns fragen, welche Bedürfnisse der Mensch an den Raum hat. Ausgehend von den für uns als transkulturell betrachteten vier Kategorien des Raumorientierungsmodells
- instrumentale, kontrollierende, soziokulturelle und symbolische -
haben wir versucht, diese Kategorien für eine Befragung zu operationalisieren, in die die historischen Randbedingungen unserer Gesellschaft für die Befriedigung der allgemeinen Bedürfnisse oder Raumorientierungen eingehen. Neben zahlreichen Einstellungsfragen zur lokalen Identität und zu Dorferneuerungswünschen stand im Zentrum ein Bildertest, bei dem 5 Ortstypen und 6 Wohnhaustypen gezeigt wurden und hinsichtlich ihrer Nutzungsqualitäten beurteilt werden sollten. Die gleichen Nutzungsqualitäten mußten dann nochmals für den eigenen Ort und das eigene Haus bewertet werden. Da ich an anderer Stelle darüber bereits ausführlich berichtet habe [13], möch-

te ich hier nur noch auf einige für unsere Fragestellung wesentliche
Ergebnisse eingehen. Während die schlechten Noten vor allem der
instrumentalen und kontrollierenden Raumorientierung gegeben wurden und das eigene Dorf hier selbst gegenüber ähnlichen Ortstypen
an negativster Stelle lag, erhielten die Qualitäten der soziokulturellen, regenerativen und ästhetischen Raumorientierung zumeist bessere Noten als alle übrigen Ortstypen, was sich in der Beurteilung
der Nutzungsqualitäten des eigenen Hauses noch steigerte. Die Identifikation mit dem Ort, die sich sowohl in „Gerne leben" als auch in
der Selbstbezeichnung ausdrückte, scheint also zunächst über jene
Qualitäten zu laufen, die am anderen Pol des „Fortschritts" zu städtischen Ballungszentren liegen: nachbarschaftliche Kommunikation
gegen Anonymität, Aktivitätsentfaltung im eigenen Wohnbereich gegen vorgefertigtes und durchgeplantes Wohnen, Naturlandschaft als
Freizeitwert gegen städtischen Freizeitkonsum, historisch gewachsene Vielfalt dörflicher Bausubstanz gegen Beton- und Plastikmonotonie. Statistisch betrachtet scheinen die Bewohner sich mit hoher
Signifikanz mit den „charakteristischen und unwiederbringlichen
Merkmalen" ihres Ortes zu identifizieren - so wie es sich die Dorferneuerungsplanung nur wünschen kann. Überhaupt - wiederum statistisch betrachtet - scheint die Gesamtbevölkerung der Bundesrepublik allen Fragen der Erhaltung des historischen Erbes sehr positiv
gegenüberzustehen, wie die 1975 vom Institut für Demoskopie Allensbach durchgeführte „Umfrage zum Denkmalschutz" erweist [14].
Und das zieht sich, mit gewissen unterschiedlichen Gewichtungen,
durch alle Sozial- und Altersschichten der Bevölkerung.

In einem unserer Modelldörfer fiel die besonders positive Stellungnahme der sogenannten Stadtflüchtigen zum Wohnen auf dem Lande und zur Erhaltung der historischen Bausubstanz besonders auf.
Aber: es waren nicht jene ehemaligen Stadtbewohner, die sich ein
altes Fachwerkhaus im Dorf gekauft hatten und es restaurierten (die
gab es in den Untersuchungsorten noch kaum), sondern die Bewohner
von modernen Einfamilienhäusern am Rand des Ortes, die durch ihre Glasfronten den Blick von oben auf das alte Dorf genossen. Und
eine der engagiertesten Familien für die Ortsbilderhaltung hatte einen der schönsten Höfe des Ortes gerade an eine jugendliche Wohngemeinschaft verkauft und sich neben die alte Kirche ihren Bungalow
gebaut. Daß er von unseren Architekten als „ortsbildstörend" eingeordnet werden mußte, tat sicher einem wie dem anderen weh.

Während das eigentliche Wald-Amorbacher Neubauviertel vorrangig von Städtern einer gehobenen Sozialschicht mit ziemlich komfortablen Einfamilienhäusern besiedelt war, gehörten die Einfamilienhäuser des Ortes Selters eher der Schicht aufstiegsorientierter und
auf Eigenarbeit angewiesener Kleinbürger an, die teilweise als ehemalige Flüchtlinge in dem Ort hängengeblieben waren. Die daraus
resultierenden sozialen Spannungen und ihre möglichen Auswirkungen für eine Durchführung von Dorferneuerung lassen sich an der
Äußerung einer mit einem Flüchtling verheirateten Tagelöhnertoch-

ter verdeutlichen: Wir, das heißt die Gruppe der „Dorferneuerer", wollten doch wohl jetzt nicht noch die Bauern unterstützen, die aus Faulheit ihre Höfe hätten verfallen lassen, während sie sich inzwischen mit harter Arbeit ein schmuckes Neubauhäuschen geschaffen hätten. Ihr Mann und sie hatten nach dem Krieg bei den Bauern gearbeitet, jetzt war der Mann in der Industrie beschäftigt, die Frau mit der Pflege von Neubau und Garten.

Gerade an diesen Einzelbeispielen, die nur als spontane Äußerungen und zumeist erst nach einem längeren Aufenthalt in einem Ort zu erfahren sind, zeigen sich allerdings Konflikte, die einem gemeinwesenbezogenen Handeln gravierend im Wege stehen, besonders deutlich.

Die zunehmende soziale Differenzierung der Dorfbewohner, die Differenzierung zwischen Einheimischen und Zugezogenen - „Fremden" -, die verschiedenen Wertorientierungen, die diese Gruppen internalisiert haben, führen zu widersprüchlichen Forderungen und Wünschen, die sich statistisch zwar oft aufheben, aber bei der Umsetzung der statistischen Ergebnisse zu Barrieren und letztlich zu einer Frage der empfundenen Macht oder Ohnmacht werden können.

Jedes unserer Dörfer hat solche spezifischen Einzelfälle. Daß an ihnen ein mehrheitlich beschlossenes Programm scheitern könnte, soll an zwei Beispielen, die von der Ausgangslage her sehr verschieden gelagert sind, verdeutlicht werden.

In beiden Orten werden die von der Bausubstanz und der Ensemblelage her bedeutendsten Gebäude, die alle Kriterien des Denkmalschutzes erfüllen und gleichzeitig zu einer Attraktion für die Revitalisierung des Ortes zum Fremdenverkehr werden könnten, von sogenannten Problemfällen bewohnt. In dem einen Ort ist es eine ältere alleinstehende Frau ohne direkte Erben, die sich zwar voll mit dem Ort und seiner Vergangenheit (als ihrer eigenen) identifiziert, aber in ihrer Einsamkeit ohnmächtig geworden ist. Solange wir als einzelne zu ihr kamen, war sie zugänglich, erzähl- und auch restaurierungsbereit, als wir für sie eine Institution wurden, wie das Dorf, die Gemeinde, die fernen Erben, wurde sie ängstlich und abwehrend. Und die Restaurierung ihres Hauses wird unmöglich sein ohne den menschlichen Einsatz der Vertreter der Institutionen.

Im anderen Ort ist die eine Hälfte des einzigen „Dehio-Hauses" im Besitz eines jener Flüchtlinge, die den Absprung aus dem Dorf nicht gefunden haben. Auch er, mittleren Alters, mit einer ebenso Ortsfremden ohne Trauschein zusammenlebend, ist in diesem Dorf einsam. Aber im Gegensatz zu obigem Fall besteht Feindschaft: alle gegen einen, einer gegen alle. Er ist aktiv auf Bürgerversammlungen, und alle sind gegen ihn: die Bürger, die Gemeindevertretung und wir als Institution „Dorferneuerung". Und er ist gegen uns - ganz allein - weil wir ihm seine Selbstbestimmung nehmen wollen, wir, die wir für ihn unter der Thematisierung „Einheimische = Macht" zusammenfließen. Und wer von uns „Dorferneuerern" ist tatsächlich getroffen worden, als dieser Mensch, der uns weder zu Aufmes-

sungs- noch zu Befragungsaktionen in sein Haus lassen wollte und
das wertvollste Haus des Ortes durch eine Zementunterfangung und
ein „modernes" Großfenster verschandelt hat, auf einer Bürgerversammlung ausgepfiffen wurde? Können wir uns als Forscher und
Kulturpraktiker die Betroffenheit vor solchen Fällen leisten, die
statistisch ohne Relevanz sind und praktisch über Enteignung und
Entmündigung lösbar: im Interesse eines Gemeinwesens, das sich
so mehrheitlich für die, nicht zuletzt, ästhetischen Qualitäten seines Ortes ausgesprochen hat und auch Nachbarschaftskontakte so
hoch einschätzt.

Hier zeigt sich ein fachspezifisches Dilemma, das den Ethnologen
schon immer betroffen hat und das beim Übergang von Kulturforschung in praktische Kulturarbeit besonders relevant wird. Es erscheint als ethisches Problem, als Dilemma der Feldarbeit in zahlreichen Autobiographien und Forschungsüberblicken jener Anthropologen, die sich den Problemen der Gegenwart und ihrer konkreten
Lösung zuwenden. Der Forschungsansatz des Ethnologen liegt vor
allem in der direkten Interaktion mit einer kleinen, überschaubaren
Gruppe, in der nicht nur jeder jeden kennt, sondern auch der Forscher von jedem gekannt wird und ihn kennt. Das erschwert, selbst
wenn er sich mit der von ihm gefundenen oder vertretenen Problemlösung identifiziert, sein Handeln sehr viel stärker, als wenn die
repräsentativ untersuchten Menschen ihm als Subjekte fremd bleiben.

Sicher, wir waren uns darüber klar, daß Dorferneuerung für die
Wiederbeheimatung der Menschen in marginalen Gebieten wesentlich
ist, daß diese Wiederbeheimatung nicht nur ein besseres instrumentales Angebot sein kann, sondern auch Mitverantwortlichkeit der
Bürger für die kommunikativen und ästhetischen Qualitäten ihres
Lebensraums erfordert. Wir waren uns darüber klar, daß die Zusammenarbeit mit den Behörden (von der Gemeinde über die Regionalplanung bis zur Verkehrsplanung) ebenso notwendig würde wie
diejenige mit den Bürgern. Wir untersuchten, machten Behörden-
und Bürgergespräche und richteten schließlich sogar einen ständigen
Beraterdienst von unserer Seite ein. Zunächst sah das, nach den
Schwierigkeiten der Anfangsphase, alles sehr positiv aus: Die lokale
Identität war noch immer vorhanden, alle beteiligten Behörden schienen bereit, zu deren Festigung beizutragen, Gelder wurden genehmigt. Aber dann setzte die große Enttäuschung ein: Der Verwaltungsapparat lief so langsam, daß selbst die aktiv erneuerungswilligen Bürger wieder schwankend wurden. Die erhofften Beispielssetzungen an den öffentlichen Räumen der Gemeinde blieben aus, die
zentralen Planungsbehörden sprachen wieder vom „Klotzen", d.h.
vorrangige Versorgung der zentralen Orte, Bürgerinitiativen gingen
im Wahlkampf unter, und die kleine nebenberufliche Beratergruppe
von Studenten verzweifelte an der schlechten Zusammenarbeit seitens der Behörden, dem Katalog der Bürgerprobleme und dem Mißtrauen, das nach wie vor gegen sie blieb.

Identität durch Dorferneuerung wurde zunächst einmal - und diese Phase ist noch nicht beendet - zum Problem der Infragestellung und Diffusion vorhandener Identitäten: des Bürgermeisters, der seinen Stadtteil eigentlich modernisieren wollte; des Gasthausbesitzers, der seinen Gästen modernen Komfort bieten wollte; des anderen Gasthausbesitzers, der seinen Altbau für die dörflichen Vereinstreffen für gut genug hielt; der Bungalowbewohnerin, deren schmucker Neubau plötzlich störend war; der Bewohnerin des alten Gehöfts, die Restauration mit Enteignung gleichsetzte; des Flüchtlings, gegen dessen Modernisierungen mit uns gemeinsam das ganze Dorf Stellung bezog (wobei die Gründe sicher sehr verschieden lagen!); der einstigen Tagelöhnerin, die die Unterstützung der „faulen Bauern" nicht verstehen konnte.

Mit wem sollten wir uns identifizieren? Mit der Sache „Dorferneuerung"? Das bedeutet aber stets, selbst wenn es gelingen sollte, der Mehrheit der Bevölkerung durch eine lange Partizipationsarbeit (und wie kann das von einem Universitätsinstitut und seinen Studierenden durchgeführt werden? Dazu wären hauptamtliche Kulturarbeiter vonnöten!) die ein gemeinsames verantwortliches Handeln bedingende Dorferneuerung als Stabilisierungsfaktor für die Identität der einzelnen zu verdeutlichen, den Ausschluß der Outsider. Es ist zwar einfach zu sagen, daß sich ein Fach, das sich bisher „mit Gruppengeistigkeit und Gemeinschaft beschäftigt hat, sich jetzt dem Leiden der Außenseiter zuwenden soll - dem Dorfdepp, der alten Jungfer, dem Straffälligen, den Alten im Fachwerk-Ausgedinge" [15], aber in der Praxis sind es eben oft diese Außenseiter, die ein Handeln auf Gegenseitigkeit verhindern. Ich streite nicht ab, daß auch dieses Außenseitertum durch gesellschaftliche Verhältnisse mitbedingt ist: den Flüchtling aus Westpreußen hätte es ohne den Krieg nicht gegeben (und es hätte den deutschen Westpreußen ohne die Siedlungspolitik des preußischen Staates nicht gegeben); auch das verschandelte Dehio-Haus hätte es ohne die Nachkriegswerte der Modernisierung nicht gegeben. Das verfallene Gehöft der alten Frau hätte es auch nicht gegeben, wenn sie nicht jahrelang für ihren im Krieg vermißten Sohn alles unberührt gelassen hätte; wenn die fernen Erben nicht vorrangig Erben, sondern Verwandte gewesen wären, die außer ihrem normgerechten leistungsorientierten Kleinfamilienleben sich auch um diese Frau gekümmert hätten.

Das Erbe der Vergangenheit, die Fehlplanungen unserer jüngsten Vergangenheit und die - vielleicht noch nicht einmal als Fehler erkannten - Werte und Normen unserer Gegenwart verlieren bei diesen Beispielen die Dimension der vom Einzelwesen abstrahierten Abrechnung mit der Geschichte und der Gegenwart. Aber, und das ist für einen sensiblen Forscher und Kulturpraktiker wohl das Schwerwiegendste: sie können in einer praxisbezogenen Kulturarbeit, die immer auf das Mögliche und kurzfristig Realisierbare in einer historisch gewordenen Situation konzentriert ist, auch nicht mehr als unverbindlich bleibendes Alibi für Wissenschaftler dienen, die sich auf die papierne Veränderung der Welt beschränken.

Ich kann Heimat und Identität in dem Blochschen Prinzip Hoffnung ansiedeln, wo der „arbeitende, schaffende, die Gegebenheiten umbildende und überholende Mensch ... das Seine ohne Entäußerung und Entfremdung in realer Demokratie begründet" [16], oder ich kann im konkreten Hier und Heute versuchen, partielle Heimatbedingungen als Voraussetzung menschlicher Identitätsfindung zu schaffen. Ist ersteres erst möglich, wenn eben jene reale Demokratie gegeben ist, in der jeder einzelne in Übereinstimmung mit seiner Umwelt leben kann und sich gleichzeitig freiwillig dem Prinzip der Gegenseitigkeit unterordnet, so kann ich im Jetzt nur mit Kompromissen an die reale Kultur einerseits und die ideale Kultur unseres Wertsystems andererseits handeln [17]. In dieser „idealen" Kultur, als Kulturprogramm, bedeutet Dorferneuerung eine Identifikation mit den Werken des historischen Erbes ohne Verzicht auf die Errungenschaften der Gegenwart (vom sanitären Komfort und Pflegeleichtigkeit über die verkehrsgünstige Anbindung zu Dienstleistungen bis zu Eigentumsschaffung und Kleinfamilien-Privatheit mit unverbindlicher Nachbarschaft). An dieser idealen Kultur partizipieren schon viele, die sogar am stärksten bereit sind, das Programm der Dorferneuerung zu unterstützen, solange ihre Identität, oder letztlich die Übereinstimmung von realer und idealer Kultur im Privatbereich, nicht angetastet wird. Ihnen gegenüber stehen die Außenseiter, denen die Deckungsgleichheit von realer und dieser idealen Kultur nicht glückt: sei es der kinderlos in „wilder Ehe" lebende Flüchtling, dessen Lebensweise nicht nur den Normen des Dorfes, sondern auch der Bundesrepublik widerspricht, der mit seinen Modernisierungsvorstellungen dazu dem neuen Bewußtsein der Traditionserhaltung hinterherhinkt und zusätzlich noch „Gegenseitigkeit" verweigert; sei es die dem Kleinfamilienideal widersprechende Kommune, die ihren Altbau zwar restauriert, aber Dorferneuerung gleichzeitig als Möglichkeit zum Ausscheren aus dieser „idealen" Kultur betrachtet.

Wenn wir als Kulturanthropologen an einer praxisbezogenen Dorferneuerung mitarbeiten, stehen wir nicht nur vor der Diskrepanz zwischen einer Utopie idealer Heimat, die die Subjekte sich in tätiger und anerkannter Aneignung schaffen könnten, und jener gesellschaftsimmanenten „idealen" Heimat, die mit den realen Heimatbedingungen eines Teils der Bevölkerung deckungsgleich ist, sondern auch vor der Diskrepanz zwischen gesellschaftskonform idealer und situationsspezifisch realer Heimat (oder Nicht-Heimat), die alle jene Menschen betrifft, die von der Norm des gesellschaftlich Anerkannten und Anerkennenswerten abweichen. Sie können sowohl zu Partnern einer Innovation werden, wie letztendlich unsere in sich, d.h. in ihrem sozialen Dasein, gefestigte Kommune, aber auch zu ihren Verhinderern, wie jene Außenseiter eines Systems, die ihre soziale Anerkennung und ihre eigene Heimat verloren haben und als

Vereinzelte aggressiv oder resignativ eine nur gemeinsam mögliche Schaffung von Heimat verhindern.

Lokale Identität durch Dorferneuerung? Als Kulturanthropologen sehen wir dabei nicht nur die alten Häuser in neuem Fachwerkglanz als unsere ästhetische Freude, sondern wir fragen, welche Bedürfnisse kann das restaurierte Dorf in unserer Gegenwart befriedigen. Und wenn wir hinter dem Satz stehen, daß der Mensch für seine Identitätsfindung auch in Übereinstimmung mit seiner Umwelt arbeiten, schaffen und spielen muß, dann kann es nicht mehr Restaurierung, sondern nur Revitalisierung des Dorfes heißen. Da wir aber die alten homogenen Dörfer in ihren ursprünglichen Nutzungsqualitäten, die ihnen erst ihr „Gesicht", und das heißt ihre historisch-ökologisch bedingte Einmaligkeit gaben, nicht wieder herstellen können, muß die lokale Identität, als Übereinstimmung zwischen den Menschen und ihrem Wohnraum anders aussehen. Diese Übereinstimmung wird bei uns auch im revitalisierten Dorf am wenigsten über die „arbeitende" Aneignung und Gestaltung von Umwelt geschehen: und ich setze hier bewußt den für unsere historische Realität unausweichlichen engeren Arbeitsbegriff, der vorrangig Lohnarbeit im sekundären und tertiären Sektor beinhaltet. Die Wiederzusammenführung von Arbeits- und Wohnbereich, die Wiedergewinnung einer Subsistenz-Wirtschaft wird vorläufig eine für nur wenige mögliche Alternative bleiben. Das sollte aber die „schaffende" und „spielende" Aneignung von Umwelt zu Heimat nicht ausschließen, die letztlich jenem weiteren Arbeitsbegriff zugehört, der den Menschen als kreatives und genießendes Sozial-Wesen thematisiert. Daß die Bürger unserer Untersuchungsorte diese Möglichkeiten - soziale Kontakte, Regeneration, Freude am Ortsbild, Eigenart des Ortes, Aktivitätsmöglichkeiten und Gestaltungsfreiheiten - in ihren Dörfern und im Dorf überhaupt besonders positiv einstufen, spricht für ein Bewußtsein, das zu seiner Umsetzung der Hilfen bedarf. Eine solche Hilfe zur Identitätsfindung kann die geplante Dorferneuerung sein. Allerdings wird auch sie den langen Weg allen Kulturwandels gehen müssen, bei dem die Widerstände etablierter Werte, Institutionen und Machtverhältnisse ebenso zu zahlreichen Rückschlägen führen können wie die Verhaltensreaktionen von Fixierung, Regression, Agression und Resignation, die für marginalisierte Gruppen und einzelne innerhalb einer Gesellschaft herausgearbeitet wurden. Der Kulturanthropologe als „Kulturarbeiter" muß sich der Konfrontation mit diesen Problemen stellen können und die Kraft haben, das seine Identität gefährdende „Dilemma der Kulturarbeit" gegen die wertneutral oder wertbeschwörend verbleibende Rhetorik einer Kulturwissenschaft ohne eigene Praxisverantwortlichkeit zu stellen.

1 Kevin Lynch: Das Bild der Stadt. Braunschweig 1975, S. 145.
2 Heiner Treinen: Symbolische Ortsbezogenheit. Eine soziologische Untersuchung zum Heimatphänomen. In: Kölner Zeitschrift für Soziologie und Sozialpsychologie 17, 1965, S. 73-97, S. 254-297.
3 Henning Dunckelmann: Lokale Öffentlichkeit. Stuttgart-Berlin-Köln-Mainz 1975.
4 Vgl. Reinhard Bentmann: Der Kampf um die Erinnerung. Ideologische und methodische Konzepte des modernen Denkmalkultus. In: Denkmalräume - Lebensräume, hg. v. Ina-Maria Greverus, Gießen 1976 (= Hess. Blätter f. Volkskunde, NF 2/3), S. 213-246.
5 Lynch, wie Anm. 1, S. 18.
6 Ebd. S. 143.
7 Arbeitsgemeinschaft Ländlicher Lebensraum. AG Architektur TH Darmstadt: Wald-Amorbach. Ortsbild und Bebauung. Vervielf. MS. 1978, S. 4.
8 Staatsanzeiger für das Land Hessen Nr. 40, 1977, S. 1937 ff.
9 Empfehlungen zur Erhaltung und Gestaltung ortsprägender Gebäude. Wiesbaden 8.5.1978, II C2-LK. 30.3.2. - gen. - 3792/78.
10 Declaration of Amsterdam. Congress on the European Architectural Heritage (21-25 October 1975). Council of Europe, S. 3.
11 Wie Anm. 4.
12 Die Ergebnisse der Untersuchungen werden 1980 gedruckt vorliegen: Dorferneuerung in Hessen. Modelluntersuchungen Wald-Amorbach-Selters-Herleshausen. Wiesbaden.
13 Ina-Maria Greverus: Kulturökologische Aufgaben im Analyse- und Planungsbereich Gemeinde. In: Gemeinde im Wandel. Volkskundliche Gemeinde-Studien in Europa, hg. v. Günter Wiegelmann, Münster 1979, S. 87-99. Dies. in: Ina-Maria Greverus: Auf der Suche nach Heimat. München 1979, S. 212-223. Ebd. S. 224-246: Das Dorf als ökologische Nische.
14 Umfrage zum Denkmalschutz im Auftrag des Deutschen Nationalkomitees für Denkmalschutz. Institut für Demoskopie Allensbach 1976.
15 Utz Jeggle: Wertbedingungen der Volkskunde. In: Abschied vom Volksleben (= Untersuchungen des Ludwig-Uhland-Instituts der Universität Tübingen, Bd. 27). Tübingen 1970, S. 35.
16 Ernst Bloch: Das Prinzip Hoffnung. Frankfurt/M. 1967, S. 1628.
17 Zu den Begriffen „ideale und reale" Kultur vgl. Ina-Maria Greverus: Kultur und Alltagswelt. Eine Einführung in Fragen der Kulturanthropologie. München 1978, S. 77 f.

Diskussion:

Ein Hinweis von Thomas Brune auf gewisse Verständnisschwierigkeiten bei dem hier auf einen Ort bezogenen Identitätsbegriff wird durch Ina-Maria Greverus aufgenommen. Zunächst habe sie nur die verschiedenen Identitätssetzungen von Soziologen, Architekten, Städteplanern, Anthropologen im Hinblick auf Umwelt und Raum gegeneinandergestellt. Da aber davon ausgegangen werde, daß man für seine Identitätsfindung ein Gegenüber brauche, das selbst Identität besitzt, müßte also auch ein Ort, als abstraktes Gebilde, eine Identität (oder Individualität) besitzen können. Ist dem so, dann ist diese ihm aufgeprägt worden in einer bestimmten historischen Epoche, für die seine Umwelt, seine Häuser, Straßen, Felder usw. bedürfnisgerecht waren. Und daraus ergebe sich die Frage: Wenn im Verhältnis zwischen Ort und Menschen so etwas wie eine Wechselseitigkeit stattfindet, kann dann ein Ort von solch ganz bestimmter Ausprägung noch heute denselben Faktor in diesem Wechselspiel darstellen, in dem er doch inzwischen ganz anderen Bedürfnissen entsprechen müßte?

Nis R. Nissen überlegt, daß Identifikation mit dem eigenen Ort häufig ganz unabhängig von dem erfolge, was Ziel der Dorferneuerung ist, und fragt, ob auch solche irrealen, ideellen Motive erhoben worden seien, wie sie etwa auch für Identifikation mit einer Stadt (z.B. Hamburg) zu finden seien. Ina-Maria Greverus verweist dazu auf ihren Braunschweiger Vortrag und auf frühere Publikationen zu dieser Frage. Im hier zur Debatte stehenden Projekt sei es nicht um Dorfschönheit, sondern um Nutzungsqualitäten gegangen. Darauf hätten sich die vom instrumentalen bis zum ästhetischen Bereich stark differenziert ausgearbeiteten Erhebungen, mit sehr vielen zusätzlichen Einstellungsfragen und begleitender Beobachtung, gerichtet. Selbstverständlich könne man Fragen nach eigenen Identitätsempfindungen stellen; im Projekt habe man es vorgezogen, eine Vielzahl von Fragen und Tests so zu erarbeiten, daß daraus rückgeschlossen werden kann, wie groß das Identifikationspotential ist und an welchen Punkten es festgemacht werden kann. Ganz wesentlich wichtig in der Auswertung sei letztlich die Beantwortung der Frage, welche Qualitäten ein Ort haben muß im Hinblick auf die Bedürfnisse, die als allgemeine Bedürfnisse zu betrachten sind.

Auf die Frage, ob der Vortrag den Identitätsbegriff nicht recht passiv gefaßt habe, statt die wünschenswerte Förderung der Eigeninitiative der Betroffenen zu betonen, erinnert Ina-Maria Greverus an ihre doch unmißverständliche Formulierung von Identität als „arbeitende, schaffende und spielende Aneignung von Umwelt". Die konkrete Projektarbeit, die sie geschildert habe, sei demgegenüber freilich immer wieder mit unglaublicher Problematik konfrontiert. Gerade darüber zu sprechen, sei aber sehr wichtig, denn sie ergebe sich ja gerade aus dem aktiven Identitätsbegriff. Es gebe nur die Alternative: entweder darauf warten, was sich entwickelt, oder jetzt etwas tun, auch wenn es nur kleine Schritte sein können und viele Rückschläge hingenommen werden müssen. Zur Frage, warum man nicht schon vor der Institutionalisierung der Dorferneuerung die Bürger aktiviert habe, damit sie ihre Interessen von Anfang an initiativ hätten mit einbringen können, lasse sich nur an uns alle die Frage richten, warum das nicht geschehen sei, wo wir ja ununterbrochen in Dörfern gearbeitet und geforscht haben. Für das Frankfurter Projekt war die Aufgabe (nachdem es die Dorferneuerung, die als etwas Gutes empfunden wird, schon gab), dies auszugleichen durch Ermittlung und Bewußtmachung der in der Bevölkerung vorhandenen Bedürfnisse. Deshalb wurde auch mit Bürgergesprächen begonnen, die Bevölkerung arbeitet auch wirklich mit, und natürlich bleibt es dabei nicht aus, daß solche eigene Aktivität z.B. über Einzelinteressen auch wieder neue Probleme aufwirft.

Ingwer E. Johannsen erwähnt die entsprechenden Planungen und Bestrebungen in Schleswig-Holstein und fragt nach den in Hessen gewonnenen Erfahrungen aus der Praxis der Umsetzung von Ortssanierungsplänen. Ina-Maria Greverus verweist für Hessen vor allem darauf, daß die verschiedenen beteiligten Behörden da nicht am selben Strang ziehen, sondern daß deren Aktivitäten und ihre Richtung einander oft durchkreuzen. Den Auftrag selbst habe man vom Landwirtschaftsministerium bekommen. Auf regionaler Ebene würden in der Praxis aber oft andere Ziele verfolgt als die von dort vorgegebenen. So könnten etwa marginale Gemeinden nicht revitalisiert werden, wenn regionalen Planungsinstanzen die Stärkung zentraler Orte wichtiger sei. Die Gemeinden andererseits wollen oft einfach modernisieren, baulich vor allem und im Hinblick auf Fremdenverkehr, worunter sie Massentourismus verstehen, auf welchen sie dann ihre eigenen Planungen abstellen. Die Erfahrungen mit der Praxis seien also schwierig darzustellen, weil sie sehr verschiedenartig und recht problemreich sind.

Gerhard Lutz

SCHLUSSDISKUSSION

Die Schlußdiskussion stellte sich die Aufgabe, die Verbindungsstränge zwischen Kulturforschung, Lehre und Kulturarbeit kritisch abzutasten. Die Teilnehmer der Runde kamen aus verschiedenen Richtungen, einmal hinsichtlich ihres Tätigkeitsfeldes - Praktiker aus der Kulturarbeit, Theoretiker aus Forschung und Lehre -, zum anderen hinsichtlich ihrer prinzipiellen Einstellung zur Volkskunde. Die Möglichkeiten eines lebhaften Disputes waren durchaus gegeben. Leider gelang es nicht, ihn in Gang zu bringen.

Die Voraussetzungen waren nicht schlecht, wenn man die ersten Äußerungen der Runde zum Maß nimmt. Der Diskussionsleiter machte eingangs auf die fatale Situation von Volkskunde aufmerksam, da sie nach außen hin kein einheitliches Bild biete, ihre „Identität" nicht zu vermitteln wüßte. So ist sie als Partner von Kulturarbeit ungefragt, teils weil sie als antiquiert-altväterlich, teils weil sie als progressiv gälte. Dies muß man beim Reflektieren des Verhältnisses von Universitätsforschung und -lehre zur praktischen Kulturarbeit mitbedenken.

Andreas Ropeid berichtete über die Verhältnisse in Norwegen. Die neue, vom Storting beschlossene Kulturpolitik geht vom erweiterten Kulturbegriff (Kultur ist, was der Mensch tut) aus, ist auf Eigenaktivität ausgerichtet und in der Organisation dezentralisiert mit großer Bedeutung der gemeindlichen Kulturausschüsse. Der Staat ist für zentrale Institutionen, wie das Norsk Folkemuseum, verantwortlich. In die praktische Tätigkeit sind auch Vereine aller Art mit eingeschlossen. Der Staat trägt den wesentlichen Teil der finanziellen Last. Noch haben diese neuen Anstöße keine Auswirkungen auf die Ethnologie, weil sich noch nicht herausgestellt hat, in welche Richtung die Entwicklung läuft. Die „Produktion" der Universität ist auf den „Markt" gerichtet, also im wesentlichen auf die Museen, die durch das neue Kulturprogramm gefördert werden. Bis jetzt sei es auf diese Weise gelungen, den Nachwuchs unterzubringen.

Nis Rudolf Nissen erzählte von seiner Situation als Träger der Kulturarbeit in Dithmarschen, von seiner Isoliertheit als Wissenschaftler in der Provinz, von seinen Tätigkeitsfeldern: Museum als Medium (nicht als Lagerhaus), Publikationen in Form einer regionalen Zeitschrift, Leitung des Vereins für Dithmarscher Landeskunde, schließlich Kommunalpolitik. Volkskunde bilde in allen diesen Feldern nur einen schmalen Ausschnitt. Universitätsforschung kann zudem nicht unmittelbar angewendet werden, ein im Hinblick auf den „Endverbraucher" nicht zu übersehendes Problem. Zur eigenen Information dienen wissenschaftliche Veröffentlichungen, allerdings aus breitgefächertem Wissenschaftsbereich.

Heinrich L. Cox bekannte sich dazu, Volkskunde nicht nur „gesellschaftsbezogen" zu betreiben, so wichtig dies sei, denn zu bedenken sei die Tatsache, daß sog. Objektivität zeitgebunden ist. Für ihn sei deshalb nach wie vor die Untersuchung der materiellen Volkskultur eine wichtige Aufgabe, mit Blick auf interethnische Zusammenhänge in historischer Zeit und Berührungen und Beeinflussungen im Raum und in Hinblick auf ihren Aussagewert für den kulturellen Standort der Träger eben dieser (zu untersuchenden) materiellen Verhaltensresultate in einer bestimmten Phase der Geschichte, wobei die sozio-ökonomischen Verhältnisse eine besondere Beachtung finden müssen. Eine rein gesellschaftsbezogene Forschung berge die Gefahr in sich, daß in einem kleinen Fachbereich wie der Volkskunde die wissenschaftliche Arbeit nur noch in vorgezeichneten Bahnen abläuft und andere Aspekte übersehen werden. - Eine vordringliche Aufgabe für eine als europäische Ethnologie verstandene Volkskunde sei es, durch eine gezielte Ethnozentrismusforschung einen Beitrag zu einem positiveren Verhältnis von Nachbarvölkern zu liefern.

Martin Scharfe verwies auf ein in der Tat bedeutsames Problem hinsichtlich der praktischen Auswirkung von Forschung: gesetzt den Fall, der Forscher wolle bewußt zur Praxis übergehen, wolle also zugleich Wissenschaft und Kulturarbeit betreiben, so entstünde die Frage, ob dies mit der Arbeitskapazität und der verfügbaren Zeit einer Person überhaupt möglich sei, besonders angesichts der großen Belastung der an der Universität Tätigen durch die Lehre. Zumindest müsse man sich über Wirkungshorizont und Wirkungsziel präzise Gedanken machen. Wenn Volkskunde Kultur und Lebensweise unterer Volksklassen zum Gegenstand habe, so sei die Praxis im Horizont einer Organisation dieser Gesellschaftsklassen anzusiedeln, etwa bei den Gewerkschaften. Hier sei eine Form der Kooperation zu suchen und zu entwickeln, die ein sinnvolles Einbringen spezieller Erkenntnisse in die Praxis ermögliche.

Dieter Opper, Kulturamtsleiter der Stadt Kiel, erzählt von Intentionen und Möglichkeiten seiner Arbeit. Er erstrebt „Kulturarbeit in Öffnungsform, für den Menschen und mit den Menschen". Es ist pluralistische Arbeit, von Institutionen ausgehend, daneben und besonders aber auch nicht erfaßte Bedürfnisse aufnehmend. Dabei wird Toleranz auch hinsichtlich nicht abgesicherter Dinge erstrebt, für die Freiräume geschaffen werden sollen. Abhängig ist dies natürlich vom Potential in der Stadt. Für die Volkskunde gäbe es eine große Aufgabe über die museal zu bezeichnende hinaus, nämlich die Erarbeitung von Modellen für praktische Kulturarbeit im Rahmen einer Stadt wie Kiel.

Dieter Kramer schließlich stellt die Zusammenhänge zwischen Kulturforschung und Kulturarbeit - Analyse und Praxis - als einen miteinander zusammenhängenden Prozeß dar, an dem auf der einen Seite die Wissenschaft sich annähere an eine Wirklichkeit, die ohnehin veränderlich ist, und von hier aus Konsequenzen prognostiziert oder feststellt. Kulturpraxis als Prozeß ist hingegen abhängig von mancherlei Faktoren, wie Produktion, Konsumtion, Distribution, Herrschaft, Institutionen. Zur Kulturpraxis gehöre beispielsweise auch die Heimatpflege, die man überhaupt als „altertümliche Form von Kulturarbeit" bezeichnen könne. Schließlich nehme auch Wissenschaft an diesem Prozeß teil, sie sei wertvolles Instrument, unvollkommen zwar, aber durch ihre Kulturanalyse weise sie Strukturen und Zusammenhänge auf.

Eingeschoben zwischen dem ersten und zweiten Beitrag wurde durch einen Vertreter der Studenten Kritik an dem Ablauf des ganzen Kongresses vorgetragen, Diskussionen kämen nicht zustande, weil nicht auf Argumente gehört werde, Wissenschaft sei überhaupt nicht gegenwärtig, allenfalls hierarchische Selbstgefälligkeiten und Liebedienerei [1]. Dieser Beitrag erwies sich als wenig förderlich für den Fortgang der Diskussion, die dann auch noch plötzlich unter zeitlichen Druck geriet und mit einem (lobenden) Dankwort der ausländischen Gäste, vorgetragen von Nils Arvid Bringéus, und einem kurzen Resumee von Schatten und Licht im Kongreßablauf durch Hermann Bausinger abgeschlossen wurde. Wenn also auch nicht „Schlußdiskussion", so scheinen doch im nachhinein die Äußerungen der Teilnehmer als so substantiell, daß es sich lohnt, sie, wenn auch in aller Kürze, hier zu dokumentieren.

Karl-S. Kramer

1 Der Text dieser Kritik ist abgedruckt im „Nachschlag" zum 22. dgv-Kongreß. Kiel 1979, S. 3 ff. Die Schrift kann beim Seminar für Volkskunde der Universität Kiel angefordert werden.

STADTTEILVERANSTALTUNGEN

HERRENHAUS UND INSTENKATE

Die Stadtteilveranstaltung in Kiel-Suchsdorf hatte das gleiche Thema wie die Exkursion am Donnerstag (21.6.), die immerhin 160 Teilnehmer auf sich zog: ostholsteinische Gutsherrschaft. Der Suchsdorfer Gesprächskreis hatte ins Gemeindehaus eingeladen zu „Herrenhaus und Instenkate". Es kamen ca. 40 Suchsdorfer und 40 Kongreßteilnehmer - volles Haus, wie befriedigt festgestellt wurde. Pfarrer Hahnkamp war zuvor recht skeptisch gewesen, nun rollte es ab, der Wissenschaftler hielt, untermalt von Lichtbildern, seinen Vortrag, anschließend Diskussion, rege Beteiligung, Einpendelung auf die Frage des Wohnens: Wie lebte man in der „Instenkate"? Recht kümmerlich, meinte man allgemein. Aber ging es eigentlich den Herren besser in ihrem kalten Herrenhaus? Nun, aber doch! Von dort aus übte man ja auch Herrschaft aus - gütige? ausbeuterische? Darüber konnte der Abend kaum endgültigen Aufschluß geben. Aber Fragezeichen hinter dem Gütesiegel Gutswirtschaft wurden doch recht deutlich. Und doch kein Scherbengericht über die Vergangenheit.

Karl-S. Kramer

FLIEGENDER HOLLÄNDER UND KLABAUTERMANN

Die Veranstaltung „Fliegender Holländer und Klabautermann" wurde im neuen Gemeindezentrum des Stadtteils Holtenau durchgeführt. Sie firmierte als „eine Gemeinschaftsveranstaltung des TuS Holtenau mit dem „Knurrhahn", dem Nautischen Verein und der Deutschen Gesellschaft für Volkskunde unter Beteiligung der Kanallotsen und Kanalsteurer". Die Organisation lag in den Händen von German Benk, dem Vorsitzenden des Arbeitskreises „Treffpunkt Nord", welcher alljährlich während der Kieler Woche ein umfangreiches „Gemeinschaftsfest" der nördlichen Kieler Stadtteile veranstaltet. Dieses Fest fand unter dem Motto „Fest-machen in Holtenau" wenige Tage nach unserer Abendveranstaltung statt und hatte einige motivische Beziehungen zu ihr, z. B. über einen Plakatwettbewerb „Klabautermann" in den Schulen der umliegenden Ortsteile.

Solche Rahmenbedingungen führten dazu, die Veranstaltung „Fliegender Holländer und Klabautermann" nicht nur als ein spezifisches Informationsangebot der Volkskunde für eine breitere Bevölkerungsschicht zu konzipieren, sondern zugleich auch als einen Auftakt zum Stadtteilfest, bei dem bereits möglichst viele Ortsbewohner aktiv beteiligt werden sollten. Das Programm versuchte, die etwas unterschiedlichen Intentionen in bezug auf wissenschaftliche Problemvermittlung und volkstümliche Unterhaltung in Einklang zu bringen. Auf der einen Seite waren vorgesehen: jeweils am Anfang und am Schluß ein mit Lichtbildern illustriertes Kurzreferat über den Klabautermann und über Geister-, Toten- und Unglücksschiffe, als Einblicke in den Wandel seemännischer Vorstellungen und das spezifische Erkenntnisinteresse der modernen Volkskunde, sowie - im Mittelpunkt des Abends - eine Gesprächsrunde mit alten Seeleuten über merkwürdige Begebenheiten auf See; auf der anderen Seite sollten Schulkinder einige Motive aus älterer Seemannsüberlieferung szenisch darstellen, einen „Klabauter-Tanz" bieten und ein Unterhaltungsschriftsteller, der mehrfach Seesagenthemen bearbeitet hat, einige Beispiele aus seinen Werken vortragen. Als besondere Attraktion wurde der berühmte Lotsenchor „Knurrhahn" eingeladen, das Programm mit Shanty-Gesang musikalisch zu umrahmen und zu gliedern.

Äußerlich gesehen war der Abend gewiß ein großer Erfolg. Über 500 Besucher drängten sich in dem mit Netzen, Bojen und Flaggen ausgeschmückten Saal, wo nur für gut 300 Personen Plätze verfügbar waren. Die heimischen „Knurrhähne", die relativ selten öffentlich auftreten, boten durch ihre prägnant vorgetragenen Lieder den Holtenauern stimmige Identifikationsmöglichkeiten, die Kinder waren in ihrem „klabautermännischen" Vortrags- und Verkleidungsspiel mit Feuereifer bei der Sache, und auch der Heimatschriftsteller Horst Bernhardi bemühte sich, seine Gedichte über seemännischen Aberglauben in launiger Form zum besten zu geben. Bei solcher Begeisterung an den bunten und etwas exotischen Erzählstoffen war es nicht ganz einfach, aus volkskundlicher Sicht Fragen anzumelden und die vielschichtige Vermitteltheit der seemännischen Überlieferung anzudeuten. Die populären Vorstellungsklischees wurden gerade in dem Fibelwissen der Kinder und der dichterisch verbrämten Unterhaltungsware höchst anschaulich demonstriert. Hier wäre es reizvoll (aber unloyal) gewesen, unmittelbar Vorurteilsstrukturen und -prozesse offenzulegen und - soweit das möglich ist - vergangene Realität zu konfrontieren. Letzteres wurde ansatzweise in der Seemannsgesprächsrunde versucht, wo die Erlebensfähigkeit, die nüchterne Lebensmeisterung und die ironische Erzähldistanz der alten Fahrensleute einen deutlichen Gegensatz zur vordergründig vereinfachenden Unterhaltungsschriftstellerei aufzeigte. Allerdings dürfte das nur einem Teil der Besucher bewußt geworden sein. Durch die Spielfreude der Kinder und das kaum zu bremsende Mitteilungsbedürfnis des Heimatdichters lief der Zeitplan etwas außer Kurs, so daß es schließlich geraten schien, eine bunte, abwechslungsreiche Veranstaltung nicht dadurch überdrüssig werden zu lassen, daß man sie in Rücksicht auf inhaltliche Proportionen mit volkskundlichen Belehrungen über Gebühr verlängerte. Wie begonnen, so klang der Abend mit dem Gesang der „Knurrhähne" eindrucksvoll aus.

Eine Gesamtbilanz ist schwer zu ziehen, weil zu unterschiedliche Erwartungen im Spiele waren. Die örtlichen Veranstalter konnten sich über den großen Zulauf freuen, und wohl die meisten Besucher haben sich gut unterhalten. Der Volkskundler aber, der neben Stoffen vor allem auch die Probleme und Fragestellungen seines Fachs einer größeren Öffentlichkeit vermittelt sehen möchte, wird sich über das Ergebnis nicht täuschen. Das Aufbrechen von Klischeevorstellungen - so scheint es - muß offensiver erfolgen.

Helge Gerndt

RINGREITEN IN SCHLESWIG-HOLSTEIN
REITERSPIELE IN EUROPA

Der Kieler Oberbürgermeister hatte den Reiterbund Kiel auf das Reiter-Thema hingewiesen. Ein erster Kontakt - Leopold Kretzenbachers Buch über die Reiterspiele war bekannt - führte zu einem Exposé, das eine generalstabsmäßige Planung erwarten ließ. Im Anschluß an den Vortrag von Leopold Kretzenbacher sollten Kieler Reitervereine Ringreiten und Rolandstechen auf einem dem Vortragssaal benachbarten Gelände vorführen.

Der Kieler Renn- und Reiterverein richtete die Veranstaltung aus. Der Vortragende selbst fand schwer zum Ort der Handlung. Dort ließ sich die Sache schlecht an. Der Vereinsvorsitzende, „Professoren-Kollege", wie Leopold Kretzenbacher ihn nannte, lag in einer Flaute auf See, der Anfang war mühsam. Während des Vortrags füllte sich der Saal mit vielen Zuhörern, die offenbar ebenso wie Leopold Kretzenbacher nach Wegweisern gesucht hatten. Die anschließenden Reitervorführungen fanden vor einem anderen Publikum statt. Die Freunde des Reitsports waren nun erst zugegen, die Hörer des Vortrags jedoch nach Hause gegangen. Leopold Kretzenbacher ging mit seinen Begleitern, so schrieb er, „sehr bald und still weg".

Konrad Köstlin

PLATT - EINE SPRACHE MIT ZUKUNFT?

Die Veranstaltung 'Platt - eine Sprache mit Zukunft?', an verschiedenen Stellen bezeichnenderweise ohne das Fragezeichen angekündigt, wurde ausgerichtet vom 'Plattdütschen Krink Mettenhof', der sich seit einigen Jahren der 'Pflege des Plattdeutschen' im Stadtteil angenommen hat und durch Autorenlesungen, Vortragsveranstaltungen, Stammtische usw. das dürftige kulturelle Angebot Mettenhofs zu erweitern versucht. Die Hinweise des Krink - Vorsitzenden auf die Hochkonjunkturlage seines Vereins, d.h. das in den letzten Jahren erhöhte Interesse am Plattdeutschen, nutzte Konrad Köstlin, um die Kernthese seines in Form eines lockeren Gesprächs gehaltenen Kurzvortrags zu veranschaulichen: Genau wie schon zu Beginn der 'plattdeutschen Bewegung' im 19. Jahrhundert, als das Bürgertum das Plattdeutsche für sich entdeckte und fortan als Nebensprache für Heimatbelange einsetzte, könne man auch heute eine ähnliche Funktion des Plattdeutschen erkennen. Mettenhof und der 'Plattdütsche Krink' seien dafür nur ein Beispiel: Die Anonymität eines Lebens in der Schlaf- und Trabantenstadt, die unmenschliche Struktur einer Betonwüste wie Mettenhof (im Volksmund: Manhattanhof) erklären die Flucht in die Mundart als Satisfaktionsraum für verlorene Nachbarschaft und Identität.

Michael Augustins Referat behandelte die Verwendung des Plattdeutschen durch den 'Schleswig-Holsteinischen Heimatbund' (SHHB). Das Plattdeutsche werde hier als willkommenes Stilmittel bei der Formulierung konservativ-nationalistischer Zielvorstellungen genutzt und produziere überdies eine 'scheinheile' Ländlichkeit ohne Aktualitätsbezug.

Von einer anderen Funktion der Mundart sprach dann der aus dem österreichischen Ötztal stammende Lyriker und Leiter des 'Internationalen Dialektinstituts' Hans Haid. Er betonte den regionalistischen Aspekt der neuen Mundartliteratur und sah in ihr eine Möglichkeit zur wirkungsvollen Vertretung der Belange 'Betroffener', 'Verplanter' und 'technokratisch-zentralistisch Verwalteter'.

Etwas vergrätzt und zum Vergnügen der ausgiebig 'belehrten' und bis zu diesem Zeitpunkt äußerst lebhaft diskutierenden Zuhörer las dann die Heider Autorin Elsa Peters einige plattdeutsche Kurzgeschichten, ein Kinderchor erfreute mit plattdeutschen Liedern, ein kaltes Buffet wurde geplündert, und zuguterletzt gab's dann noch die Rezitation einer plattdeutschen Rede aus dem schleswig-holsteinischen Landtag.

Ob das Plattdeutsche nun eine Sprache mit Zukunft ist, konnte trotz wissenschaftlichen Ernstes, regionalistischer Verbissenheit, niederdeutscher Beharrlichkeit und wohlschmeckender Brote nicht hinreichend geklärt werden. Allerdings war diese Veranstaltung schließlich doch eine gelungene Mischung aus Animation und teilnehmender Beobachtung, was die Referenten angeht. Der Veranstalter formulierte einige Wochen später ein Stückchen Selbstkritik, von welchem man sich gut und gern ein Scheibchen auf das trockene Brot legen sollte:

„De Kieler-Week-Veranstaltung in Mettenhoff is mi ni so ganz na de Mütz verlopen. De Tiet renn' een weg, un so kunn denn ok blots all'ns 'n beten anräten warn. In tokaam Tiet mut dat jo woll beten anners mokt warn, wer meist toveel op'n mol, meen ik."
(Zeitung f. Mettenhof, Juli/August 79)

Michael Augustin

ARBEITERKULTUR - GIBT ES DAS?

Es gibt erfahrungsgemäß verschiedene Arten zu behaupten, es gebe keine eigenständige Arbeiterkultur. Ich möchte drei dieser Versuche benennen - mehr in Stichworten angedeutet nur als ausgeführt.

Zum ersten: Es wird gesagt, das, was die Arbeiterschaft in der Arbeiterbewegung hervorgebracht habe, sei ja keine Kultur im eigentlichen Sinne - das sei Politik zum Beispiel, und auch ein Verein sei ja doch wohl nicht eine besondere Kulturleistung; oder: einen Freiheitstext auf eine geläufige und eingängige Melodie zu singen, sei möglicherweise, wenn die Harmonien danach seien, gar Kitsch.

Die Behauptung, es gebe keine Arbeiterkultur, beruht hier also auf der Verwendung eines bestimmten, sehr engen Kulturbegriffes, welcher Politik, Organisationen und kulturelle Äußerungen wie einfaches Singen, Turnen, Wandern, Diskutieren usw. ausgrenzt.

Wir aber verwenden einen weiten Kulturbegriff: Kultur und Lebensweise als eine gemeinsam und schöpferisch in einem historischen Prozeß entwickelte Methode, das Leben aufgrund bestimmter vorgegebener Bedingungen (zum Beispiel der Klassenlage mit allem, was dazugehört) kollektiv zu meistern - erstens -, und zweitens: darüber hinaus die Lebensbedingungen gar qualitativ zu verbessern, zu bereichern.

Wenn wir diesen Kulturbegriff nehmen, gehören natürlich politische Diskussionen und Organisationen, gehört die Schaffung von Symbolen, die Gemeinsamkeit zum Ausdruck bringen usw., durchaus zur Kultur.

Zum zweiten: Es wird gesagt, was die Arbeiterkultur kennzeichne, sei bestenfalls eine Nachäffung bürgerlicher Kulturformen und -inhalte: Vereine seien eine vom Bürgertum entwickelte Gesellungsform; Schiller, der in einer gewissen Phase eifrig gelesen wurde in den Arbeiterbildungsvereinen, sei ein bürgerlicher Literat gewesen;

Silcher, dessen Melodien und Lieder in den Arbeitergesangvereinen gern gesungen wurden, müsse ebenfalls als Kleinbürger bezeichnet werden; und die Arbeiterwanderbewegung der „Naturfreunde" sei ja doch wohl auch von der bürgerlichen Jugendbewegung vorweggenommen worden.

Aber - wäre dagegenzuhalten - eine kulturschöpferische Tätigkeit der Arbeiterklasse zu postulieren heißt ja nicht auch, die kulturschöpferische Tätigkeit des Bürgertums verneinen. Dieses hat einmal einen Vorsprung allein schon durch seine eigentümliche Klassenlage, die etwa die Freistellung von Künstlern erlaubt; es hat aber auch einen historischen Vorsprung: bestimmte Kulturformen - wie etwa die Gesellungsform des Vereins, die Herstellung von Öffentlichkeit für politische Diskussion, aber auch gewisse Turnübungen, gewisse Tonabfolgen und Harmonien, gewisse Reimformen -, solche Kulturleistungen sind vom Bürgertum allein schon deshalb früher entwickelt worden, weil es sich früher als Klasse formiert und auch früher seinen respektierten Platz in der Gesellschaft erkämpft hat.

So gesehen ist ein historisches Nachhinken der Arbeiterkultur auf manchen Gebieten etwas ganz Selbstverständliches und auch nicht weiter Aufregendes. Eine solche Phasenverschiebung ist aber noch lange nicht bloße Nachahmung, Nachäffung - im Gegenteil: der Vorgang der Aneignung von ursprünglich bürgerlichen Kulturleistungen durch die Arbeiter ist selbst eine Kulturleistung ersten Ranges: Auswahl geeigneter Formen und Inhalte, deren Übernahme dann als nächster Schritt und, nicht zu vergessen, der sofort darauf folgende Schritt der Weiterentwicklung der Formen und Inhalte.

Nochmals: Nicht Nachäffung heißt der Vorgang, von dem als Problem sich durchaus zu sprechen lohnt, sondern: Aneignung und Weiterentwicklung des kulturellen Erbes. Dies wäre an verschiedenen Inhalten aufzuzeigen.

Und nun zum dritten und letzten Punkt: Es wird gesagt: Wenn man schon von Arbeiterkultur sprechen wolle, dann müsse doch auch festgestellt werden, daß sie anfangs vielleicht ganz schön kreativ gewesen sei - aber dann habe sie sich doch angepaßt, sei nivelliert worden und geworden oder - wie es oft auch heißt: verbürgerlicht. Diese sogenannte Verbürgerlichungsthese als falsch nachzuweisen ist recht schwierig. Ich will dies mit drei Beispielen andeuten, soll heißen: ich will die Problematik aufzeigen und gleichzeitig darauf hinweisen, wie problematisch die Verbürgerlichungsthese ist.

1) Von den Arbeitern einer industrialisierten Mittelstadt der zweiten Hälfte des 19. Jahrhunderts wird berichtet, die Proletarier leisteten sich neuerdings sonntags einen schwarzen Anzug; vorher war das nicht möglich gewesen. Das Beispiel ist nicht einfach zu interpretieren. Es muß die materielle Möglichkeit beachtet werden, auch das neue Standard-Warenangebot. Darüber hinaus aber darf das Beispiel nicht nur unter dem Aspekt der Nachahmung gesehen werden oder unter dem Aspekt der Verbürgerlichung - ge-

wissermaßen als Degenerationserscheinung -; sondern es muß auch an den damals erreichten allgemeinen gesellschaftlichen Standard gedacht werden: dann ist der schwarze Anzug des Proletariers - oder kann es doch sein - Ausdruck eines neu errungenen Renommees, auch Ausdruck von Stolz und Selbstbewußtsein.

2) Zweites Beispiel: Es ist ein gängiges, weit verbreitetes Interpretationsmuster, den Ausbau von Organisationen - z.B. Vereinen, Gewerkschaften, Parteien - insofern negativ zu bewerten, als der Ausbau von Institutionen, ihre größere Mitgliederzahl, die Verfestigung von Funktionen usw. natürlich häufig tatsächlich Verknöcherung bedeutet und Verlust an Flexibilität, Kreativität und Reflexion. Andererseits muß aber auch gesagt werden, daß auf der Positiv-Seite zu verbuchen wären: Massenhaftigkeit, perfektere Organisation, bessere Vertretung von Interessen - auch dies natürlich ein Fortschritt.

3) Drittes und letztes Beispiel: Wenn in den Haushalten westdeutscher Arbeiter in der Gegenwart an den Wänden als Schmuck oft genau das zu finden ist, was dem Kulturindustrie-Angebot der Warenhäuser entspricht - dann sind manche rasch dabei, über die Abkehr von klassenbewußtem Verhalten, ja überhaupt über den Verlust von Klassenbewußtsein zu klagen. Dabei wird übersehen, daß dieses Verhalten nur zum Teil und nur scheinbar konformistisch ist, daß ihm ein Widerstandsmoment innewohnt gegen elitäre bürgerliche Kunst - also etwa gegen abstrakte Kunst -; es wird auch oft übersehen, daß die Bildmotive noch lange nichts über ihre Funktion aussagen: das Bild einer grünen Landschaft oder einer Seelandschaft kann Sehnsüchte und Wünsche widerspiegeln, ja es kann sogar stummer Protest sein gegen die Enge, gegen das Eingemauertsein, gegen die alltäglichen Arbeits- und Lebensbedingungen.

Ich will, ich muß abbrechen mit meinen Argumentationsversuchen. Um in aller Kürze zusammenzufassen: Wichtig scheint mir das Mißtrauen gegenüber allen Beispielen zu sein, mit denen bewiesen werden soll, daß es keine eigenständige Arbeiterkultur gibt. Viele der Beispiele täuschen, sie blenden mit ihrer Oberfläche. Man muß den Versuch wagen und überlegen, ob die oft behauptete Schwäche der Arbeiterkultur nicht in Wirklichkeit Ausdruck ihrer eigentümlichen Stärke ist.

Martin Scharfe

PUPPEN UND IHRE WELT -
VORBEREITUNG AUF DAS LEBEN

Wegen einer kurzfristigen und nicht genügend mitgeteilten Raumverlegung war der Besuch dieser Veranstaltung leider geringer, als zu erwarten war.

Ausgangspunkt für die anschließende Diskussion war die Vorführung des von Ingeborg Weber-Kellermann produzierten Fernsehfilms „Die Welt der Puppen" (Hessischer Rundfunk). Der Filmbericht führt in die Zentren der Puppenherstellung in der Bundesrepublik: nach Neustadt bei Coburg und in das Berchtesgadener Land; er zeigt Museumssammlungen, besonders die prachtvollen Puppenstuben im Germanischen Nationalmuseum in Nürnberg. Daneben wird auch die Kinderarbeit früherer Tage bei der Spielzeugherstellung dargestellt, die Armut der Heimarbeiterfamilien und das kapitalistische Verlegersystem mit der Spielzeugdistribution durch Märkte und Messen. Puppen und Puppenstuben formten vom 19. Jahrhundert an als pädagogisches Element weitgehend die Mädchen des Bürgertums und fixierten sie damit auf die ausschließliche Lebensrolle als Hausfrau und Mutter. Durch die sehr eindringliche Darstellung der Puppenstuben und ihrer einzelnen Requisiten, welche das spielende Kind jeweils in seinem realen Elternhaus wiederfinden konnte, veranschaulichte der Film sehr nachdrücklich die Überlieferung und Stabilisierung der Wertewelt der Erwachsenen. Als Perspektive einer Veränderung der Spielwelt in der Gegenwart werden sehr lebendige Eindrücke aus Kinderhäusern und Eltern-Kind-Gruppen vermittelt.

Die Teilnehmer an der Diskussion - u.a. aus dem Bereich der veranstaltenden Kieler „Kinderhaus AG" und aus einem Puppensammlerkreis - befaßten sich im wesentlichen mit der Funktion von Spielzeug und Puppen für den heutigen Sozialisationsprozeß, mit der Problematik von Kriegsspielzeug sowie mit einer rein phänomenalen oder kontextbezogenen Betrachtung historischen Spielzeugs heute.

Andreas C. Bimmer

JUGENDLICHE VOR DEM FERNSEHER

Vorüberlegungen

Wenn am Ende bei den beiden Volkskundlern, welche die Veranstaltung im Ellerbeker Gemeindehaus vorbereitet hatten, gemischte Gefühle vorherrschten, so drängt sich die Frage auf, was denn geplant und erwartet worden war. Zum einen ging es (wie in den Parallelveranstaltungen) darum, ein uns interessierendes Forschungsgebiet und damit indirekt und exemplarisch das Fach Volkskunde vorzustellen, und zwar außerhalb der Kongreßräume, vor Menschen, die möglicherweise unsere theoretisch-allgemeinen Überlegungen brauchen und gebrauchen können. Zum anderen und spezieller wollten wir eine Diskussion anregen, welche die Klärung eigenen Medienverhaltens und eigener Medienerwartungen sowie die Ziele und Methoden der Medienerziehung am Beispiel des Fernsehens zum Gegenstand haben sollte. Unsere Ansprechpartner, so hatten wir erwartet, seien ältere Jugendliche, in der Jugendarbeit Tätige und Lehrer, denn diese Gruppen wurden vom Veranstalter gezielt eingeladen. Schließlich hatten wir bedacht, daß Diskussionen dann an Klarheit und Zusammenhang gewinnen, die Teilnehmer sich stärker engagieren, wenn das Ziel nicht allein im Reden und in der Klärung eigenen und fremden Verhaltens besteht, sondern darüber hinaus in weiterreichenden Handlungsentschlüssen: Wir wollten den Diskussionsteilnehmern vorschlagen, am Ende des Abends einen Brief an die Funkhäuser zu formulieren, voller Forderungen für ein verbessertes Jugendprogramm, und in einem anderen Brief die Kirchengemeinde zu bitten, weitere Veranstaltungen zum Thema Fernsehen durchzuführen und vielleicht gar für die bestehenden Jugendgruppen eine Video-Ausrüstung zu kaufen...

Die skizzierten Vorüberlegungen schienen uns für den Abend ein Arrangement zu verlangen, das gesprächsfördernd wirkte, also nicht den Spielregeln des Vortragsabends folgte. Daher hatten wir ein Thesenpapier vorbereitet, das den Eingeladenen - so die Überschrift - „Diskussionsanstöße" liefern sollte. Ferner lagen - zur Auflockerung und weil Reden übers Fernsehen anschaulicher Belege bedarf - Videokassetten vor, mit Ausschnitten aus zwei unterschiedlich strukturierten Jugendsendungen („Alles klar", „Schülerexpress") und aus der auf ein jugendliches Publikum zugeschnittenen Musiksendung „Hitparade". Diskussionsfördernd, hofften wir, würde auch die Tatsache wirken, daß nicht ein einzelner Referent, sondern vier Personen aus verschiedenen Arbeitsbereichen den Eingeladenen gegenübersaßen: zwei Volkskundler (Jan-Uwe Rogge, Klaus F. Geiger), ein Redakteur einer Jugendsendung (Dieter Kremin) und der Gemeindepfarrer, der die Veranstaltung organisierte (Volker König).

Fernsehforschung in der Volkskunde

Exemplarische Vorstellung des Faches, Erweiterung oder Korrektur der Assoziationen, die sich bei dem einen oder anderen Zuhörer mit der Bezeichnung „Volkskunde" verbinden - das implizierte nicht zuletzt, daß wir erklärten, warum, wozu und wie sich unser Fach unter anderem mit Medienfragen beschäftigt. Unsere Gedanken dazu seien hier knapp skizziert - in etwas 'wissenschaftlicherem' Jargon als im Saal des Ellerbeker Gemeindehauses.

Untersucht die Volkskunde Alltagskultur in praktischer Absicht, so muß sie sich zentral mit Fragen der Kommunikation befassen: mit der kommunikativen Kompetenz der Bevölkerungsmehrheit, mit den Bedingungen der Kommunikation und den unterschiedlich verteilten Zugängen zu ihr, schließlich mit den Kommunikaten, die in Beziehung zu setzen sind zu den Bedürfnissen, Interessen und Erwartungen der an der Kommunikation Beteiligten. Der Blick auf die gegenwärtige Realität zwingt aber zur Erkenntnis, daß neben der direkten Kommunikation und in diese eingreifend Massenkommunikation unser soziales Leben bestimmt und daß Medienrezeption teilweise an die Stelle direkter Kommunikation getreten ist und Vorgaben für diese liefert. Gerade das Ineinander der drei Erfahrungsquellen - eigenes Erleben, personal vermittelte Fremderfahrungen und Medienkommunikate - erscheint noch weitgehend ungeklärt, der Klärung aber bedürftig, wenn das praktische Ziel heißt: Hilfe beim Erkennen eigener Interessen, Steigerung der kommunikativen Kompetenz, dabei auch der Fähigkeit zur interessenadäquaten Mediennutzung, zur aktiven Teilhabe an der Medienkommunikation.

Auf drei Themenblöcke waren wir Referenten vorbereitet: auf Fragen, die mit der Nutzung des Fernsehens durch Jugendliche und mit den möglichen Wirkungen des Fernsehens zu tun haben; auf eine Beschreibung und Bewertung des Fernseh-Jugendprogramms und seiner Produktionsbedingungen; auf Konzepte für die Verbesserung des Jugendprogramms, für die schulische und außerschulische Medienerziehung und für die eigene Video-Produktion der Jugendlichen. Die folgenden Stichworte mögen die genannten Themen knapp umreißen.

Jugendliche als Fernsehzuschauer

Jede Diskussion über die Nutzung des Fernsehens durch Jugendliche, über Jugendprogramme und über Fernsehdidaktik hat mit den bekannten Problemen zu kämpfen, die der Begriff „Jugend" verursacht - Schwierigkeiten, die sich noch verstärken, wenn die empirische Fernsehforschung Aussagen über so weitgehende Jahrgangszusammenfassungen wie „14 bis 19" oder gar „14 bis 29" macht. Gewiß bestehen für die Mehrheit der Jugendlichen gewisse, durch ihre Position in der Gesellschaft vorgegebene Gemeinsamkeiten: Statusinkonsistenz und Rollenkonfusion, weiterbestehende juristische, familiale und finanzielle Abhängigkeit von der Erwachsenengeneration und in spannungsvollem Widerspruch dazu die Tatsache, daß sie als scheinbar selbstbestimmte (Konsumenten-)Gruppe angesprochen werden. Dennoch überwiegen die internen Unterschiede in der psychosozialen Entwicklung, der Lebenswelt und Interessenlage; der 14jährige Gymnasiast und die 19jährige Jungarbeiterin lassen sich schwerlich als Mitglieder derselben Gruppe betrachten.

So erscheint es banal, wenn die empirischen Untersuchungen Unterschiede im Fernsehverhalten je nach Alter, Geschlecht, Schulausbildung und Schichtzugehörigkeit nachweisen. Den verschiedenen Merkmalsgruppen gemeinsam ist ein gewisser Einschnitt etwa am Ende der allgemeinen Schulpflicht: Nach vorhergehender starker Nutzung des Mediums folgt eine Zeit, in der Fernsehen für die meisten verhältnismäßig nebensächlich wird, eine Tätigkeit, die erfolgt, wenn „nichts Interessanteres" ansteht; die mit der Familie verbrachte Freizeit, und das heißt oft: die neben den anderen Familienmitgliedern im gleichen Raum vor dem Fernseher verbrachte Zeit, wird abgelöst durch 'aushäusige' Aktivitäten.

Soweit man Untersuchungsergebnissen trauen kann, die Einstellungen und Wertungen betreffen, messen Jugendliche im Medienvergleich dem Fernsehen einen besonders hohen Unterhaltungswert und besonders große Glaubwürdigkeit bei. Somit wäre die Voraussetzung dafür gegeben, daß die Inhalte des Fernsehens Auswirkungen haben können - auf Gefühle, Selbst- und Fremdbilder oder Verhaltenslegitimationen; dabei meint „Inhalte" vor allem Unterhaltungssendungen, die von Jugendlichen weit stärker rezipiert werden als Informationssendungen. Neben derartigen spezifischen, inhaltsbezogenen Wirkungen ist aber die generelle nicht zu vergessen: die Tätigkeit des Fernsehens selbst und damit die Unterbindung anderer Aktivitäten, die Privatisierung und weitgehende Passivität, die der häuslichen Fernseh-Situation inhärent ist.

Jugendprogramme

Fragen, welche „Jugendsendungen" gesehen werden, entlocken Jugendlichen Programmtitel, die Serienkrimis oder Musiksendungen betreffen. Tatsächlich wird dieses 'heimliche Jugendprogramm' der „Katz & Co." und Hitparaden weit häufiger angestellt als das offizielle. „Profillosigkeit" der Jugendsendungen heißt der Vorwurf, den Medienforscher an die Adresse der Programmacher richten. Gründe hierfür liegen einerseits in den Benachteiligungen, unter denen Jugendfernsehredaktionen zu leiden haben: Die Etats sind klein, die Sendezeiten liegen ungünstig und wechseln häufig; die Behandlung brisanter (und Jugendliche ansprechender) Themen führt zu Druck von oben. Oft ändern sich Serientitel zu rasch, als daß sie einen angemessenen Bekanntheitsgrad erreichen könnten; Programmvorschauen in Zeitung und Rundfunkzeitschrift berücksichtigen die Jugendsendungen nicht. Eine zusätzliche Schwierigkeit erwächst aus dem konkurrierenden Programm und der daraus resultierenden Rezipientenhaltung: Gewohnt, den Fernseher als Unterhaltungsmedium und Konsumartikel zu benutzen, reagieren Jugendliche oft desinteressiert auf informierende Jugendsendungen - vor allem, wenn diese Sendungen sich nicht konkret auf die Interessenlage, die Lebenswelt und den Kommunikationsstil der Angesprochenen beziehen.

Ursache dafür, daß Jugendsendungen von Jugendlichen nicht häufiger angesehen werden, ist freilich auch die bereits benannte Tatsache, daß 'die' Jugendlichen eine Abstraktion darstellen; sie mögen global ansprechbar sein als Platten- und Kassettenkäufer, sie sind es nicht in bezug auf ihre Alltagsprobleme.

Mögliche Folgerungen

Aus dem, was über das tatsächliche Fernsehverhalten der Jugendlichen bekannt ist, lassen sich Schlüsse in drei Richtungen ziehen, Handlungsvorschläge für drei Gruppen entwickeln: für Programmmacher, für Pädagogen und für die Jugendlichen selbst. Für die Jugendprogramme ist eine Verbesserung der Rahmenbedingungen zu fördern, also bessere finanzielle Ausstattung der Redaktionen, günstigere und beständigere Sendezeiten, längere Serien. Daneben aber könnten nur eine noch genauere Bestimmung der verschiedenen Zielgruppen innerhalb der Jugend und die konkrete, konfliktreiche Darstellung von Problemen (und Lösungsversuchen) Jugendsendungen für Jugendliche 'brauchbarer' machen.

Medienerziehung im Rahmen der Schule und außerschulischer Jugendarbeit zu fordern, bedeutet nicht nur (allerdings auch), einer Ausweitung vorhandener punktueller Ansätze das Wort zu reden. Vielmehr müßten die geläufigen didaktischen Zugänge, als da sind: Analyse der Produkte oder Erklärung der Produktion und der Medienkonstitution, ergänzt werden; hinzu kommen müßte die gemeinsame Selbstaufklärung der Pädagogen und der Jugendlichen als Rezipienten, genauer: die gemeinsame Anstrengung, die eigene Lebenswelt und die daraus zu erklärende (und auch erst in diesem Konnex zu bearbeitende, zu verändernde) Medienrezeption zu verstehen.

Auch nur in diesem Zusammenhang ist die Förderung von Bestrebungen sinnvoll, Jugendlichen zur eigenen (Video-)Produktion zu verhelfen. Sicher geht es auch darum, technische Fertigkeiten zu vermitteln und damit aus Rezipienten potentielle Produzenten zu machen, auch darum, daß diese Jugendlichen durch die Eigenproduktion indirekt die Gemachtheit des Fernsehbildes durchschauen lernen. Wichtiger aber ist die inhaltliche Ausrichtung solcher Video-Arbeit. Soll das Ergebnis eigene produktive Kommunikation sein, so reicht nicht das handwerkliche Nachäffen des Bekannten. Vielmehr gilt es, die in der Video-Arbeit steckenden Möglichkeiten zu nutzen: zum einen, durch selektives, nachvollziehendes Abbilden und Gestalten die umgebende Realität besser zu verstehen, und zum andern, diese Realität in der Video-Darstellung anderen Betroffenen neu sichtbar, begreifbar zu machen.

Down to earth in Ellerbek

Solcherart waren unsere inhaltlich-didaktischen Vorüberlegungen - die Wirklichkeit der Veranstaltung im Gemeindesaal sah in vieler Hinsicht anders aus. Der Saal füllte sich mit 60 Besuchern - aber es waren keine Jugendlichen, keine Pädagogen darunter. Und die vor uns saßen, taten dies nicht alle ganz freiwillig: Der Kirchenchor hatte eigentlich in diesem Raum singen wollen; und manch anderer kam eher aus Anhänglichkeit an die Veranstaltungsreihe, in deren Rahmen unser Diskussionsabend angekündigt war, als aus spezifischerem Wissensdurst. Daneben allerdings saßen Mütter und Väter, die - müde von der Tagesarbeit - ihre Fragen zur Kindererziehung und zum pädagogischen Wert des Fernsehens mitbrachten. Diesen Teilnehmern ist es zu verdanken, daß es tatsächlich zu einer Diskussion kam; denn sie waren - nach kurzer Überraschung ob dieses Ansinnens - von Anfang an bereit, ihre Fragen und Ansichten zu formulieren.

Dennoch hatten wir Referenten Schwierigkeiten mit der Diskussion - bereits, was deren Inhalt betraf: War „Jugend und Fernsehen" als Gesprächsgegenstand anvisiert, so ging es den Anwesenden um jüngere Kinder und das Kinderprogramm (das ihnen im Gegensatz zum Jugendprogramm zumindest teilweise bekannt war). Zweite Schwierigkeit: Die Ansprüche an den Abend waren im Publikum nicht einheitlich; freute sich der eine über die Diskussion und langweilte sich bei längeren Erläuterungen der Referenten, so hätte ein anderer lieber ein rundes Referat konsumiert. Allerdings - und das betrifft sicher ein Grundproblem vieler ähnlicher Veranstaltungen - tat sich da auch ein Zwiespalt in der Motivation der Referenten auf: Offiziell die bescheidenen Helfer, dienende Beantworter real-praktischer Fragen, geht es ihnen (mir?) uneingestanden ja auch um Selbstdarstellung und Selbstbestätigung als Wissende - zwei Rollen, die nicht leicht in Einklang zu bringen sind.

Vor allem zwei Bereiche interessierten die Mitdiskutierenden: Informationen über die Produktion von Sendungen und die Frage nach sicheren Wertungskriterien, um bestimmen zu können, welche und wieviele Sendungen Kinder sehen sollten. Als Forderung wurde geäußert (allerdings an keine bestimmte Institution adressiert), Eltern sollten mehr Informationshilfen zur Kenntnis der Programme und zur Einschätzung des pädagogischen Wertes der jeweiligen Sendung erhalten. Weitergehende Forderungen, etwa nach Medienarbeit innerhalb der Jugendarbeit der Gemeinde, wurden von uns Referenten angedeutet, aber im Publikum nicht aufgenommen.

Welches Fazit ist zu ziehen? Publikumsgruppen, Diskussionsverlauf und zum Teil die Inhalte der Diskussion entsprachen nicht unseren Vorüberlegungen. Andererseits gelang es, einige Informationen und Überlegungen zum Fernsehen von Kindern und Jugendlichen zu vermitteln und dabei auch einer (gewiß kleinen) Gruppe von Menschen einen vorläufigen Eindruck davon zu geben, mit welchen Fragestellungen sich unser weitgehend unbekanntes Fach unter anderem beschäftigt. Diese bescheidenen Resultate sind sicher nicht dem Konnex DGV-Kongreß und Kieler Woche geschuldet, hätten sich ähnlich in jeder anderen, den Referenten weitgehend unbekannten Umgebung erzielen lassen, scheinen mir grundsätzlich aber nicht unbedeutend. (Die Berichterstattung im Lokalblatt übrigens war - obwohl auf einer Zusammenfassung des Abends durch einen Referenten basierend - nicht dazu angetan, einem weiteren Kreis Einblick in Gegenstand und Verlauf der Veranstaltung zu gewähren.)

Literaturhinweise:

Hermann Bausinger u. Elfriede Moser-Rath (Hg.): Direkte Kommunikation und Massenkommunikation. Referate und Protokolle des 20. Deutschen Volkskunde-Kongresses in Weingarten. Tübingen 1976 (= Untersuchungen des Ludwig-Uhland-Instituts, 41).
Franz Dröge u.a.: Der alltägliche Medienkonsum. Grundlagen einer erfahrungsbezogenen Medienerziehung. Frankfurt a.M./New York 1979.
Imme Horn: Jugend und Fernsehen. Bericht über Einstellungen und Verhalten der 14- 24 Jährigen gegenüber dem Fernsehen. Mainz ^{2}1976 (= ZDF Schriftenreihe, 14).
Tyna Klöpfer u.a.: Jugendliche und Jugendsendungen. Eine Untersuchung. In: medien + erziehung 22 (1978), S. 3-16.
Manfred Meyer u. Ursula Nissen: Effects and Functions of Television: Children and Adolescents. A Bibliography of Selected Research Literature 1970-1978. München usw. 1979 (= Communication Research and Broadcasting, 2).
Reent Schwarz (Hg.): Didaktik der Massenkommunikation 2. Materialien zum Fernsehunterricht. Unterrichtspraxis, Programmanalysen und Medientheorie. Stuttgart 1976.

Klaus F. Geiger

BRAUCHEN KINDER MÄRCHEN?

Die Veranstaltung wollte von folgenden Fragen und Überlegungen ausgehen: Eltern und Kinder stehen ratlos vor einem riesigen Märchenangebot in Form von Taschenbüchern, Schallplatten und Tonkassetten [1]. Sind diese oftmals verfälschten und verniedlichten Texte eine ideale Kinderlektüre? Wie verhält es sich mit dem Problem der Grausamkeit im Märchen? Darf man wegen dieser Mängel alle Märchen verdammen? Märchen eröffnen den Kindern doch auch neue Phantasiewelten, sie regen zu befreienden Spielen an, fordern zur Stellungnahme gegenüber Gut und Böse heraus, können also wichtige Erziehungshilfen leisten. Welche Möglichkeiten gibt es, den Kindern gute Märchentexte mit altersgerechten Lesehilfen anzubieten? Läßt sich eine neue, kinderfreundlichere Art von Märchenbüchern denken?

Mehrere Märchenspezialisten stellten sich für eine Diskussion mit interessierten Elmschenhagenern zur Verfügung: Dr. Otto F. Gmelin, Dr. Ines Köhler, Prof. Dr. Lutz Röhrich, Prof. Dr. Rudolf Schenda und Sonja Schreiner M.A. [2].

Im Gemeindesaal von Elmschenhagen hatten sich rund 200 Gäste, zumeist Kinder, versammelt. Herr Pastor Pustowka hatte das „Kieler Jugendtheater", eine Truppe von sechs jungen Leuten, eingeladen, mit ihrem Stück „Die Stadt der Tiere" die Veranstaltung zu eröffnen. Bei diesem alternativen Kindertheater (das kein Märchentheater war) gelang es der Truppe, Kinder in das Spiel einzubeziehen, sie zu lehren, daß man gemeinsam Theater spielen kann, daß sich mit dem menschlichen Körper Pflanzen und Tiere darstellen lassen. Die Kinder folgten diesen Übungen mit Begeisterung. Nach dem Theaterstück erhob sich dann allerdings unter den Erwachsenen die Frage, ob man über das Theater oder über das eigentliche Thema des Abends diskutieren solle. Man kam schließlich doch zur Sache, wobei sich die Spezialisten ein wenig zu stark untereinander stritten und wobei schließlich zwei gutvorbereitete Musterkinder den Professionellen erklärten, sie brauchten durchaus keine Märchen, sie hätten selber Phantasie genug, um sich Geschichten zu erzählen. In der Tat erhebt sich dann die Frage (M. Bosković-Stulli), wer denn in der Bundesrepublik die jährlich produzierten zehn Millionen Märchenbücher lese? Offenbar kamen solche Märchen-Konsumenten in Elmschenhagen nicht zu Wort. Anders, kritischer formuliert: Die Stadtteil-Veranstaltung hat offenbar die von der Problematik des Themas wirklich Betroffenen, Eltern und Kinder aus nicht-intellektuellen Kreisen, nicht erreicht. Daß der Abend trotzdem kein Mißerfolg war, lag an den guten Vorbereitungen durch Pastor Pustowka, am Engagement der Theaterleute und am freundlich-interessierten Mitwirken einiger Elmschenhagener Eltern und Kinder.

1 Vgl. Rudolf Schenda: Kinder und Märchenbücher, Märchenforschung und Geschichte. In: Börsenblatt für den deutschen Buchhandel, Frankfurter Ausgabe, 4. Oktober 1978 (Sondernummer 'Kind und Buch'), S. 25-29.
2 Vgl. den ausführlicheren Plan in den DGV-Informationen Nr. 2/88, Mai 1979, S. 36.

Rudolf Schenda

VOLKSKUNDE-INFO-STRASSE

Seit einigen Jahren gehört die Info-Straße zur Kieler Woche; die Einzelhandelsgeschäfte in der Innenstadt stellen für diese Zeit Schaufenster zur Verfügung, in denen die Veranstalter des jeweiligen Gastkongresses über ihre Arbeit informieren. In den vergangenen Jahren war diese Information eher linkshändig erfolgt: beim Kongreß der Europa-Union waren eben bunte Fähnchen zum holländischen Käse, zur französischen Salami, zu den italienischen Spaghetti gekommen. Gewiß kein Vorbild und kein Beispiel für ein Fach, das auf Vermittlung großen Wert legt.

Doch erschien die Möglichkeit, sich dem großen Publikum im Schaufenster-Museum darzustellen, reizvoll und, wenigstens von Kiel aus gesehen, die Publizität der Kieler Woche hilfreich. Nach einem Aufruf im Herbst 1977 waren freilich die Wissenschaftler eher zurückhaltend geblieben mit ihren Zusagen. Da erschien wohl die Zusammenarbeit mit den „Einzelhandelsgeschäften" eher korrumpierend, denn das waren vor allen Dingen eben Karstadt und Hertie und nicht der aus der Innenstadt vertriebene Tante-Emma-Laden. Anderen, wohl eher im herkömmlichen Museumsbetrieb Befangenen, war die Straße, das Schaufenster nicht der angemessene Rahmen für volkskundliche Objekte. Institute, die sich um Realien sonst sehr kümmern, reagierten nicht; Institute, die sich besonders der Vermittlungsproblematik zuwenden, fehlten anfangs ebenfalls. Schon bald war, um allen Instituten die Teilnahme zu ermöglichen, das Thema weit gefaßt worden. Nun hieß es „Darstellung des Arbeitsbereichs der Volkskunde", „Aspekte des Kongreßthemas", „Themen der Stadtteilveranstaltungen". Es bedurfte fast überall eindringlicher Nachfragen, um Zusagen zu bekommen. Die Resonanz war am günstigsten dort, wo größere Projekte existierten, die entweder schon mit Ausstellungen verbunden oder zumindest ausstellungsträchtig waren.

Im Gespräch mit dem Kulturamt der Stadt Kiel war deutlich gemacht worden, daß auch von Seiten der Stadt und von Seiten der Einzelhändler ein größerer Aufwand erwartet werden mußte, der in einem gewissen Verhältnis zum Selbstverständnis der Aussteller stehen sollte. So war vereinbart worden, ein Begleitheft in hoher Auflage zu drucken, das auch kostenlos verteilt wurde. Dieses Begleitheft sollte die Hauptinformationen der einzelnen Fenster enthalten.

Die Ausstellungspartner, der Einzelhandelsverein Kiel, das Kulturamt der Stadt Kiel und die örtlichen Vertreter der DGV trafen im Februar 1979 zusammen. Die Themen wurden einzeln erläutert. Gesprächspartner waren die Vorsitzenden der einzelnen Einkaufszonen: der Arbeitsgemeinschaft Alter Markt, der Arbeitsgemeinschaft obere Holstenstraße etc. Sie sagten zu, die Fenster bei ihren Mitgliedern zu verteilen. Die Usancen schienen eingespielt. Der Kieler Einzelhandelsverband ist nicht ungeübt: in der Dänischen Straße informiert die Universität während der jährlich stattfindenden Universitätstage über ihre Arbeit in den Schaufenstern. Zum neu entstandenen „Kieler Umschlag", einer Volksfest-Initiative der Kieler Kaufleute, die mit allerlei Historizismen versehen ist, werden die Fenster ebenfalls mit fremder „Ware" gefüllt.

So lief die Sache auch routiniert ab. Es war darauf hingewiesen worden, daß es sich um abgeschlossene Räume handeln müsse, daß hier ein geschlossenes Konzept vorliege, daß es sich jeweils um nicht verkleinernde und nicht zu verändernde Ausstellungseinheiten handele. Daß wir, weil wir ohnehin Probleme mit dieser Art von Öffentlichkeitsarbeit hätten, darauf dringen müßten, daß durch Verkaufsware keine Störung der Ausstellungseinheiten vorkomme, all das wurde betont. All dies wurde akzeptiert, das Konzept, offensichtlich besser vorbereitet (oder glatter formuliert?), fand Anklang. Alles schien Feuer und Flamme. Noch eine Woche vor der Eröffnung der Info-Straße wurde im Begleitheft über die „in dankenswerter Weise dem Geschäftsbetrieb entzogenen Schaufenster" geschrieben.

Die Erfahrungen sahen aber dann doch anders aus: an einigen Stellen waren Objekte durch Verkaufsware zugestellt und Zusammenhänge nicht mehr sichtbar . Die Bereitschaft der Einzelhändler, ganze Fenster ohne eigene Ware zur Verfügung zu stellen, war geringer, als nach den Vorgesprächen anzunehmen war, das Diktat des Umsatzes deutlicher, als wir es wußten. Nicht überraschend war, daß diese Ausstellung im Schaufenster deutlich machte, wie sehr Teile der Vergangenheit sich in das Verkaufsarrangement eingefügt haben , kaum noch aufgefallen sind, weil Antiquitäten ohnehin als verkaufsfördernd gelten.

Vor allem in der Info-Straße gab es die traditionelle Volkskunde zu sehen, es gab das, was viele vielleicht auf dem Kongreß vermißt hatten: es gab bäuerliche Geräte, es gab Masken, es gab Volkskunst, es gab Aberglauben, Volkslied und Märchen, und es gab Heimat in der einen oder anderen Variante .Eine Reihe von Zuordnungen ergaben sich fast von selbst: etwa wenn über Märchen in einer Buchhandlung berichtet wurde, Fayence-Pretiosen hinter Panzerglas beim Juwelier zu sehen waren .

Schon angedeutet war, daß die Einpaßbarkeit volkskundlicher Objekte in die Warenwelt kaum noch überraschen konnte. Überraschen konnten deshalb auch kaum Widerstände, die dort auftauchten, wo die ausgestellten Objekte dem ästhetischen Code der Warenwelt sich entgegenstellten, ohne daß es dabei auf explizit politische Inhalte angekommen wäre. Ein Schaufenster (Nr. 2), bei dem bewußt mit laienhaften Mitteln   gearbeitet worden war, verlor seinen Platz in einer

Modeboutique und landete in einer Reinigung. Politische Inhalte
brachten der Info-Straße auch die erste Schlagzeile ein: „Bank räumte Schaufenster mit Heimatthemen aus" (Nr. 38, 39) . Alle drei
Fenster waren im Seminar für Volkskunde in Kiel erarbeitet worden.

Die Publizität solcher Zensur wurde nicht einmal undankbar aufgenommen. Dagegen wurde leicht übersehen, daß es auch Rausschmisse in anderer Form an mehreren Stellen gab. Ein Fenster mag dafür als Beispiel stehen, das schon während des Kongresses einige
Male angesprochen worden war. In einem Schuhgeschäft war eine
Ausstellung des Bremer Focke-Museums über Zigarrenmacher
(Nr. 13) untergebracht worden. Untergebracht worden, das heißt:
alle Objekte, die das Bremer Focke-Museum zur Verfügung gestellt
hatte, waren im Schaufenster; freilich waren sie so untergebracht,
daß selbst gutwillige Betrachter Mühe hatten, sie auszumachen .
Peinlichkeiten wie die, daß Damenpumps auf einem Bild, das Kinderarbeit im 19. Jhdt. darstellte, standen, konnten zwar ausgeräumt
werden, doch machte dieses Fenster eines deutlich: die Vereinnahmung war derart, daß zu überlegen war, ob man mit einer Protestattitüde die Gegenstände aus dem Fenster herausnehmen sollte, oder
ob man fast genüßlich darauf hinweisen sollte, wie eben in einer von
Profit bestimmten Welt verfahren wird.

In einem anderen Fenster (Nr. 5) waren ländliche Arbeitsgeräte
in einem Blumenladen unterzubringen. „Chef, immer neue Ideen,
prima!" war der Kommentar eines Angestellten. Der Chef selbst
fand Margueriten (als bäuerliche Blume verstanden) passend, verzichtete auf Gladiolen und zeigte so eine durchaus eigenständige Sensibilität den Objekten gegenüber .

Angemerkt werden darf, daß der Umgang mit großen Häusern in
jedem Falle problematischer war als der mit kleineren Geschäften.
Dort wurde oftmals die gesamte und einzige Schaufensterfläche ohne
Einschränkung zur Verfügung gestellt. Die großen Häuser erwiesen
sich, auch durch die überregionalen Zwänge der Dekorationsplanung dieser Konzerne, als sehr unbeweglich. Beispiele wie die Fenster Nr. 11, 12, 34 , die Ausstellungsgüter des schleswig-holsteinischen Landesmuseums und des Museums für Hamburgische Geschichte zeigten, machten gerade dadurch, daß sie viel investierten,
dieses besonders deutlich.

Die Anmerkungen beziehen sich nun allesamt auf Probleme, die
in der Zusammenarbeit mit den „Einzelhandelsgeschäften" entstanden waren. Sie lassen leicht übersehen, daß Probleme ebenfalls auf
der Seite der ausstellenden Institute bestanden, daß die Vermittlungspraxis vielfach noch nicht genügend reflektiert ist, daß die Ausstellungseinheiten das nicht einlösen konnten, was ihre Texte vorgaben. Insofern ist zu fragen, ob und wieweit die Erfahrungen dieser
Info-Straße nicht überhaupt auf museale Praxis zurückwirken müßten. Auch ist zu fragen, ob diese Präsentation der Volkskunde nicht
im ganzen Probleme musealer Vermittlungspraxis aufgezeigt hat,
deutlicher als dies im geschützten Raum des Museums geschehen

kann. Denn unversehens fast wurden die Schaufenster wieder zu Vitrinen eines Museums, die Museumsroutine verhinderte angemessene, reflektierte Präsentationsformen für den neuen Raum Straße, nahm keine Rücksicht auf die Begeher der Straße, die ja mit anderen Interessen, als sie Museumsbesucher haben, in die Einkaufszone geraten waren.

Zu fragen war dann wohl auch, für wen eigentlich ausgestellt worden war. Für die anwesenden Kollegen? Die Furcht vor herkömmlich-fachlicher Kollegenschelte mag manches verhindert haben.

Deutlich geworden ist ohne Frage, daß die Verwertbarkeit der Gegenstände im wechselnden Kontext auch ein museales Problem ist. Deutlich ist aber auch geworden, daß herkömmliche museale Praxis sehr schnell dort an ihre Grenzen stößt, wo weitergehende Interpretationen verlangt werden, wo es also nicht nur um den Gegenstand, sondern um sein Umfeld, die wechselnden Bedingungen auch seiner gegenwärtigen Existenz geht: Dort werden Zugänge angeboten werden müssen, die der Situation der Begeher solch einer Info-Straße angemessen sind, die Leitkategorie „früher" genügt nicht mehr.

Ein Versäumnis ist anzumerken: Es ist nicht gelungen, das Problem Info-Straße in den Kongreß einzubringen, die Probleme wenigstens mit den als Aussteller Beteiligten, die ja anwesend waren, zu diskutieren [1].

Konrad Köstlin

1 In den Frankfurter „Notizen" werden die Ergebnisse einer Untersuchung zu Intention und Rezeption der Info-Straße veröffentlicht werden.

Nr. 5 Herrenhaus und Instenkate

Der Pflug — ein bäuerliches Arbeitsgerät

Nr. 8 Von der Volkskunst zur Alltagskultur

Nr. 16 Fayencen aus Kellinghusen

Nr. 13 Bremer Zigarrenmacher

Eine ältere Dame, längere Zeit schon ins Fenster blickend, wurde gefragt:
„Entschuldigen Sie bitte, was betrachten Sie hier?"
und antwortete: „Ich betrachte bequeme Schuhe, gute Schuhe, Hassia und die guten Fabri .. Sachen."
Frage: „Ach so. Haben Sie auch Notiz genommen davon, daß hier eine Ausstellung in diesem Fenster zu sehen ist?"
Dame: „Nein ... ja, ich sehe, es sind ja alles Sommersachen ..."
Frage: „Ja ..."
Dame: „Hm ... na, ich kaufe grundsätzlich nur ganz bequeme gute Schuhe, da guck ich auch nicht auf den Preis. Ich hab 'ne Arthrosis am Fuß, und ich kauf mir dann lieber zwei oder drei Paar im Jahr, die dann an die hundert oder über hundert kosten, wie die billigen Schuhe. Das können die jungen Mädchen machen, mir geht es drum, daß ich gut laufen kann."
Frage: „Aber sonst fällt Ihnen an diesem Fenster nichts auf, wenn Sie mal so'n bißchen rumsehen? Sehen Sie vielleicht noch etwas, was nicht in den Bereich der Schuhe gehört?"
Dame: „Ja, Taschen, das paßt sehr gut zusa ... dazu, das ist klar, Handtaschen ... so genau ... und Strümpfe, das gehört ja zu Schuhe. Das find ich gut, wenn man das direkt mitkaufen kann."
(Nach einer Tonbandaufnahme von Michael Augustin)

Nr. 2 „Unser Dorf soll schöner werden"

Nr. 34 Wohnen in der Hamburger Neustadt um 1900

Nr. 19 Aus der Ellerbeker Sammlung des Kieler Stadt- und Schiffahrtsmuseums

Nr. 11 Ländliches Bauwesen in Schleswig-Holstein

Nr. 38 Zum Schleswig-Holsteinischen Heimatbund

Nr. 39 Erster Schleswig-Holstein-Tag, Idstedt 1978

INFO-STRASSE: THEMEN UND AUSSTELLER

1   Der Pflug - ein bäuerliches Arbeitsgerät
    Volkskundliches Seminar der Universität Bonn

2   „Unser Dorf soll schöner werden"
    Seminar für Volkskunde der Universität Kiel

3   Dialekt als Ware
    Internationales Dialektinstitut Wien

4   Projekt Marne
    Seminar für Volkskunde der Universität Kiel

5   Herrenhaus und Instenkate
    Seminar für Volkskunde der Universität Kiel

6   Kinderzeitschriften in beiden deutschen Staaten
    Ludwig-Uhland-Institut Tübingen

7   Dialekt als Protest
    Internationales Dialektinstitut Wien

8/23 Von der Volkskunst zur Alltagskultur
    Museum für Deutsche Volkskunde Berlin

9   Masken im Lötschental
    Schweizerische Gesellschaft für Volkskunde Basel

10 Herstellung eines Bienenkorbes
    Volkskundliche Kommission für Westfalen Münster

11 „Ländliches Bauwesen im östlichen Schleswig-Holstein"
    Schleswig-Holsteinisches Landesmuseum Schleswig

12 Die Volkskundliche Landesaufnahme des Schleswig-Holsteinischen Landesmuseums, Schleswig, Schloß Gottorf
    Schleswig-Holsteinisches Landesmuseum Schleswig

13 Bremer Zigarrenmacher
    Focke-Museum Bremen, Bremer Landesmuseum

14 Schausteller - „Fahrendes Volk"?
    Volkskundliches Seminar der Universität Bonn in Verbindung mit dem Deutschen Schaustellerbund e. V.

15 Das Haithabu-Schiff. Ein Schiff als Identifikationsangebot
    Seminar für Volkskunde der Universität Kiel

199

16	Fayencen aus Kellinghusen / Holstein Altonaer Museum Hamburg
17	Kindheit in der Kaiserzeit Fachgebiet Europäische Ethnologie der Philipps-Universität Marburg
18	Bilderfabrik Volkskundliche Abteilung des Instituts für Deutsche Philologie der Universität Würzburg
19	Aus der Ellerbeker Sammlung des Kieler Stadt- und Schiffahrtsmuseums Stadtmuseum Kiel
20	Aberglaubenforschung Volkskundliche Abteilung des Instituts für Deutsche Philologie der Universität Würzburg
21	Die Folter Bayerisches Nationalmuseum München
22	Kinder malen Märchen Abteilung Volkskunde am Deutschen Seminar der Universität Freiburg
24	Die Kommission für ostdeutsche Volkskunde Kommission für ostdeutsche Volkskunde, Kiel
25	Musik auf der Straße Deutsches Volksliedarchiv Freiburg i. Br.
26	Bauernhäuser und Bauernhausforschung Schweizerische Gesellschaft für Volkskunde Basel
27	Braunschweiger Schützengesellschaften Städtisches Museum Braunschweig
28	Kieler Woche Seminar für Volkskunde der Universität Kiel
29	Märchen "Enzyklopädie des Märchens", Seminar für Volkskunde der Universität Göttingen
30	Wallfahrts- und Kultstätteninventarisierung Mittelalterliches Wallfahrtswesen in Dänemark Devotionaltourismus - Massentourismus und Wallfahrt Volkskundliche Abteilung des Instituts für Deutsche Philologie der Universität Würzburg
31	Bildstöcke in Franken Volkskundliche Abteilung des Instituts für Deutsche Philologie der Universität Würzburg

32 Krieg im Kinderzimmer
    Seminar für Volkskunde der Universität Göttingen

33 Aus deutschen Landen frisch auf den Tisch
    Museum für Deutsche Volkskunde Berlin

34 Wohnen in der Hamburger Neustadt um 1900
    Museum für Hamburgische Geschichte

35 Freilichtmuseum - Bloß Bauernhäuser?
    Westfälisches Freilichtmuseum Detmold

36 „So feiern die Bayern"
    Märkte und Feste
    Fest im Grenzlandeinsatz
    Institut für Deutsche und Vergleichende Volkskunde der
    Universität München

37 Bilddokumente Bayerischen Lebens
    Institut für Volkskunde der Kommission für Bayerische Landesgeschichte bei der Bayerischen Akademie der Wissenschaften

38 Der Schleswig-Holsteinische Heimatbund
    Seminar für Volkskunde der Universität Kiel

39 1. Schleswig-Holstein-Tag, Idstedt 1978
    Seminar für Volkskunde der Universität Kiel

Mundartautoren in der Kieler „Pumpe"

Norbert Johannimloh, Hans Haid, Jochen Steffen, Wolfgang Sieg, Walter Höllerer

Oswald Andrae, Wolfgang Lindow, Ludwig Soumagne